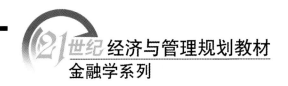
21世纪 经济与管理规划教材
金融学系列

资本市场学
CAPITAL MARKETS

黄嵩/编著

北京大学出版社
PEKING UNIVERSITY PRESS

图书在版编目(CIP)数据

资本市场学/黄嵩编著. —北京:北京大学出版社,2011.8
(21世纪经济与管理规划教材·金融学系列)
ISBN 978 – 7 – 301 – 19398 – 3

Ⅰ.①资… Ⅱ.①黄… Ⅲ.①资本市场 – 中国 – 高等学校 – 教材
Ⅳ.①F832.5

中国版本图书馆 CIP 数据核字(2011)第 170135 号

书　　　名:	资本市场学
著作责任者:	黄　嵩　编著
责 任 编 辑:	仙　妍
标 准 书 号:	ISBN 978 – 7 – 301 – 19398 – 3/F·2852
出 版 发 行:	北京大学出版社
地　　　址:	北京市海淀区成府路 205 号　100871
网　　　址:	http://www.pup.cn
电　　　话:	邮购部 62752015　发行部 62750672　编辑部 62752926
	出版部 62754962
电 子 邮 箱:	em@pup.cn
印　刷　者:	北京宏伟双华印刷有限公司
经　销　者:	新华书店
	730 毫米×980 毫米　16 开本　17.75 印张　381 千字
	2011 年 8 月第 1 版　2023 年 5 月第11次印刷
印　　　数:	31001—33000 册
定　　　价:	35.00 元

未经许可,不得以任何方式复制或抄袭本书之部分或全部内容。
版权所有,侵权必究
举报电话:010 – 62752024　电子邮箱:fd@pup.pku.edu.cn

丛书出版说明

　　教材作为人才培养重要的一环,一直都是高等院校与大学出版社工作的重中之重。"21世纪经济与管理规划教材"是我社组织在经济与管理各领域颇具影响力的专家学者编写而成的,面向在校学生或有自学需求的社会读者;不仅涵盖经济与管理领域传统课程,还涵盖学科发展衍生的新兴课程;在吸收国内外同类最新教材优点的基础上,注重思想性、科学性、系统性,以及学生综合素质的培养,以帮助学生打下扎实的专业基础和掌握最新的学科前沿知识,满足高等院校培养高质量人才的需要。自出版以来,本系列教材被众多高等院校选用,得到了授课教师的广泛好评。

　　随着信息技术的飞速进步,在线学习、翻转课堂等新的教学/学习模式不断涌现并日渐流行,终身学习的理念深入人心;而在教材以外,学生们还能从各种渠道获取纷繁复杂的信息。如何引导他们树立正确的世界观、人生观、价值观,是新时代给高等教育带来的一个重大挑战。为了适应这些变化,我们特对"21世纪经济与管理规划教材"进行了改版升级。

　　首先,为深入贯彻落实习近平总书记关于教育的重要论述、全国教育大会精神以及中共中央办公厅、国务院办公厅《关于深化新时代学校思想政治理论课改革创新的若干意见》,我们按照国家教材委员会《全国大中小学教材建设规划(2019—2022年)》《习近平新时代中国特色社会主义思想进课程教材指南》《关于做好党的二十大精神进教材工作的通知》和教育部《普通高等学校教材管理办法》《高等学校课程思政建设指导纲要》等文件精神,将课程思政内容尤其是党的二十大精神融入教材,以坚持正确导向,强化价值引领,落实立德树人根本任务,立足中国实践,形成具有中国特色的教材体系。

　　其次,响应国家积极组织构建信息技术与教育教学深度融合、多种介质综合运用、表现力丰富的高质量数字化教材体系的要求,本系列教材在形式上将不再局限于传统纸质教材,而是会根据学科特点,添加讲解重点难点的视频音频、检测学习效果的在线测评、扩展学习内容的延伸阅读、展示运算过程及结果的软件应用等数字资源,以增强教材的表现力和吸引力,有效服务线上教学、混合式教学等新型教学模式。

为了使本系列教材具有持续的生命力,我们将积极与作者沟通,争取按学制周期对教材进行修订。您在使用本系列教材的过程中,如果发现任何问题或者有任何意见或建议,欢迎随时与我们联系(请发邮件至em@pup.cn)。我们会将您的宝贵意见或建议及时反馈给作者,以便修订再版时进一步完善教材内容,更好地满足教师教学和学生学习的需要。

最后,感谢所有参与编写和为我们出谋划策提供帮助的专家学者,以及广大使用本系列教材的师生。希望本系列教材能够为我国高等院校经管专业教育贡献绵薄之力!

北京大学出版社
经济与管理图书事业部

目 录

导论 …………………………………………………………… (1)

第一章 股票市场 ……………………………………………… (9)
第一节 股票与股票市场概述 ………………………………… (11)
第二节 股票发行上市 ………………………………………… (19)
第三节 股票交易 ……………………………………………… (37)
第四节 买壳上市 ……………………………………………… (42)
第五节 借壳上市 ……………………………………………… (53)
第六节 整体上市与分拆上市 ………………………………… (62)
第七节 上市公司再融资 ……………………………………… (70)

第二章 债券市场 ……………………………………………… (81)
第一节 债券的概念 …………………………………………… (83)
第二节 国债 …………………………………………………… (87)
第三节 央行票据 ……………………………………………… (91)
第四节 金融债券 ……………………………………………… (93)
第五节 企业债券 ……………………………………………… (95)
第六节 国际债券 ……………………………………………… (115)
第七节 债券交易市场 ………………………………………… (118)

第三章 证券投资基金市场 …………………………………… (123)
第一节 证券投资基金概述 …………………………………… (125)
第二节 证券投资基金的运作管理 …………………………… (129)
第三节 股票基金 ……………………………………………… (150)
第四节 债券基金 ……………………………………………… (155)
第五节 货币市场基金 ………………………………………… (158)

第六节 混合基金 …………………………………………………… (161)

第四章 股权投资基金市场 …………………………………………… (165)
  第一节 股权投资基金的概念 ……………………………………… (167)
  第二节 股权投资基金的募集与设立 ……………………………… (180)
  第三节 股权投资基金的投资 ……………………………………… (186)
  第四节 股权投资基金的投资后管理 ……………………………… (192)
  第五节 股权投资基金的退出 ……………………………………… (195)

第五章 并购市场 ………………………………………………………… (199)
  第一节 并购概述 …………………………………………………… (201)
  第二节 并购的操作流程 …………………………………………… (205)
  第三节 杠杆收购 …………………………………………………… (225)

第六章 资产证券化市场 …………………………………………………… (247)
  第一节 资产证券化的概念 ………………………………………… (249)
  第二节 资产证券化的运作 ………………………………………… (252)
  第三节 资产证券化的特征和意义 ………………………………… (259)
  第四节 资产证券化的核心 ………………………………………… (264)
  第五节 住房抵押贷款证券化 ……………………………………… (268)
  第六节 资产支持证券化 …………………………………………… (273)

参考文献 …………………………………………………………………………… (278)

21世纪经济与管理规划教材

金融学系列

导 论

一、经济

经济是资源配置的活动。

资源配置的手段主要有两种：计划和市场。如果一个经济体的资源配置手段以计划为主，这样的经济体我们叫做计划经济；如果一个经济体的资源配置手段以市场为主，这样的经济体我们叫做市场经济。

历史雄辩地证明，市场作为资源配置的手段，要远远优于计划。也就是说市场经济要优于计划经济。

根据美国经济学家德龙的研究，从旧石器时代到公元 2000 年这 250 万年的人类历史中，人类花了 99.4% 的时间，即到 1500 年前，使世界人均 GDP 达到了 90 国际元[①]。然后，又花了 0.59% 的时间，到公元 1750 年，使世界人均 GDP 翻了一番，达到 180 国际元。从 1750 年到 2000 年，即在 0.01% 的时间内，世界的人均 GDP 增加了 37 倍，达到 6 600 国际元。换句话说，人类 97% 的财富是在过去 250 年，也就是 0.01% 的时间里创造的。见图 0.1。

从图 0.1 可以看到，从 250 万年前至今，在人类历史 99.99% 的时间里，世界人均 GDP 基本没什么变化，但在过去的 250 年中，突然发生了一个几乎垂直上升的增长。世界最主要的发达国家也是如此，无论是美国、加拿大、澳大利亚等所谓的西欧衍生国，还是包括英国、法国、德国等 12 个国家在内的西欧国家本身，还是后起的日本，经济增长都主要发生在过去一二百年的时间里。

如果用更通俗的方式来说明这个问题，根据有人测算，按照零售商库存记录的商品种类计算，在 250 年前，人们能够消费的商品种类大致是 10 的二次方，也就是上百种而已。而现在，我们能消费的产品种类是 10 的八次方以上，有上亿种。

为什么人类在过去的 250 年里创造了奇迹？是不是人变得比原来更聪明了？当然不是。人类的智慧在过去两三千年内没有太大的变化。难道是资源

---

① 这是按照 1990 年国际购买力核定的一个财富度量单位。

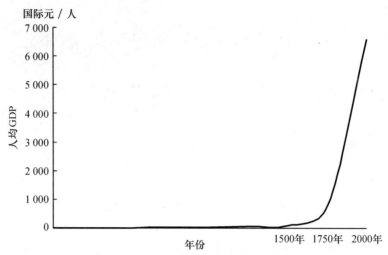

图 0.1　人类历史上的人均 GDP

变多了？也不是。人类的资源不仅没有变多，相反，与土地相联系的自然资源还在慢慢减少。

那是什么发生了变化？唯一能提供的答案是，人类选择了一种新的资源配置手段，即市场。西方国家在 200 多年前开始实行市场经济，所以在 200 多年前开始起飞。

中国改革开放的历史也证明了市场经济优于计划经济。中国经济改革一个重要的内容就是经济转轨，即由市场经济向市场经济转轨。改革开放以来，中国经济获得了快速而稳定的增长，当然这得益于整个改革开放，但是其中很重要的一个因素就是经济转轨。图 0.2 显示了 1978—2008 年中国人均 GDP 的增长。

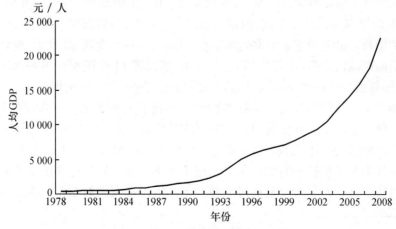

图 0.2　1978—2008 年中国人均 GDP

二、金融

资源一般可以分为三大类：商品、劳动力和资本，金融专指资本这一类资源配置的活动。因此，金融是资本配置的活动。

什么是资本？资本是能给其所有者带来未来经济收益的物质。

如果说商品是在买者与卖者之间配置，那么资本是在投资者和融资者之间进行配置，配置的渠道是金融体系，其中包括金融中介和资本市场，见图0.3。

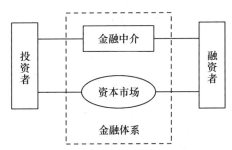

图0.3　投资者与融资者通过金融体系进行资本配置

金融中介主要有商业银行、保险公司等，是间接金融。资本市场主要有股票市场、债券市场等，是直接金融。

金融是现代经济的核心。邓小平同志在1991年视察上海时就曾经说过："金融很重要，是现代经济的核心。金融搞好了，一着棋活，全盘皆活。"

金融是现代经济的核心，是因为金融对经济增长起着举足轻重的作用。例如，很多西方经济学家研究得出，金融体系在英国工业革命进程中起到了关键作用，因为它大大地方便了大型工业项目所需的资本流动。著名经济学家熊彼特认为，具有良好功能的金融中介通过辨别并提供资金给那些最有可能成功实施创新产品和生产过程的企业家从而加速了技术创新。同时，随着研究的不断深入，无论是从理论还是实证方面，越来越多的研究成果显示，金融在经济增长中起着至关重要的作用。

那么金融是怎样带动经济增长的呢？目前普遍接受的观点认为，金融有五项基本功能：

第一，便利风险的交易、规避、分散和聚集。

第二，配置资源。

第三，监督经理人，促进公司治理。

第四，动员储蓄。

第五，便利商品与劳务的交换。

金融正是通过发挥这五项基本功能,促进了资本积累和技术创新,并最终促进了经济增长。见图0.4。

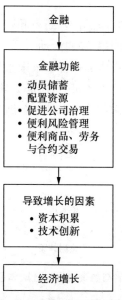

图0.4 金融作用于经济增长

人们通常用金融资产总量与GDP之比,即经济金融化率,来衡量一个经济体的金融化程度。图0.5显示了1980—2008年中国经济金融化率的增长,从图中可以看出,金融在中国经济中所占的比重越来越大。

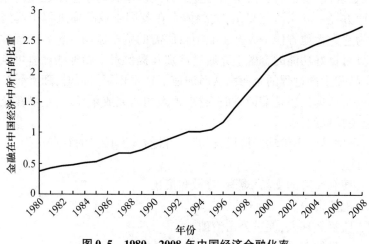

图0.5 1980—2008年中国经济金融化率

三、资本市场

资本市场是资本配置的重要场所,也是金融体系的两大组成部分之一。

因为历史发展和现实制度的原因,每个国家的资本市场都有其独特性,因此,应该学习他国的先进经验,但不能照搬他国的理论,更不能照用(事实上也用不了)他国的实践。

本书立足于中国资本市场的本土实际,从原理、实务和案例三个角度,介绍中国资本市场的六个子市场:股票市场、债券市场、证券投资基金市场、股权投资基金市场、并购市场、资产证券化市场。

第一章介绍股票市场。第一节介绍股票的定义、特点、种类和股票市场的含义和分类;第二节介绍股票发行上市的运作;第三节介绍股票交易;第四节介绍买壳上市的定义和运作模式;第五节介绍借壳上市的定义和运作模式;第六节介绍整体上市和分拆上市;第七节介绍上市公司再融资的方式和操作流程。

第二章介绍债券市场。第一节介绍债券的定义、构成要素、特点和种类;第二节国债的概念和运作;第三节介绍央行票据的概念和运作;第四节介绍金融债券的概念和运作;第五节介绍企业债券的概念和运作;第六节介绍国际债券的概念和运作;第七节介绍债券交易市场。

第三章介绍证券投资基金市场。第一节介绍证券投资基金的定义、特征、当事人、市场服务机构和种类;第二节介绍证券投资基金的运作管理;第三节介绍股票基金的概念和运作;第四节介绍债券基金的概念和运作;第五节介绍货币市场基金的概念和运作;第六节介绍混合基金的概念和运作。

第四章介绍股权投资基金市场。第一节介绍股票投资基金的定义、特征和种类;第二节介绍股权投资基金的募集与设立;第三节介绍股权投资基金的投资运作;第四节介绍股权投资基金的投资后管理;第五节介绍股权投资基金的退出。

第五章介绍并购市场。第一节介绍并购的含义、动因和分类;第二节介绍并购的操作流程;第三节介绍杠杆收购和管理层收购。

第六章介绍资产证券化市场。第一节介绍资产证券化的概念;第二节介绍资产证券化的参与主体和运作流程;第三节介绍资产证券化的特征和意义;第四节介绍资产证券化中的破产隔离;第五节介绍住房抵押贷款证券化;第六节介绍资产支持证券化。

第一章

股票市场

📖 本章概要

本章介绍股票市场。第一节介绍股票的定义、特点、种类和股票市场的含义和分类;第二节介绍股票发行上市的运作;第三节介绍股票交易;第四节介绍买壳上市的定义和运作模式;第五节介绍借壳上市的定义和运作模式;第六节介绍整体上市和分拆上市;第七节介绍上市公司再融资的方式和操作流程。

📖 学习目的

了解股票和股票市场的概念;理解股票发行上市、买壳上市、借壳上市、整体上市、分拆上市的概念;掌握发行上市、买壳上市、借壳上市、整体上市、分拆上市、上市公司再融资的运作。

第一节　股票与股票市场概述

一、股票的定义

股票是股份有限公司在筹集资本时向出资人发行的股份凭证。

股票代表着其持有者(即股东)对公司的所有权,因此,股东与公司之间的关系不是债权债务关系,而是所有权关系,这种所有权是一种综合权利,如参加股东大会、投票表决、参与公司的重大决策、收取股息和分享红利等。股东以其出资额为限对公司负有有限责任,承担风险,分享收益。

二、股票的特点

通过了解股票的特点,我们能够对股票的概念有一个更加全面的了解。

股票具有以下五个基本特点:

第一,不可偿还性。股票是一种无偿还期的有价证券,投资者认购了股票后,就不能要求公司退股,只能在交易市场上卖给第三方。股票的转让只意味着公司股东的改变,并不减少公司资本。从期限上看,只要公司存在,它所发行的股票就存在,股票的期限等于公司存续的期限。

第二,参与性。股东有权出席股东大会,选举公司董事会,参与公司重大决策。股票持有者的投资意志和享有的经济利益,通常是通过行使股东参与权来实现的。

第三,收益性。股东凭其持有的股票,可以获得收益。股票的收益来源于两个地方:一是公司发放的股息和红利,股息或红利的大小,主要取决于公司的盈利水平和公司的盈利分配政策;二是股票投资的资本收益,也就是股票买卖的差价。

第四,流通性。股票的流通性是指股票可以在不同投资者之间的可交易性,即进行股票买卖。流通性通常以可流通的股票数量、股票成交量以及股价对交易量的敏感程度来衡量。可流通股票越多,成交量越大,价格对成交量越不敏感,股票的流通性就越好;反之就越差。

第五,价格波动性和风险性。股票在交易市场上作为交易对象,同商品一样,有自己的市场行情和市场价格。由于股票价格要受到诸如宏观经济、公司经营状况、供求关系、大众心理等多种因素的影响,其价格波动有很大的不确定性。正是这种不确定性,有可能使股票投资者遭受损失。价格波动的不确定性越大,投资风险也就越大。

三、股票的种类

(一) 普通股

普通股是指在公司的经营管理和盈利及财产的分配上,享有普通权利的股份,代表满足所有债权偿付要求及优先股东的收益权与求偿权要求后对企业盈利和剩余财产的索取权。普通股构成公司资本的基础,是股票的一种基本形式,也是发行量最大、最为重要的股票。

普通股股票持有者按其所持有股份的比例享有以下基本权利:

第一,公司决策参与权。普通股股东有权参与股东大会,并有建议权、表决权和选举权。

第二,利润分配权。普通股股东有权从公司利润分配中得到股息。普通股的股息是不固定的,取决于公司的盈利状况和分配政策。

第三,优先认股权。如果公司需要增加公司资本而发行普通股股票时,现有普通股股东有权按其持股比例,以低于市价的某一特定价格优先购买一定数量的新发行股票,从而保持其对企业所有权的原有比例。

第四,剩余资产分配权。当公司破产或清算时,若公司的资产在支付清算费用、工人工资、社会保险费用和法定补偿金、缴纳所欠税款、清偿公司债务以后,还有剩余资产的,按照股东持有的股份比例分配。

(二) 优先股

优先股是指公司在筹集资金时,给予投资者某些优先权的股票。这种优先权主要表现在两个方面:

第一,优先股有固定的股息,不随公司业绩好坏而波动,并且可以优先于普通股股东领取股息。

第二,当公司破产进行财产清算时,优先股股东对公司剩余财产有优先于普通股股东的要求权。

优先股享有如上的优先权利,但是有些权利又受到限制,例如:一般不参加公司的红利分配、持股人亦无表决权。

(三) A 股、B 股、H 股、N 股、S 股和 L 股

根据股票的上市地点和所面向的投资者的情况,我国上市公司的股票可分为 A 股、B 股、H 股、N 股、S 股和 L 股。

A 股的正式名称是人民币普通股票,它是由我国境内的公司发行,供境内机构、组织或个人(不含港澳台投资者)以人民币认购和交易的普通股股票。

B 股的正式名称是人民币特种股票,又称境内上市外资股,它是由人民币标明面值,以外币认购和买卖,在境内证券交易所上市交易的普通股股票。

H 股,即注册地在境内、上市地在香港的外资股。H 股也是以人民币标明面值,以外币认购。香港的英文是 Hong Kong,即取其首字母,在港上市外资股就叫做 H 股。以此类推,纽约的第一个英文字母是 N,新加坡的第一个英文字母是 S,伦敦的第一个英文字母是 L,因此,在纽约、新加坡、伦敦上市的外资股就分别叫做 N 股、S 股、L 股。

(四) 蓝筹股

在股票市场上,投资者把那些在其所属行业内占有重要支配性地位、业绩优良、成交活跃、红利优厚的大公司股票称为蓝筹股。"蓝筹"一词源于西方赌场,西方赌场中有三种颜色的筹码,其中蓝色筹码最为值钱,红色筹码次之,白色筹码最差,投资者把这些行话套用到了股票上。

蓝筹股并非一成不变,随着公司经营状况的改变及经济地位的升降,公司股票也会从蓝筹股行列出局。

(五) 红筹股

红筹股这一概念诞生于 1990 年代初期的香港股票市场。中国内地在国际上有时称为红色中国,相应地,香港和国际投资者把在中国境外注册、在香港上市的那些带有中国内地概念的股票称为红筹股。

什么叫做"带有中国内地概念"呢?一般有两种不同的理解:

第一种观点认为,应该按业务范围来区分。如果某个上市公司的主要业务在中国内地,其盈利中的大部分也来自该业务,那么,这家在中国境外注册、在香港上市的股票就是红筹股。

第二种观点认为,应该按照股权多寡来划分。如果一家上市公司股权的大部分直接来自中国内地,或具有内地背景,也就是为中资所控股,那么这家在中国境外注册、在香港上市的股票才属于红筹股之列。

通常,上述两类公司的股票都被投资者视为红筹股。

四、股票市场

（一）股票市场的含义

股票市场是股票发行和交易的场所。

股票市场主要有以下两种主要分类：根据市场的功能划分，股票市场可分为发行市场和交易市场；根据市场的组织形式划分，股票市场可分为场内交易市场和场外交易市场。

（二）发行市场与交易市场

根据市场的功能划分，股票市场可分为发行市场和交易市场。

发行市场是通过发行股票进行筹资活动的市场，它一方面为资本的需求者提供筹集资金的渠道，另一方面为资本的供应者提供投资场所。发行市场是实现资本职能转化的场所，通过发行股票，把社会闲散资金转化为生产资本。由于发行活动是一切活动的源头和起始点，故发行市场又称为一级市场。

交易市场是已发行股票进行转让的市场，又称二级市场。交易市场一方面为股票持有者提供随时变现的机会，另一方面又为新的投资者提供投资机会。

发行市场是流通市场的基础和前提，流通市场又是发行市场得以存在和发展的条件。发行市场的规模决定了流通市场的规模，影响着流通市场的交易价格。没有发行市场，流通市场就会成为无源之水、无本之木。在一定时期内，发行市场规模过小，容易使流通市场供需脱节，造成过度投机，股价飙升；发行节奏过快，股票供过于求，对流通市场形成压力，股价低落，市场低迷，反过来影响发行市场的筹资。所以，发行市场和流通市场是相互依存、互为补充的整体。

（三）场内交易市场与场外交易市场

根据市场的组织形式划分，股票市场可分为场内交易市场和场外交易市场。

股票场内交易市场是股票集中交易的场所，即股票交易所。有些国家最初的股票交易所是自发产生的，有些则是根据国家的有关法规注册登记设立或经批准设立的。今天的股票交易所有严密的组织、严格的管理以及进行集中交易的固定场所，在许多国家，交易所是股票交易的唯一合法场所。在我国，股票场内交易市场包括上海证券交易所和深圳证券交易所。

股票场外交易市场是在股票交易所以外的各证券交易机构柜台上进行的股票交易市场，所以也叫做柜台交易市场。随着通讯技术的发展，一些国家出现了有组织的、并通过现代化通信与电脑网络进行交易的场外交易市场，如美国的纳斯达克（NASDAQ）。我国目前并没有场外交易市场。

案例

招商银行发行上市

2002年,招商银行向社会公开发行15亿股A股股票,募集资金109亿元,并在上海证券交易所上市。

成功上市,对招商银行意义重大:第一,筹集的资金,及时补充了资本金,增强了招商银行的风险掌控力;第二,通过上市改组,完善了公司治理结构,优化了招商银行的组织制度;第三,有效提升了管理素质,强化了招商银行的市场竞争力;第四,有效扩大了知名度,提升了招商银行的社会影响力。

(一)成立上市工作机构

2000年,招商银行决定发行上市。决定上市后,第一步工作就是成立上市工作机构。

2000年3月25日,招商银行上市领导小组成立,行长马蔚华亲自挂帅,负责组织决策和协调上市重大事项,同时成立招商银行上市工作小组,具体组织落实上市的各项内容。

(二)聘请中介机构

上市工作机构成立后,接下来的工作就是聘请中介机构。经过慎重考虑,招商银行确定以招标方式,选择中介机构。

通过公开招标方式,招商银行最后确定中国国际金融有限公司为主承销商,君合律师事务所为法律顾问,天勤会计师事务所为审计师。另外,根据中国证监会关于商业银行上市的要求,在有国内会计师的同时,还应聘请中国证监会和财政部特别许可的国际会计师事务所,因此,招商银行又聘请了毕马威会计师事务所作为国际审计师。

(三)尽职调查

中介机构选定后,尽职调查工作随即展开。

2000年8月,中金公司、君合所、毕马威和天勤所开始了对招商银行上市的尽职调查,由此拉开了历时长达10个多月尽职调查的序幕。

1. 主承销商的尽职调查

2000年8月1日,首次中介机构协调会后中金公司项目工作人员走进招商银行,正式开始了尽职调查。

首先,中金公司在总行先后进行了三轮部门访谈调查和资料收集工作。紧接着对招商银行的分支机构开展尽职调查。随着尽职调查的深入,在普遍调查的基础上,中金公司将尽职调查聚焦到需要招商银行整改或披露的内容上来,具体包括以下四个方面:一是不良资产;二是对外股权投资;三是关联交易;四是法人治理结构。最后,在其他尽职调查基本结束的时候,主承销商管理人员和项目人员同招商银行的管理层进行了访谈对话,毕马威和君合也参加了这次访谈。

2. 律师的尽职调查

君合所在了解招商银行的总体情况后,把尽职调查的重点放在了招商银行机构设立、股东、股权投资企业、诉讼案件、重大合同、关联交易、固定资产和招商银行历史沿革及历次扩股等方面。

君合所采用的主要方式是:列出调查清单,要求招商银行按清单提供原始文件资料,然后根据其重要性原则和抽样原则进行现场或非现场核实,核对有关证书和文件原件。

3. 审计师尽职调查

审计师的尽职调查工作由计划调查组和信贷调查组分别展开。计划调查组的主要任务是收集招商银行各种报表和财务情况,分析报表结构,设计其审计需要的报表模式,并培训招商银行员工进行填报。信贷调查组的主要任务是了解招商银行信贷资产质量和五级分类情况,确定其对招商银行信贷审核的五级分类标准。

(四)辅导

招商银行的上市辅导工作,是与尽职调查既交叉又结合同步进行的。

中金公司与招商银行经过多次协商,确定了如下的辅导方案:第一,辅导机构除中金公司外,邀请毕马威和君合所一起参加,以发挥它们的专业作用;第二,以尽职调查为基础,然后进行跟踪辅导,在辅导中规范和解决相关问题;第三,突出对董事和高级管理人员的培训作用,加强公司的法律责任感和诚信义务;第四,按辅导内容的九个方面,建立辅导工作底稿,对辅导过程加强监督,以保证达到如期的辅导效果。

2001年7月中旬,招商银行和中金公司向深圳证管办申请辅导验收。2001年8月中旬,深圳证管办验收完毕。

(五)股份制改组

招商银行在完成尽职调查后,结合辅导,开始了股份制改组。

1. 明确股份有限公司身份

通过尽职调查发现,招商银行营业执照上的企业性质仍然是"全民股份制",而不是"股份有限公司",这显然不符合上市要求。

而历史事实是,招商银行于 1994 年进行了股份制改造,建立了股份有限公司的组织架构,并按照股份有限公司要求进行运作,但限于当时政策环境等原因,在营业执照中并没有确认。

招商银行通过与工商管理部门反复沟通,终于使得工商管理部门认可了招商银行 1994 年股份制改组,确认招商银行为股份有限公司,成功完成营业执照的变更。

2. 规范公司治理结构

脱胎于传统计划经济体制环境的招商银行,在公司治理结构方面不可避免地留有传统企业的烙印。在尽职调查的基础上,对照上市公司法人治理结构规范要求,招商银行针对公司治理结构做了大量规范工作:

第一,根据上市公司规范要求,参照中国证监会《上市公司章程指引》,结合招商银行实际情况,修改制定了新的《招商银行股份有限公司章程》,特别是对股东大会、董事会和监事会运作等一系列条款进行了修改。

第二,根据新的公司章程,新制订了股东大会、董事会和监事会的议事规则和行长工作细则,进一步明确了权责利的结合和制衡。

第三,招商银行还承诺,在上市以后,将进一步完善董事会,并设立独立董事,并在董事会设立战略、审计、提名、薪酬与考核等专门委员会。

第四,招商银行还计划,在上市后,根据法规允许和实际情况,相机推出管理层股票期权方案,将管理层的个人收入与其工作表现和整个银行的经营状况更加紧密地联系起来。

3. 处置不良资产

银行不良资产是银行经营的一个必然结果。招商银行自 1987 年成立,业务发展的同时,不良贷款余额也不断增加。按"五级分类"要求,在股份制改组前,招商银行的不良贷款率达 12.94%。为了达到上市要求,招商银行必须对不良贷款进行处置。

招商银行用增提的拨备核销不良贷款呆账,用资本公积金和盈余公积金来弥补因大量拨备调整而出现的账面未分配利润。为此,招商银行动用了 24.31 亿资本公积金和 1750 万盈余公积金弥补因此出现的未分配利润,以及 2000 年一年的利润 8.04 亿元,总共核销总额 37.49 亿元的不良贷款,招商银行的不良贷款率从 12.94% 下降到 10.25%。

4. 剥离股权投资

为符合上市的规范性要求,招商银行必须剥离与主营业务无关的对外股权投资。因此,招商银行在上市重组过程中,将持有的国通证券有限责任公司 20.18% 股权和深圳新江南投资有限公司 91.30% 股权,转让给招商银行全体股东,将持有的上海招商局大厦有限公司40%股权、武汉招银物业有限公司70%股权和招商局会所(中山)有限公司8.5%股权,转让给深圳市招商创业有限公司。

5. 清理与规范关联交易

清理与规范关联交易,也是上市前重组的一项重要内容。

招商银行上市前,股东就多达106家,其派生出的招商银行关联方体系极其复杂、庞大。仅第一大股东招商局轮船股份有限公司,其控股或参股的企业就有400多家。

从2001年4月开始,招商银行就会同中介机构,对招商银行的关联方进行了摸底,并经过反复沟通、咨询和协商,最终把披露关联方锁定在:最大股东、其他股东、最大股东母公司控股和参股的企业、招商银行董事和高级管理人员担任董事长或总经理的企业以及招商银行投资参股的企业。

同时,招商银行对关联交易进行了清理和规范,关联交易总额呈现较大幅度下降,总体关联交易质量得以进一步优化。在与总共238家企业的关联关系中,按照"五级分类"要求,关联贷款中绝大部分为正常类,只有六家企业贷款归于次级不良贷款,而且相关的清收工作一直在有条不紊地进行着。

(六) 申报与审核

由于银行业是特殊行业,上市首先应该获得当时的行业主管部门中国人民银行的同意。

2001年8月3日,招商银行向中国人民银行申请出具监管意见书,2001年9月3日,中国人民银行为招商银行出具了监管意见书。但由于种种原因,中国人民银行出具的监管意见书并不理想,因此,2001年11月21日,招商银行向中国人民银行申请出具补充监管意见书,2001年12月20日,中国人民银行出具了补充监管意见书。

2001年9月24日,招商银行向中国证监会报送上市申请材料。此后三个月时间里,中国证监会对招商银行的上市申请材料进行了一轮又一轮的审核。

2001年12月28日,中国证监会发审委通过了招商银行的上市申请。2002年3月15日,中国证监会发出了招商银行上市的正式批文。

(七) 完成发行上市

招商银行上市申请通过中国证监会核准后,接下来要做的事情是怎样来保证发行上市的成功完成。

1. 发行规模和发行方式

招商银行根据实际资金需要,最后确定发行规模为15亿股。

发行方式采用网上以摇号中签方式对所有投资者发行和网下以比例配售

并设定一定的锁定期方式对所有战略投资者发行。

2. 预路演与确定发行价格区间

2002年3月19日至21日,中介机构分别在北京、上海、深圳三地开展预路演。3天预路演共举行10多场推介会,直接接触投资者300多人,收到预路演反馈表格200多张。

通过预路演中的询价,招商银行和中金公司经过谈判,最后确定了6.68—7.30元的发行价格区间。

3. 路演、发行与定价

2002年3月22日、25日和26日,招商银行分别在深圳、上海、北京进行了路演。3天路演共举行10多场大、中、小型推介会,并获得圆满成功。

2002年3月24日,招商银行股票发行网下申购开始,2002年3月27日为招商银行网上申购日。最后根据申购情况,决定网上发行为6亿股,网下发行9亿股。

2002年3月26日,招商银行在全景网上进行了网上路演,与公众投资者进行交流。

2002年3月28日晚,招商银行和中金公司在深圳举行最后的发行定价会议,根据申购结果,双方一致确定招商银行A股发行价格为当时定价区间的最高限7.30元。

2002年4月1日,招商银行公布股票发行价格和网上中签率。4月2日,招商银行公布股票网下申购情况和中签率。

至此,招商银行股票发行圆满成功。招商银行发行15亿股股票,筹集资金109.5亿元,除去发行费用,实际获得资金107.43亿元。

2002年4月9日,招商银行股票在上海证券交易所挂牌交易。当日,招商银行股票以10.51元开盘,收盘10.66元,首日涨幅为46.03%。

第二节 股票发行上市

一、发行上市概述

发行上市是指股份有限公司首次公开发行股票并上市的行为,也称为直接上市。股票发行上市后,股份有限公司也就成了上市公司。

(一) 首次公开发行股票

首次公开发行(initial public offering, IPO),是指股份有限公司首次公开向投资者发行股票。

我国相关法律规定,股票发行有下列情况之一的,为公开发行:

第一,向不特定对象发行证券的。

第二,向特定对象发行证券累计超过二百人的。

(二) 股票上市

股票上市是指已经公开发行股票的公司,将其股票在证券交易所挂牌交易的活动。股票上市,是连接股票发行和股票交易的桥梁。

股票首次公开发行后,可以申请在证券交易所挂牌交易,也可以不进入证券交易所而通过其他方式进行交易。如果股票申请并进入证券交易所挂牌交易,我们就说股票上市了,发行股票的公司也就成为上市公司。

2006 年之前,我国是不承认公开发行股票而不上市的情形的,中国证监会的审核,也是将公开发行和上市结合在一起进行审核,一旦中国证监会审核同意,交易所即有义务安排公开发行的股票上市交易。

2006 年新公司法和新证券法颁布实施之后,明确将公开发行和上市的监管职能授予中国证监会和证券交易所,为此,中国证监会业已成立发行监管二部,专门负责对公开发行股票但不上市的情形进行监管,并且正在筹备柜台交易场所等与之相适应的市场建设,相关的法规也正在起草中。但目前还没有付诸实践。

也就是说,目前在我国,法律上将发行与上市分开了,但在实践中,还是实行发行上市一体化运作。

(三) 发行上市的基本条件

我国股票上市,有主板、中小企业板和创业板三种上市选择。

1. 主板上市

在我国上海证券交易所和深圳证券交易所主板发行上市,必须符合如下基本条件:

第一,发行人是依法设立且持续经营 3 年以上的股份有限公司。有限责任公司按原账面净资产值折股整体变更为股份有限公司的,持续经营时间可以从有限责任公司成立之日起计算。

第二,最近 3 个会计年度净利润均为正数且累计超过人民币 3 000 万元,净利润以扣除非经常性损益前后较低者为计算依据。

第三,最近 3 个会计年度经营活动产生的现金流量净额累计超过人民币 5 000 万元;或者最近 3 个会计年度营业收入累计超过人民币 3 亿元。

第四，发行前股本总额不少于人民币3 000万元，且最近一期期末不存在未弥补亏损。

第五，发行后公司股本总额不少于人民币5 000万元。

2. 中小企业板上市

中小企业板是在深圳证券交易所主板市场中设立的一个运行独立、监察独立、代码独立、指数独立的版块，集中安排符合主板上市发行条件的企业中规模较小的企业上市。中小企业板发行上市条件和主板发行上市条件完全相同。

3. 创业板上市

创业板是指专为中小企业和新兴公司提供融资途径和成长空间的证券交易市场，是对主板市场的重要补充，在资本市场有着重要的位置。创业板的发行上市条件低于主板发行上市条件。我国创业板发行上市的基本条件如下：

第一，发行人是依法设立且持续经营3年以上的股份有限公司。有限责任公司按原账面净资产值折股整体变更为股份有限公司的，持续经营时间可以从有限责任公司成立之日起计算。

第二，最近2年连续盈利，最近2年净利润累计不少于1 000万元，且持续增长；或者最近1年盈利，且净利润不少于500万元，最近1年营业收入不少于5 000万元，最近2年营业收入增长率均不低于30%。净利润以扣除非经常性损益前后较低者为计算依据。

第三，发行前最近一期末净资产不少于2 000万元，且不存在未弥补亏损。

第四，发行后股本总额不少于3 000万元。

(四) 发行上市的流程

发行上市的流程一般包括以下七个步骤：成立上市工作机构、聘请中介机构、尽职调查、辅导、股份制改组、申报与核准、完成发行上市，见图1.1。

在本节后面的内容中，我们将对发行上市流程的每个步骤进行详细阐述。

二、成立上市工作机构

企业经过认真严格的上市论证后，选择了上市，就要成立上市工作机构，负责企业的上市工作。

上市工作机构一般由企业一把手挂帅，由董事会秘书具体负责，企业的行政、财务、法律、研发、生产、销售等部门的分管领导和负责人都应作为工作机构的成员。

上市工作机构的工作主要有：企业一把手和董事会秘书把握整体上市进程，并负责协调企业与中国证监会、有关政府部门以及中介机构之间的关系；财

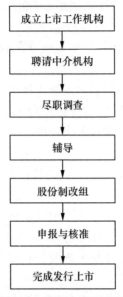

图 1.1　发行上市的流程

务部门配合会计师和评估师进行公司尽职调查、财务审计、资产评估、盈利预测等工作;法律部门配合律师,处理上市有关的法律实务;研发、生产、销售等部门配合中介机构做好尽职调查、投资立项等工作。

三、聘请中介机构

发行上市是一项工作量大、涉及面广和专业性强的系统工程,企业除了自身的上市工作组外,还必须根据法律规定和实际需要聘请中介机构。发行上市的中介机构主要包括证券公司、律师事务所、会计师事务所、资产评估机构和财经公关顾问。

(一) 证券公司

在发行上市过程中,证券公司起着至关重要的作用,是中介机构的协调人和牵头人,也是企业上市的保荐机构。证券公司在发行上市中的主要职责包括:协助企业改制重组的全面策划;担任企业的辅导机构;组织机构进行申报材料制作;尽职推荐发行人股票的发行;持续督导发行人履行相关义务。

选择证券公司应考虑的因素有:证券公司是否具有保荐资格并在中国证监会注册;证券公司在证券行业中是否有较高的声誉;证券公司的承销业绩和项目经验;证券公司项目人员的综合素质和沟通能力;是否有自己的发行渠道和

客户网络;公司上市后能否为公司提供长期的服务工作;收费水平。

(二) 律师事务所

发行上市必须依法聘请律师事务所担任法律顾问。律师主要对股票发行与上市的各种文件的合法性进行判断,并对有关发行上市方案的法律问题出具法律意见。自 2002 年 11 月 1 日起,律师及律师事务所从事中国的证券法律事务不再受资格限制。

律师在发行上市中的主要职责有:协助发行人处理股份发行与上市的各类法律问题和事项;为公司起草发行上市需要的各类法律文书;为发行人出具法律意见书、补充法律意见书和律师工作报告等;为发行人申请文件出具相关鉴证意见等;对相关法律问题提出咨询意见;依据发行人委托编制招股说明书等。

选择律师事务所应考虑的因素有:律师事务所发展的时间和主营业务;律师事务所过去的证券法律服务业绩,特别是其对所属行业和所属地区的项目经验;承担本项目的律师的专业水平和项目业绩;业内声誉以及历史违规情况;收费标准。

(三) 会计师事务所

发行上市的审计工作必须由具有证券从业资格的会计师事务所承担。会计师事务所在发行上市中的主要职责有:出具发行人近 3 年的审计报告、验资报告、盈利预测的审计报告、内部控制审计报告;根据中国证监会或发行人的要求出具专项复核报告和鉴证意见等。

选择会计师事务所应考虑的因素有:是否具有特许的证券从业资格;过去证券业务审计项目业绩,特别是其在公司所属行业的项目经验;承担本项目的注册会计师的专业水平和项目经验;行业地位和历史违规情况;会计师事务所在业内的声誉;收费标准。

(四) 资产评估公司

企业在股票发行之前往往需要对公司的资产进行评估,这一工作通常由具有证券从业资格的资产评估公司承担。资产评估的范围主要包括:各类单项资产评估、企业整体资产评估、市场所需的其他资产评估或者项目评估。

发行人聘请的审计机构与设立时聘请的资产评估机构不能为同一家中介机构。同时,根据规定,发行人在申请股票发行时需要进行资产评估的,聘请的资产评估机构与审计机构也不能为同一家。

选择资产评估公司应考虑的因素有:是否具有特许的证券从业资格;过去证券业务审计项目业绩,特别是其在公司所属行业的项目经验;承担本项目的注册会计师的专业水平和项目经验;行业声誉和历史违规情况;收费标准。

(五) 财经公关顾问

财经公关顾问,是指公司(主要是指上市公司)为了寻求和维护其在资本市场投资者和那些对投资者有重要影响的人士心目中的特定形象和价值定位而聘请的,协助开展一系列形象设计、展示、推荐、解释和沟通等公关推广活动的专门机构。

在发行上市过程中,财经公关顾问具体负责如下工作:根据发行人的实际情况,帮助选择合适的上市地点,并制定改制上市方案;为发行人引荐合适的战略投资者;为发行人选择合适的优质保荐人、股票承销商、律师、会计师等中介机构;协助客户完成有关改制上市工作的申请报批工作,确保上市工作的顺利进行;向海外市场上实力较好的机构投资者推荐;设计、维护企业市场形象;处理突发事件和信任危机;向大众投资者推荐拟上市公司。

国内财经公关公司发展时间短,没有统一的行业规范,没有统一的资格认证,在首次公开发行过程中的作用还没有得到市场认可。选择财经公关公司应考虑的主要因素有:财经公关公司是否具有专业策划队伍和设计人才;财经公关公司在过去几年的项目业绩;财经公关公司与主要合作机构的合作项目;财经公关公司的推介和设计能力;财经公关公司的服务内容和收费标准。

四、尽职调查

(一) 尽职调查的定义

尽职调查(due diligence)是指以证券公司为主的中介机构对拟发行上市的企业进行全面调查,充分了解企业的经营情况及其面临的风险和问题,并有充分理由确信企业符合法律法规的发行条件以及确信发行上市文件真实、准确、完整的过程。

(二) 尽职调查的要求

一般来说,尽职调查应该达到如下要求:

第一,调查对投资者做出投资决策有重大影响的所有信息。凡涉及发行条件或对投资者做出投资决策有重大影响的信息,中介机构均应当勤勉尽责地进行尽职调查。

第二,具备良好的职业道德和专业胜任能力。中介机构尽职调查时,应当考虑其自身的专业胜任能力和专业独立性,并确保参与尽职调查工作的相关人员能够恪守独立、客观、公正的原则,具备良好的职业道德和专业胜任能力。

第三,独立判断和审慎核查的能力。对发行上市文件需要中介机构及其签名人员出具专业意见的内容,中介机构应当结合尽职调查过程中获得的信息对专业意见的内容进行审慎核查。对发行上市文件中无中介机构及其签名人员专业意见支持的内容,中介机构应当在获得充分的尽职调查证据并对各种证据进行综合分析的基础上进行独立判断。

(三) 尽职调查的内容

尽职调查的内容主要包括以下九个方面：

第一，发行人基本情况调查，包括：改制与设立情况、发行人历史沿革情况、发起人和股东的出资情况、重大股权变动情况、重大重组情况、主要股东情况、员工情况、发行人独立情况、内部职工股情况、商业信用情况。

第二，发行人业务与技术调查，包括：发行人行业情况及竞争状况、采购情况、生产情况、销售情况、核心技术人员、技术与研发情况。

第三，同业竞争与关联交易调查，包括：同业竞争情况、关联方及关联交易情况。

第四，高管人员调查，包括：高管人员任职情况及任职资格、高管人员的经历及行为操守、高管人员胜任能力和是否勤勉尽责、高管人员薪酬及兼职情况、报告期内高管人员变动、高管人员是否具备上市公司高管人员的资格、高管人员持股及其他对外投资情况。

第五，组织结构与内部控制调查，包括：公司章程及其规范运行情况、组织结构和股东大会、董事会及监事会运作情况、独立董事制度及其执行情况、内部控制环境、业务控制、信息系统控制、会计管理控制、内部控制的监督情况。

第六，财务与会计调查，包括：财务报告及相关财务资料、会计政策和会计估计、评估报告、内控鉴证报告、财务比率分析、销售收入、销售成本与销售毛利、期间费用、非经常性损益、货币资金、应收款项、存货、对外投资、固定资产、无形资产、投资性房地产、主要债务、现金流量、或有负债、合并报表的范围、纳税情况、盈利预测。

第七，业务发展目标调查，包括：发展战略、经营理念和经营模式、历年发展计划的执行和实现情况、业务发展目标、募集资金投向与未来发展目标的关系。

第八，募集资金运用调查，包括：历次募集资金使用情况、本次募集资金使用情况、募集资金投向产生的关联交易。

第九，风险因素及其他重要事项调查，包括：风险因素、重大合同、诉讼和担保情况、信息披露制度的建设和执行情况、中介机构执业情况。

五、辅导

在中国境内首次公开发行股票的公司，在提出首次公开发行股票申请前，必须聘请辅导机构进行辅导，并履行相关辅导程序，但对于辅导期限没有硬性规定。

（一）辅导的目标

辅导的目标主要包括：促进辅导对象形成良好的公司治理规范；形成独立运营和持续发展的能力；督促公司的董事、监事、高级管理人员全面理解发行上市有关法律法规、证券市场规范运作和信息披露的要求；树立进入证券市场的诚信意识、法制意识；具备进入证券市场的基本条件。

（二）辅导的程序

辅导程序包括如下六个步骤：

第一，选择辅导机构。辅导对象聘请的辅导机构应是有主承销资格的证券机构以及其他经有关部门认定的机构。辅导机构主要为担任保荐机构的证券公司。

第二，签订辅导协议。在确定好辅导机构以后，辅导对象应本着自愿、平等的原则与辅导机构签订辅导协议，以明确双方在辅导程序中的权利义务。

第三，辅导登记备案与审查。辅导协议签署后5个工作日内，辅导机构应向中国证监会派出机构进行辅导登记备案。中国证监会派出机构应于10个工作日内对辅导机构提交的备案材料的齐备性进行审查。

第四，实施辅导方案。辅导机构应根据有关法律、法规和规则，以及上市公司的必备条件，针对辅导对象的具体情况和实际需求，确定辅导的具体内容，制订辅导计划及实施方案，以确保辅导对象具备进入证券市场的基本条件。

第五，辅导验收。辅导机构认为达到辅导计划目标后，可向中国证监会派出机构报送"辅导工作总结报告"，提出辅导评估申请，派出机构应按规定出具"辅导监管报告"。

第六，持续关注辅导对象。在辅导工作结束至发行期间，辅导机构仍应持续关注辅导对象的重大变化，对于发生与"辅导工作总结报告"不一致的重大事项，应向派出机构报告。辅导对象发行后，辅导机构应在履行回访或保荐义务过程中持续关注信息披露和与"辅导工作总结报告"有关的事项。

六、股份制改组

（一）股份制改组的目的

企业上市过程中的股份制改组，要达到两个目的：

第一，将非股份有限公司的企业改制为股份有限公司。企业有很多类型，常见的可分为个体所有制企业、合伙制企业和公司制企业，而公司制企业又进一步分为有限责任公司和股份有限公司，另外，在我国还有全民所有制企业、国有独资公司、国有事业单位等独特的企业类型。我国法律明确规定，只有股份有限公司才能发行股票并上市,因此,在发行上市前,如果企业是有限责任公司、国有独资企业、国有事业单位、个体所有制企业或者合伙制企业等,首先应改制为股份有限公司。

第二,对企业的不规范问题进行整改。如果企业本身就是股份有限公司,或者改制为股份有限公司,还必须在尽职调查的基础上,对企业存在的不规范问题通过重组进行整改,以达到上市公司必须符合的一系列规范性要求。

(二)股份制改组的法定条件

企业改组成股份有限公司,必须符合以下法定条件:

第一,发起人符合发行人数。设立股份有限公司,发起人数应当为2人以上200人以下,其中,必须有半数以上的发起人在中国境内有住所。

第二,发起人认购和募集的股本达到法定资本最低限额。股份有限公司注册资本的最低限额为人民币500万元;法律、行政法规对股份有限公司注册资本的最低限额有较高规定的,从其规定。

第三,股份发行、筹办事项符合法律规定。发起人必须依照规定申报文件,承担公司筹办事务。

第四,发起人制定公司章程,采用募集方式设立的经创立大会通过。公司章程是公司最重要的法律文件,发起人应当根据相关法律法规的要求,起草、制定章程草案。

第五,有公司名称,建立符合股份有限公司要求的组织机构。拟设立的股份有限公司应当依照工商登记管理规定的要求确定公司名称。股份有限公司应当建立股东大会、董事会、经理和监事会等公司的组织机构。

第六,有公司住所。公司以其主要办事机构所在地为住所。

(三)股份制改组的规范要求

上述法定条件是企业改制成股份有限公司的法定条件,如果改组后的股份有限公司要发行上市,其股份制改组还需要满足如下规范要求:

第一,业务改组的要求。拟发行上市的公司原则上应采取整体改制方式,即剥离非经营性资产后,企业经营性资产整体进入股份有限公司。企业不应将整体业务的一个环节或一个部分组建为拟发行上市公司。改组后的公司主业应突出,具有独立完整的生产经营系统。

第二,治理规范的要求。发起人投入拟发行上市公司的业务和资产应独立完整,遵循人员、机构、资产按照业务划分以及债务、收入、成本、费用等因素与业务划分相配比的原则。拟发行上市公司应在改制重组和持续经营过程中,在组织形式、公司治理结构、公司决策与运作等方面规范运作。具体来说,拟发行上市公司应该做到四个独立:资产独立、人员独立、机构独立和财务独立。

第三,避免同业竞争的要求。拟发行上市公司在改组时,应避免其主要业务与实际控制人及其控制的法人(以下称"竞争方")所从事业务相同或相似的情况,避免同业竞争。

第四,减少并规范关联交易的要求。拟发行上市公司在提出发行上市申请前,若存在数量较大的关联交易,应制订有针对性地减少关联交易的实施方案。对于无法避免的关联交易,应遵循公开、公正、公平的原则进行,关联交易的价格或收费在原则上应不偏离市场独立第三方的标准。对于难以比较市场价格或定价受到限制的关联交易,应通过合同明确规定有关成本和利润的标准。

七、申报与核准

拟上市公司可聘请委托保荐机构(证券公司)组织其他中介机构按照有关要求制作申请材料,由保荐机构出具推荐文件,并向中国证监会申报。由中国证监会核准首次公开发行的申请。

(一)申报材料

申报材料包括两个部分,即要求在指定报刊及网站披露的文件和不要求在指定报刊及网站披露的文件。发行人应备有整套申请文件,发行申请经中国证监会核准并且在第一部分文件披露后,整套文件可供投资者查阅。

要求在指定报刊及网站披露的文件包括:招股说明书及摘要、发行公告。招股说明书及其附录(审计报告及财务报告全文)是发行审核的重点文件,也是整套申报材料中最核心的文件。

不要求在指定报刊及网站披露的文件包括:主承销商的推荐文件、发行人律师的意见、发行申请及授权文件、募集资金运用的有关文件、股份有限公司的设立文件及章程、发行定价及发行定价分析报告、其他相关文件。

(二)发行的审核程序

首次公开发行的审核程序如下:

第一,发行人应当按照中国证监会的有关规定制作申请文件,由保荐人保荐并向中国证监会申报。特定行业的发行人应当提供管理部门的相关意见。

第二,中国证监会收到申请文件后,在5个工作日内做出是否受理的决定。

第三,中国证监会受理申请文件后,由相关职能部门对发行人的申请文件进行初审,并由发行审核委员会审核。

第四,中国证监会在初审过程中,将征求发行人注册地省级人民政府对于发行人发行股票的意见,并就发行人的募集资金投资项目是否符合国家产业政策和投资管理的规定征求国家发展和改革委员会的意见。

第五,中国证监会依照法定条件对发行人的发行申请做出予以核准或者不予以核准的决定,并出具相关文件。自中国证监会核准发行之日起,发行人应在 6 个月内发行股票;超过 6 个月未发行的,核准文件失效,须重新经中国证监会核准后方可发行。

第六,发行申请核准后、股票发行结束前,发行人发生重大事项的,应当暂缓或者暂停发行,并及时报告中国证监会,同时履行信息披露义务。影响发行条件的,应当重新履行核准程序。

第七,股票发行申请未获核准的,自中国证监会做出不予核准决定之日起 6 个月后,发行人可再次提出股票发行申请。

八、完成发行上市

完成发行上市是企业发行上市的最后阶段,也是走向资本市场的前奏。由于股票发行与上市有法定的时间限制,且工作比较繁杂,需要拟上市公司和保荐机构以认真、细致和负责的工作态度去完成。

(一) 发行定价

股票的科学合理定价是股票成功发行上市的核心,对拟发行的股票进行合理估值是定价的基础。中国目前采用的估值方法主要是:可比公司法和现金流折现法。

发行人及其保荐人在估值的基础上,通过询价的方式确定股票的发行价格。发行申请经中国证监会核准后,发行人应公告招股意向书,开始向询价对象进行推介和询价。询价分为初步询价和累计投标询价两个阶段。发行人及其保荐人通过初步询价确定发行价格区间,通过累计投标询价确定发行价格。

(二) 路演

路演(road show)是股票承销商帮助发行人安排的发行前的调研与推介活动。路演是决定股票发行成功与否的重要步骤,成功的路演可以达到下述三个目的:通过路演让投资者进一步了解发行人;增强投资者信心,创造对新股的市场需求;从投资者的反应中获得有用的信息。

(三) 发行方式

目前中国的股票发行方式有两种:

第一,上网定价发行。上网定价发行是指主承销商利用证券交易所的交易系统,由主承销商作为股票的唯一卖方,投资者在指定的时间内,以现行委托买入股票的方式进行股票申购,公开发行股票。

第二,向机构投资者配售股票。向机构投资者配售股票,是指发行人和主承销商事先确定发行量和发行底价,经过中国证监会批准后,发行人公告招股意向书,向机构投资者进行推介和询价,并根据机构投资者的预约申购情况确定最终的发行价格,以同一价格向法人投资者配售和对一般投资者上网发行。该发行方式与询价制度相结合,故又称为向询价对象配售股票。

(四)股票上市

股票上市是指已经公开发行股票的公司,将其股票在证券交易所挂牌交易的活动。发行完成后,发行人向证券交易所提出申请股票上市,由证券交易所依法审核同意,并由双方签订上市协议,股票在交易所挂牌交易。

股票上市,是连接股票发行和股票交易的桥梁。

案例

天立环保创业板上市

2010 年 1 月 7 日,天立环保工程股份有限公司(简称"天立环保")在深圳证券交易所创业板上市。

天立环保的前身为北京埃肯天立节能环保有限公司,成立于 2004 年 7 月 22 日,注册资本为 300 万元。成立以来,公司一直专注于工业炉窑清洁生产和资源循环利用的节能环保服务,依靠自主创新,从创业初期的清洁生产技术服务商迅速成长为工业炉窑节能环保系统解决方案服务商,属于典型的环保型、创新型技术企业。天立环保是北京市首批重新认定的高新技术企业,经中国北京科博会认定获得了"中国节能减排技术创新专家"、"自主创新企业"等诸多荣誉称号。

此次成功上市,为天立环保的进一步发展,奠定了非常良好的基础。

(一)上市论证

对于企业来说,通过上市进行融资是促进企业快速发展的一种手段,而并非终极目标,上市对于企业来说机遇与风险并存。因此并非所有企业在所有发展阶段均适合上市,上市必须服从企业整体的战略安排和需要。所以,在上市之前,管理层必须对企业自身目前的情况、上市可能给公司带来的利益与风险、对照上市条件企业自身所存在的优势劣势、上市的方式和地点、筹集资金的规模以及资金投向等诸多问题进行深入考虑,在做出决策之前进行详细的上市可行性论证。

经过充分论证,天立环保管理层认为上市可以给企业带来更大的发展机遇,决定申请上市。具体来说,上市对于天立环保具有如下三个积极意义:第一,为天立环保搭建了一个直接融资的平台,拓宽了其融资渠道,改善了企业的资本结构;第二,促使天立环保通过建立起科学合理的现代企业制度和规范的法人治理结构提高了管理水平,降低了经营风险;第三,天立环保提升了自身的品牌知名度和企业形象,有利于公司的进一步发展和市场的进一步开拓。

在上市板块的选择方面,考虑到天立环保属于处于成长期的高新技术企业,符合创业板"两高六新"的企业类型定位,同时其所属的环保节能行业也正是创业板重点支持的六大产业之一。因此,天立环保管理层做出了在国内创业板上市的决策。

(二) 上市筹备

决定上市之后,企业开始进行上市筹备工作。

天立环保设立了由董事长王利品为首的上市领导小组,全面负责上市工作。同时设立了上市筹备小组,主要包括财务部、法律部、生产部、市场销售部等相关部门的负责人,各成员之间相互配合,协同作战,共同推进上市工作进程。

(三) 聘请中介机构

企业公开发行股票上市需要聘请证券公司、律师事务所、会计师事务所、资产评估公司等中介机构。聘请中介机构参与企业上市的运作,不仅是为了满足法律法规的相关要求,保证资本市场的有序运行以及保障投资人的合法权益,同时也是企业顺利完成发行上市的客观需要。

1. 证券公司

在发行上市过程中,证券公司起着至关重要的作用,是中介机构的协调人和牵头人,也是企业上市的保荐机构。证券公司在发行上市过程中的主要职责包括:协助企业改制重组的全面策划;担任企业的辅导机构;组织机构进行申报材料制作;尽职推荐发行人股票的发行;持续督导发行人履行相关义务。

天立环保主要基于以下几个因素来选择证券公司:在证券行业中的声誉;承销业绩和项目经验;项目人员的综合素质和沟通能力;发行渠道和客户网络;收费水平。

综合考虑上述各种因素后,天立环保选择了西南证券股份有限公司作为此次发行上市的主承销商和保荐人。

2. 律师事务所

发行上市必须依法聘请律师事务所担任法律顾问。律师主要对股票发行与上市的各种文件的合法性进行判断,并对有关发行上市方案的法律问题出具法律意见。律师在发行上市中的主要职责有:协助发行人处理股份发行与上市的各类法律问题和事项;为公司起草发行上市需要的各类法律文书;为发行人出具法律意见书、补充法律意见书和律师工作报告等;为发行人申请文件出具相关鉴证意见等;对相关法律问题提出咨询意见;依据发行人委托编制招股说明书等。

天立环保主要基于以下几个因素来选择律师事务所:律师事务所发展的时间和主营业务;过去的证券法律服务业绩,特别是其对所属行业和所属地区的项目经验;承担本项目的律师的专业水平和项目业绩;业内声誉以及历史违规情况;收费标准。

综合考虑上述各种因素后,天立环保选择了北京万商天勤律师事务所作为此次发行上市的法律顾问。

3. 会计师事务所

在企业发行上市过程中,会计师事务所的主要职责有:出具发行人近3年的审计报告、验资报告、盈利预测的审计报告、内部控制审计报告;根据中国证监会或发行人的要求出具专项复核报告和鉴证意见等。

天立环保主要基于以下几个因素来选择会计师事务所:是否具有证券从业资格;过去证券业务审计项目经验,特别是其对公司所属行业的项目经验;承担本项目的注册会计师的专业水平和项目经验;行业地位和历史违规情况;会计师事务所的业内声誉;收费标准。

综合考虑上述各种因素后,天立环保选择了利安达会计师事务所作为此次发行上市的会计师事务所。

4. 资产评估公司

企业在股票发行之前往往需要对公司的资产进行评估,这一工作通常由具有证券从业资格的资产评估公司承担。

天立环保主要基于以下几个因素来选择资产评估公司:是否具有证券从业资格;过去证券业务审计项目业绩,特别是其对公司所属行业的项目经验;承担本项目的注册会计师的专业水平和项目经验;行业声誉和历史违规情况;收费标准。

综合考虑上述各种因素后,天立环保选择了中发国际资产评估有限公司作为此次发行上市的资产评估公司。

(四) 尽职调查

天立环保选聘中介机构并签订协议之后,各中介机构进场工作,召开发行人与中介机构协调会后,尽职调查随即展开。

尽职调查是证券公司和其他中介机构对公司进行的全方位的问题诊断,一般由各个中介机构根据自己的专业要求,在证券公司的协调下自主进行。只有中介机构对发行人进行了全面的尽职调查,才可能对发行人的经营条件和经营前景做出客观评价,才能公平合理地制定股票的发行条件和确定发行价格,才能有效地减少投资风险,保证投资人的合法权益。

1. 证券公司尽职调查

2008年12月,西南证券开始对天立环保进行尽职调查。在此过程中,西南证券结合发行人的实际情况,实施了必要的查证、询问程序,对发行人进行了全面、细致的尽职调查。

西南证券的尽职调查采取了以下方式:第一,与发行人高级管理人员及具体业务部门负责人座谈,了解发行人的具体业务情况;第二,制作尽职调查材料清单,搜集、查阅发行人的内部资料,并对所收集资料进行整理分析,核查其真实性,形成工作底稿;第三,召开中介机构协调会,与利安达以及万商天勤工作组人员沟通,及时讨论并解决尽职调查中发现的问题;第四,用函证等方式向有关第三方核实发行人的具体情况。

尽职调查的重点主要集中在以下几个方面:第一,发行人的基本情况,包括天立环保及其控股子公司的历史沿革情况、股本形成与演变情况、重大重组情况以及"五独立"情况;第二,业务与技术,重点调查了天立环保的行业发展状况、业务模式、成长性、创新性以及已签署的重大商务合同等;第三,同业竞争和关联交易;第四,组织机构与内部控制;第五,财务与会计。

通过这种全面详尽的尽职调查,及时发现了发行人企业中存在的一些问题,如天立环保原使用的商标未经注册,成立时出资未经验资等,并提出了解决方案。

2. 律师尽职调查

律师的尽职调查主要是针对企业运营和上市过程中的合法合规问题进行全面检查。接受天立环保的委托后,万商天勤律师事务所成立了由签字律师组成的工作小组,并根据中国证监会的有关规定,结合发行人的意见,制定了详细的工作计划。

万商天勤的尽职调查采取了以下方式:第一,工作小组向发行人发出了尽职调查清单,并得到了天立环保依据该清单提供的资料、文件和对有关问题的说明;第二,万商天勤就天立环保本次发行及上市所涉及的有关问题向发行人做了询问,并与发行人的董事、监事、高级管理人员、主要股东、西南证券以及利安达会计师事务所进行了讨论;第三,工作小组赴北京市顺义区、浙江省诸暨市、新疆维吾尔自治区托克逊县,对发行人进行了实地调查等。

尽职调查重点集中在以下几个方面:发行人的独立性、发行人的股本以及演变、关联交易与同业竞争、重大债权债务等。

尽职调查所得到的资料、文件以及考察结果构成了万商天勤出具的律师工作报告和法律意见书的基础。

3. 会计师尽职调查

会计师的尽职调查活动主要是针对发行人的财务状况进行的检查和分析，并为接下来进行的审计工作进行准备。

利安达的尽职调查采取了以下方式：实地考察了解企业的生产经营状况、与员工和相关部门负责人进行访谈、取得发行人的财务报表以及明细资料、评析内部控制程序等。

尽职调查完成之后，利安达开展了全面的审计活动，对公司的三年又一期财务报表（资产负债表、利润表、现金流量表、所有者权益变动表和财务报表附注）以及合并财务报表进行了审计，并出具了无保留意见的审计报告。同时利安达根据鉴证业务的要求对公司与财务报表相关的内部控制制度进行了检查，实施了包括了解、测试和评价内部控制制度设计合理性和执行有效性在内的程序，并出具了内部控制鉴证报告。另外，利安达还负责对发起人的出资以及实际到位情况进行检验，并出具了验资报告。

（五）辅导

辅导与尽职调查同时进行。

西南证券及其他各中介机构对天立环保组织了六次辅导讲座，并于2009年6月11日组织发行人董事、监事、高级管理人员和持有5%（含5%）以上股份的股东进行了书面考试，通过率为100%。

通过中介机构的辅导，发行人的董事、监事和高级管理人员了解了股票发行上市的相关法律法规，知悉了上市公司及其董事、监事和高级管理人员的法定义务和责任，并通过了中国证监会北京监管局的验收。

（六）股份制改组

股份制改组是指企业通过对业务、治理结构、财务等方面的改革与重组，将组织形式变更为股份有限公司的全部过程。

1. 资产评估

上市公司上市发行前必须进行资产评估。资产评估一方面有利于投资者了解上市公司的技术经济状况；另一方面，资产评估结果也为公司改制、资产折价入股提供了重要依据。

为实现原有企业的股份制改组，中发国际资产评估有限公司以2008年4月30日为评估基准日，对天立环保改组之前的公司北京埃肯天立节能环保工程技术有限公司的全部资产和负债进行了评估。2008年7月15日，中发国际资产评估有限公司出具了北京埃肯天立节能环保工程技术有限公司拟改制设立股份公司的项目资产评估报告。

2. 有限公司整体变更为股份有限公司

2008年9月,北京埃肯天立节能环保工程技术有限公司整体变更设立为股份有限公司。

发行人继承了天立有限公司的全部资产和业务,包括货币资金、应收账款、存货、土地、房屋、机器设备、专利及专有技术等。

3. 公司治理结构的建立与规范

公司改制后规范运作的重点就是公司治理。2008年9月21日,天立环保召开创立大会暨首次股东大会,审议并通过了公司章程,股东大会、董事会、监事会议事规则,选举董事会、监事会成员的议案等治理文件,并选举产生了公司的第一届董事和监事。上述制度的制定和实施使天立环保初步建立起了符合上市公司要求的公司治理结构。2008年9月及12月,公司召开第一届董事会会议,通过了选举董事长、聘任高级管理人员的议案以及一系列工作制度与工作细则,使天立环保的制度体系更加完善。

同时,会计师在对发行人整体改制设立审计过程中发现公司财务基础及各项内部控制制度建设相对薄弱,改制之后,公司在保荐人和会计师的协作下建立了包括决策管理制度、预算管理制度、资产管理制度、风险管理制度以及内部审计制度在内的比较完善的内部控制制度。

此外,在中介机构的协助配合之下,天立环保对改制后企业在独立性、关联交易、同业竞争、担保行为等方面存在的一些问题进行了重点规范。经过这些整改之后,天立环保升级成为一家各方面都符合创业板上市条件的股份制企业。

(七)申报与审核

2009年5月,天立环保开始了首次公开上市的申请文件的制作阶段。申报材料由西南证券与各中介机构分工制作,利安达的审计报告、中发国际的资产评估报告、万商天勤出具的法律意见书将为招股说明书有关内容提供法律及专业依据。然后由主承销商汇总并出具推荐函。最后,主承销商完成内核,将申报材料报送中国证监会审核。

2010年6月30日,中国证监会创业板发审委员会2010年第44次会议审核通过了天立环保工程股份有限公司的创业板首发申请。2010年12月16日,天立环保取得了中国证监会同意发行的批文。

(八)发行上市

本次发行采用网下向配售对象询价配售(网下发行)和网上向社会公众投资者定价发行(网上发行)相结合的方式进行,其中网下发行占本次最终发行数量的19.95%,即400万股,持股锁定期为3个月;网上定价发行数量为1605万股,占本次发行量的80.05%。

1. 初步询价及现场推介

西南证券负责组织了本次发行的初步询价和现场推介活动。2010年12月20日至22日,现场推介活动在深圳、上海、北京三地举行。同时初步询价通过深交所网下发行电子平台进行,发行人和保荐人对所有询价对象发出邀请,截止2010年12月22日下午3点,保荐人通过深交所网下发行电子平台系统共收到并确认由52家询价对象管理的79家配售对象的初步询价申报信息。

2. 股票估值

股票估值是股票合理定价的基础,而股票的合理定价是股票成功发行上市的核心要素。西南证券向询价对象提供的天立环保投资价值研究报告中采用了绝对估值和相对估值相结合的方法来对天立环保的股票进行评估。基于绝对估值法和相对估值法的计算,研究员认为公司合理价值区间为45元/股—50元/股,同行业可比上市公司2009年的平均市盈率为56.51倍。

3. 网上路演

为了便于社会公众投资者了解发行人的基本情况,发行人一般在发行证券之前举行针对投资者的推介活动,即路演,这是在投融资双方充分交流的条件之下促进股票成功发行的重要推介、宣传手段。2010年12月24日上午9点到12点,天立环保与西南证券就天立环保本次发行在全景网举行了网上路演。

4. 网下配售与网上定价发行

天立环保和西南证券根据询价对象的报价情况,并综合参考天立环保的基本面、本次发行募集资金需求总量、可比上市公司和市场环境、成效风险等因素,协商确定本次发行的发行价格为人民币58元/股。该价格超过西南证券投资价值分析报告估值上限,按照经会计师事务所遵照中国会计准则审核的扣除非经常性损益前后孰低的2009年净利润除以本次发行后的总股数计算,市盈率达到63.04倍,高于同行业可比上市公司2009年的平均市盈率。

5. 发行成功

2010年12月27日,以58元/股的价格共发行2005万股股票,筹资11.629亿元。

至此,招商银行股票发行圆满成功。招商银行发行15亿股股票,筹集资金109.5亿元,除去发行费用,实际获得资金107.43亿元。2010年1月7日,天立环保股票在深圳证券交易所创业板挂牌交易。当日,天立环保股票以70元开盘,66.74元收盘。

第三节 股票交易

股票上市后,股票就在所挂牌的交易所进行交易。基于节约交易成本和信息处理技术的原因,世界各国的交易股票一般都通过委托经纪商办理。我国也采取委托交易,经纪商由证券公司担任。

一、股票的委托交易

我国上海证券交易所和深圳证券交易所实行不同的委托制度。我国上海证券交易所实行的是指定交易制度,深圳证券交易所实行的是托管券商制度。

(一) 指定交易制度

指定交易制度是指投资者必须指定某一证券营业部作为自己委托股票买卖、交易清算的唯一代理机构,并将其所属的股票账户指定于该机构所属席位号,方能进行交易的制度。投资者在与该证券营业部签订协议并完成一定的登记程序后,便可以通过指定的证券营业部进行委托、交易、结算、查询以及享有其他市场服务。投资者一旦采用指定交易方式,便只能在指定的证券商处办理有关的委托交易,而不能再在其他地方进行股票的买卖。当然,投资者也可以在原来的证券商处撤销指定交易,并重新指定新的证券经营机构进行交易。

(二) 托管券商制度

托管券商制度是指投资者需要将自己持有的股份托管在自己选定的一个或几个证券营业部,由该证券营业部管理其名下的明细证券资料。投资者的股票托管是自动实现的,投资者在哪一个营业部买入股票,该股票就自动托管在该营业部。投资者可以利用自己的深市股票账户在国内任何一个证券营业部买入股票,但是卖出该股票时,必须在买入的那个营业部才能卖出。投资者所选定的这些券商为投资者提供股票买卖、分红派息自动到账、股票与资金的查询、转托管等各项业务服务。在托管券商制度下,投资者若要将其托管股份从一个券商处转移到另一个券商处托管,就必须办理相关的手续,实现股份委托管理的转移,即所谓的转托管。投资者在转托管时,可以是一只股票或多只股票,也可以是同一只股票的部分或全部。投资者在原托管券商处办理转托管手续,交易所当日收市后即处理到账,同时将处理结果传送给转出转入券商,投资者第二个交易日就可以在转入券商处(新的托管券商)卖出股票。

二、现货交易与信用交易

根据交易资金和股票是否来源于经纪商,股票交易可分为现货交易和信用交易。

(一) 现货交易

现金交易是指交易过程中投资者支付全部资金的股票交易。

(二) 信用交易

信用交易又称保证金交易、垫头交易,是指投资者在缺乏足够的资金以支付购买股票所需的价款,或没有足够的股票可供卖出时,可在委托有效期限内,只按规定的保证金比率向经纪商缴纳保证金,其余款项(或股票)由经纪商垫付。

我国证券公司的融资融券业务就是信用交易。在融资融券业务中,证券公司向客户(投资者)出借资金供其买入股票或者出借股票供其卖出,并收取担保物。

融资是借钱买证券(包括股票),证券公司借款给客户购买证券,客户到期偿还本息,客户向证券公司融资买进证券称为"买空"。

融券是借证券来卖,然后以证券归还,证券公司出借证券给客户出售,客户到期返还相同种类和数量的证券并支付利息,客户向证券公司融券卖出称为"卖空"。

证券公司向客户融资、融券,应当向客户收取一定比例的保证金。保证金可以证券充抵。证券公司应当逐日计算客户交存的担保物价值与其所欠债务的比例。当该比例低于最低维持担保比例时,应当通知客户在一定的期限内补交差额。客户未能按期交足差额或者到期未偿还债务的,证券公司应当立即按照约定处分其担保物。

三、股票交易价格的形成机制

股票交易价格的形成机制,有三种基本形式:竞价、协议定价和做市商定价。

(一) 竞价

竞价是指股票交易双方按照一定规则和程序公开竞价,形成交易价格,并最终达成交易。

竞价的原则是:价格优先、时间优先。价格优先原则表现为:价格较高的买进申报优于价格较低的买进申报,价格较低的卖出申报优先于价格较高的卖出申报。时间优先原则表现为:同价位申报,依照申报时序决定优先顺序。

目前,股票交易一般采用两种竞价方式:集合竞价方式和连续竞价方式。

1. 集合竞价

在集合竞价方式下,所有的股票交易订单不是在收到之后立刻予以竞价撮合,而是由交易中心(如证券交易所的电脑撮合中心)将在不同时点收到的订单积累起来,到一定的时刻再进行集中竞价成交。

集合竞价是这样确定的:首先,系统对所有买入有效委托按照委托限价由高到低的顺序排列,限价相同者按照进入系统的时间先后排列;所有卖出有效委托按照委托限价由低到高的顺序排列,限价相同者按照进入系统的先后排列。其次,系统根据竞价原则自动确定集合竞价的成交价,所有成交均以此价格成交;集合竞价的成交确定原则是:以此价格成交,能够得到最大成交量。最后,系统依序逐步将排在前面的买入委托与卖出委托配对成交,即按照"价格优先,同等价格下时间优先"的成交顺序依次成交,直到不能成交为止,即所有买入委托的限价均低于卖出委托的限价。未成交的委托排队等待成交。

2. 连续竞价

在连续竞价方式下,股票交易可在交易日的各个时点连续不断地进行。投资者在做出买卖决定后,向其经纪商做出买卖委托,经纪商再将该买卖订单输入交易系统,交易系统即根据市场上已有的订单进行撮合,按照有关竞价规则,一旦有与之相匹配的订单,该订单即刻可以成交。

连续竞价时,成交价格的决定原则是:最高买进申报与最低卖出申报价位相同;买入申报价格高于市场即时的最低卖出申报价格时,取即时揭示的最低卖出申报价位;卖出申报价格低于市场即时的最高买入申报价格时,取即时揭示的最高买入申报价位。

随着世界市场的发展,世界多数证券市场在大部分交易时间均采用连续竞价方式进行交易。

(二) 协议定价

协议定价是指股票交易双方直接协商确定交易价格。协议定价主要用于大宗交易,大宗交易是指达到规定的最低限额的股票单笔交易,交易双方经过协议达成一致后经交易所确定成交的股票交易。大宗交易的主要特点是需要遵守交易所的交易规定并需要获得交易所的确定。

我国的大宗交易就采取协议定价。在我国,大宗交易的条件为:第一,A股单笔交易数量不低于50万股,或者交易金额不低于300万元人民币;第二,B股单笔交易数量不低于5万股,或者交易金额不低于30万元港币。大宗交易的交易时间为正常交易日的 15:00—15:30。大宗交易的成交价格,由买卖双方在当日已成交的最高和最低成交价格之间确定,该股票当日无成交的,以前一日收盘价为成交价。

(三) 做市商定价

做市商定价是指由股票做市商根据市场买卖数量同时报出股票的买价和卖价,并按此价格与投资者进行交易。我国股票交易没有做市商定价。

四、股票结算

股票结算是股票清算和交割交收两个过程的统称,清算与交割交收是整个股票交易中必不可少的两个环节。我国的股票结算机构是中国证券结算公司。

(一) 股票清算

股票清算是指在每一个交易日中每个经纪商成交的股票数量与价款分别予以轧抵,对股票和资金的应收或应付净额进行计算的处理过程。股票清算主要有两种方式:第一,净额清算方式,又称差额清算,就是在一个清算期中,对每个经纪商价款的清算只计其各笔应收、应付款项相抵之后的净额,对股票的清算只计每一种股票应收、应付相抵后的净额。净额清算方式的主要优点是可以简化操作手续,提高清算效率。应该注意的是,清算价款时,同一清算期内发生的不同种类股票的买卖价款可以合并计算,但不同清算期发生的价款不能合并计算;清算股票时,只有在同一清算期内且是同一股票才能合并计算。第二,逐笔清算,是指对每一笔成交的股票及相应价款进行逐笔清算,主要是为了防止在股票风险特别大的情况下净额清算风险积累情况的发生。

(二) 交割交收

在股票交易过程中,当买卖双方达成交易后,应根据股票清算的结果,在事先约定的时间内履行合约。买方需交付一定款项获得所购股票,卖方需交付一定股票获得相应价款。在这一钱货两清的过程中,股票的收付称为交割,资金的收付称为交收。

五、投资者交易股票的流程

在我国,投资者交易股票,包括如下六个基本环节:开户、委托、申报、成交、清算与交割。

（一）开户

投资者交易股票，首先要开设证券账户和资金账户。

证券账户是指中国证券登记结算有限公司为申请人开出的记载其证券持有及变更的权利凭证。符合法律规定的任何自然人和法人持有效证件，到中国证券登记结算有限公司填写证券账户申请表，经审核后就可领取证券账户卡。

资金账户是投资者在券商处开设的资金专用账户，用于存放投资人买入股票所需资金和卖出股票所得的价款，同时，券商必须将该部分资金以每个客户的名义在商业银行开立对立账户，以便用于投资者的股票买卖的清算。已开设证券账户的投资者可以持证券账户、银行存折和身份证到选定的券商处开设资金账户。

（二）委托

投资者不能直接进入证券交易所交易股票，必须通过证券交易所的会员进行。委托是指投资者决定交易股票时，以委托单、电话、电报、信函或者电子数据等形式向券商发出买卖指令。委托的内容包括股票名称、代码、买入或卖出的数量、价格等。

（三）申报

券商在接到委托后，将投资者的买卖委托通过席位向证券交易所的交易主机申报买卖指令，每一笔买卖委托由委托序号、买卖区分、股票代码、买卖数量、买卖价格等信息组成。

（四）成交

股票如果是在集合竞价期间，则是集中撮合、一次成交的。如果是在连续竞价期间，则按"价格优先、时间优先"原则撮合成交。买卖申报经交易主机按照成交原则撮合成交后，交易即告成立。

投资者的交易一旦成交，不得撤回委托，未成交以前可以撤单。

（五）清算

每个交易日结束后，登记结算机构以券商等结算参与人为单位，对券商交易的应收或应付股票和资金分别予以轧抵，得出券商应收应付的净额。券商根据清算结果和投资者交易明细，对投资者交易进行清算，得出每个投资者应收应付的资金和证券数额。

（六）交割

投资者在委托买进股票并成交后，必须交纳所需资金，才能取得所买进的股票。同样，投资者在委托卖出股票并成交后，应交纳卖出的股票，才能取得应收的资金。

券商等结算参与人与等级结算机构进行资金和证券的交割后,再完成与投资者的交割。投资者只能与券商进行交割。

第四节 买壳上市

一、买壳上市的定义

一般来说,发行上市称为直接上市,而本节介绍的买壳上市和下节介绍的借壳上市属于间接上市。

买壳上市是指非上市公司通过取得上市公司的控制权并将其资产注入,从而实现资产的上市。

所谓的壳,是上市公司资格的一种形象称呼。

总结目前中国的买壳上市,主要有三种模式:一般模式、置换模式和定向发行模式。

二、买壳上市一般模式

买壳上市一般模式的操作流程包括三个步骤:买壳、清壳和注壳。但清壳这个步骤并不是必需的,在实际操作中,也有只包括买壳和注壳两个步骤的买壳上市。

第一步,买壳。是指非上市公司通过收购获得上市公司的控制权,即买到上市公司这个壳。

第二步,清壳。是指将上市公司剥离其原有资产,即对上市公司这个壳进行资产清理。

第三步,注壳。是指上市公司向非上市公司收购资产,从而将非上市公司的资产注入上市公司,实现上市。

案例

陕西广电买壳上市

陕西广电买壳上市是买壳上市一般模式的一个典型案例。

（一）相关当事人

1. 陕西广电

陕西省广播电视信息网络有限责任公司（简称"陕西广电"）成立于2000年12月，隶属于陕西省广播电影电视局，为国有独资有限责任公司。

2. 广电股份

陕西省广播电视信息网络股份有限公司（简称"广电股份"）成立于2001年6月，为股份有限公司，陕西广电持有广电股份23.72%的股份。

3. 陕西电视台

陕西电视台成立于1960年8月，隶属于陕西省广播电影电视局，为国有事业单位。

4. 黄河机电

黄河机电股份有限公司（简称"黄河机电"，600831）于1992年8月8日以社会募集方式设立，于1994年9月24日在上海证券交易所上市。

5. 黄河机器

国营黄河机器制造厂（简称"黄河机器"）为全民所有制企业，是黄河机电的控股股东，持有黄河机电53.19%的股份。

6. 黄河有限

陕西黄河科技有限责任公司（简称"黄河有限"）成立于2001年9月，陕西广电持有20%的股份，广电股份持有80%的股份。

黄河有限的股权结构见图1.2。

（二）买壳上市的动因

黄河机电1994年上市，1995年、1996年连续发生亏损，1997—1999年虽然盈利，但主营业务的竞争力并不强，2000年、2001年中期又连续亏损。1998年上半年，黄河机电因每股净资产低于面值而被特别处理，股票简称亦变更为"ST黄河科"。

为了扭转黄河机电连续亏损、严重资不抵债的局面，陕西省政府、黄河机器、长岭黄河集团有限公司曾于1996年对黄河机电进行了资产负债重组，但由

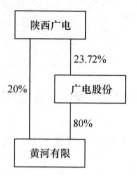

图 1.2　黄河有限的股权结构

于重组在竞争激烈的机电制造行业内部进行,因而效果并不理想。

由于导致公司连续产生亏损的主要原因是公司所处的家电制造行业竞争激烈,利润率低,因而公司董事会认为,仅仅依靠公司自身及原有业务在较长时期内都可能无法从根本上扭转亏损局面,要彻底改变公司目前的状况,唯有进行重大资产和业务重组。

陕西广电从事以有线电视网络运营、设计、建设和广告业务代理为主的传媒行业,拟通过买壳上市的方式将上述业务上市。

通过买壳上市,黄河机电置出盈利能力弱、增值潜力小的的机电制造资产,注入盈利能力强、增值潜力大的传媒资产,及早实现盈利,早日摘掉"ST"帽子,通过再融资能力的恢复,将募集资金进一步投入到传媒行业,使黄河机电步入良性发展的轨道。

(三)买壳上市的运作

陕西广电买壳上市,采用的是买壳上市的一般模式,即运作过程包括三个步骤:买壳、清壳和注壳。

1. 买壳:陕西广电控股黄河机电

2001 年 10 月 30 日,陕西广电以零价格收购(即无偿划转受让)黄河机器持有的黄河机电 51% 的股份,见图 1.3。

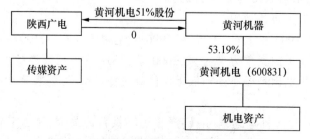

图 1.3　陕西广电收购黄河机电 51% 股份

股份转让后,陕西广电持有黄河机电51%股份,成为黄河机电的控股股东,见图1.4。

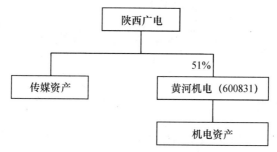

图1.4 陕西广电控股黄河机电

2. 清壳:黄河机电出售机电资产

陕西广电取得黄河机电的实际控制权后,着手对黄河机电进行清壳,将黄河机电原有的全部机电资产和对应的债务按评估值8 187万元出售给黄河有限,见图1.5。

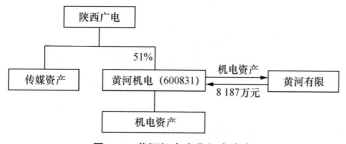

图1.5 黄河机电出售机电资产

清壳后,黄河机电的股权机构见图1.6。

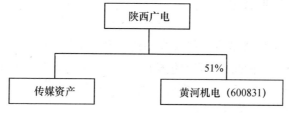

图1.6 清壳后黄河机电的股权结构

3. 注壳:陕西广电将传媒资产注入黄河机电

清壳后,黄河机电向陕西广电购买传媒资产,从而实现了将陕西广电传媒资产注入上市公司。

黄河机电向陕西广电购买的传媒资产包括：宝鸡市有线网络50%的资产，评估值为3 372.5万元；陕西电视台1—3套以及陕西卫视四个频道的全面广告代理权，评估值为6 000万元，见图1.7。

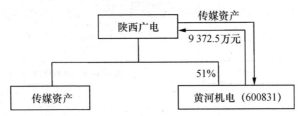

图1.7　黄河机电向陕西广电收购传媒资产

注壳后，黄河机电的股权结构见图1.8。

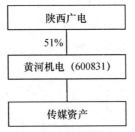

图1.8　注壳后黄河机电的股权

买壳上市后，黄河机电由主营机电制造的企业成功转型为传媒企业。

2001年12月26日，黄河机电股份有限公司变更为陕西广电网络传媒股份有限公司，股票简称"广电网络"（600831）。

三、买壳上市置换模式

买壳上市置换模式是将一般模式的清壳和注壳两个步骤合并成资产置换一个步骤，即买壳上市的操作流程包括两个步骤：买壳和资产置换。

第一步，买壳。买壳上市置换模式的买壳步骤与买壳上市一般模式一样，可参见前面，在此不再赘述。

第二步，资产置换。是指非上市公司的资产与上市公司的资产进行置换，通过资产置换，上市公司资产从上市公司置出，实现清壳，同时，非上市公司资产注入上市公司，实现注壳。因此，通过资产置换这一个步骤，同时实现了清壳和注壳。

案例

华仪集团买壳上市

华仪集团买壳上市是买壳上市置换模式的一个典型案例。

(一) 相关当事人

1. 华仪集团

华仪电器集团有限公司(简称"华仪集团")前身为创办于1986年的乐清县华仪开关厂。1997年,改制设立为浙江华仪电器集团有限公司。1999年,浙江华仪电器集团有限公司更名为华仪电器集团有限公司。陈道荣持有公司73.25%的股份,陈孟列等其他15名自然人持有26.75%的股份。

华仪集团是国家重点生产高低压开关设备企业之一,主要涉足高压开关自动化、风力发电、化工产品等业务领域。

早在2000年,华仪集团便以上市为目标,成立浙江华仪电器科技股份有限公司,进行股份制改造。2001年,他们聘请北京证券作为上市辅导机构,开始了漫长的上市征途。在当时,他们的目标是深交所的中小企业板。2003年11月,华仪顺利通过上市辅导验收,开始等待上市。然而,2004年8月30日,中国证监会宣布,将再度推行新股发行改革。在新方案正式发布前,暂停新股发行。IPO关闸了。在短暂的失望与调整之后,华仪集团转变思路,开始尝试买壳上市。2006年3月,苏福马进入华仪集团的视野。

2. 苏福马

苏福马股份有限公司(简称"苏福马",600290)于1998年12月31日发起设立,2000年10月16日在上海证券交易所上市。

截止2006年10月,中国福马林业机械集团有限公司(简称"福马集团")持有苏福马59.68%的国有法人股,中国林业机械广州公司持有0.47%国有法人股,社会公众持有36.14%股份。

苏福马是国内主要从事林业机械、人造板成套设备、木工机械开发制造的国家重点企业和行业骨干企业,曾经在业内处于领先地位。自2005年以来,受宏观调控、下游市场及原材料价格上涨等因素影响,盈利能力大幅降低,处于亏损经营状态。2005年度,公司净利润为-3 664.74万元,每股收益为-0.21元;2006年1—4月,净利润为-26.41万元,每股收益为-0.0015元。如果公司不进行重大资产重组以获得盈利能力较强的经营性资产,公司的财务状况将继续恶化,有可能因持续亏损而引发退市风险。

为此,苏福马决定通过华仪集团的买壳上市改变主营业务,以增强公司持续经营能力,实现资源的优化配置,促进公司的持续发展。

(二)买壳上市的运作

华仪集团买壳上市采取的是置换模式,运作过程包括两个步骤:买壳和资产置换。

1. 买壳:华仪集团控股苏福马

2006年7月,华仪集团与福马集团签订股权转让协议,将中国福马林业机械集团所持苏福马104022870股国有法人股(占总股本59.68%)以1.492亿元转让给华仪集团,华仪集团成为苏福马控股股东,见图1.9。

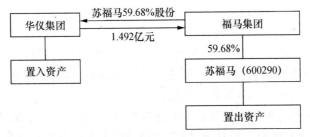

图1.9　华仪集团收购苏福马

买壳后苏福马的股权结构,见图1.10。

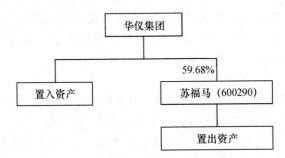

图1.10　买壳后苏福马的股权结构

2. 资产置换:华仪集团与苏福马进行资产置换

随后,华仪集团与苏福马进行资产置换,见图1.11。

置出资产为苏福马目前拥有的与林业机械、人造板机械制造相关的全部经营性资产和相应的负债,包括但不限于流动资产、固定资产、无形资产、长期投资及负债。置出资产评估价值为20 012.34万元,并作为交易价格。

置入资产为华仪集团所拥有的高压电器和与风电设备相关的经营性资产

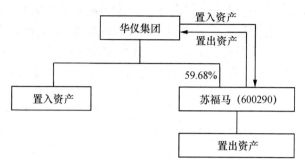

图 1.11 华仪集团与苏福马资产置换

和负债,包括华仪集团持有的华仪科技 90% 股权、华仪风能 100% 股权和成套设备事业部、电力事业部的整体经营性资产和负债,以及 2006 年 6 月 6 日华仪集团对风能公司 1 920 万元的现金增资。置入资产的评估值为 20 356.11 万元,加上现金增资 1 920 万元,合计 22 276.11 万元,作为交易价格。

此次置出资产与置入资产价格之间的差额,作为苏福马对华仪集团的负债。

通过资产置换,苏福马的原有资产从上市公司置出,实现清壳,同时,华仪集团的优良资产置入上市公司,实现注壳。通过资产置换,华仪集团的置入资产实现上市,见图 1.12。

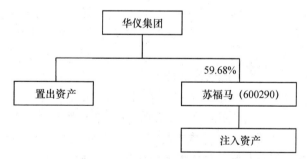

图 1.12 买壳上市后苏福马的股权结构

买壳上市完成后,"苏福马股份有限公司"变更为"华仪电器股份有限公司",股票简称变更为"华仪电气"(600290)。

四、买壳上市定向发行模式

买壳上市置换模式是将一般模式的买壳和注壳二个步骤合并成定向发行一个步骤。

所谓定向发行,是指上市公司向非上市公司定向发行股票,非上市公司用资产支付购买股票的对价。通过购买定向发行的股票,非上市公司获得上市公司的控制权,实现买壳,同时,通过用资产支付对价,非上市公司的资产注入上市公司,实现注壳。至于清壳这个步骤,也和买壳上市一般模式一样,并不是必需的。

案例

安徽出版集团买壳上市

安徽出版集团买壳上市是买壳上市定向发行模式的一个典型案例。

(一) 安徽出版集团及注入资产情况

1. 安徽出版集团基本情况

安徽出版集团有限责任公司(简称"安徽出版集团")是集图书、报刊、电子音像及网络出版物的编辑、出版、印刷、复制、发行、物资供应与经营等业务于一体,兼营商业地产开发、商品及文化用品进出口、内贸、医药等业务,且拥有数码传播、动漫、数字出版、电子传媒产品生产、信息服务等新兴出版业务的大型文化产业集团。

2. 安徽出版集团买壳上市的目的

安徽出版集团通过买壳上市将下属出版、印刷业务整体注入科大创新(600551),成为科大创新的控股股东,实现出版、印刷业务的上市。这是牢牢抓住文化体制改革的先机,利用资本市场平台进一步将出版传媒业务做强做大,成为跨地区、跨行业的大型文化传媒集团的战略举措。

3. 注入上市公司的资产

安徽出版集团通过买壳上市注入上市公司的资产,涉及出版业务、印刷复制业务和图书发行业务,具体包括:安徽省教材出版中心全部净资产;安徽教育出版社100%股权;安徽科学技术出版社100%股权;安徽文艺出版社100%股权;安徽美术出版社100%股权;黄山书社100%股权;安徽少年儿童出版社100%股权;安徽画报社100%股权;安徽电子音像出版社100%股权;安徽出版印刷物资有限公司100%股权;安徽新华印刷股份有限公司65.92%股权;安徽旭日光盘有限公司96%股权;新九雅图书发行有限公司60%股权。

上述注入资产,以2007年12月31日为评估基准日,资产的账面值为

140 071.72 万元,评估价值为 166 980.62 万元,评估增值率为 19.21%。

(二) 科大创新及中科大资产公司基本情况

1. 科大创新基本情况

科大创新股份有限公司(简称"科大创新",600551)成立于 1999 年 12 月 12 日,2002 年 9 月 5 日在上海证券交易所上市,主要经营电子产品和辐射化工业务。

2. 中科大资产公司基本情况

中科大资产经营有限责任公司(简称"中科大资产公司")为科大创新(600551)的控股股东,持有科大创新 30.67% 的股份。中科大资产公司是中国科技大学(简称"中国科大")的全资子公司,作为中国科大科技产业的投资管理公司,是中国科大科技产业经营性资产的代表,负责学校可产业化科技成果等无形资产的经营管理、投资运作和科技成果的产业化。

科大创新和中科大资产公司的股权结构见图 1.13。

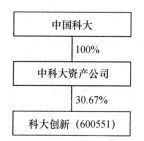

图 1.13　科大创新和中科大资产公司的股权结构

3. 中科大资产公司卖壳的原因

中国科大及中科大资产公司愿意将科大创新卖给安徽出版集团,主要有如下两点原因:

第一,提高上市公司质量。科大创新上市后,盈利能力一直后继无力,2005 至 2007 年的每股收益仅为 0.04 元、0.05 元、0.07 元。安徽出版集团买壳上市后,科大创新的每股收益将由 0.07 元骤升至 1.00 元,同时,每股净资产将由 2007 年底的 1.82 元增至 7.87 元,同时实现主营业务向文化传媒类的转变,增强了持续经营能力。

第二,改善上市公司形象。科大创新上市后不久,即爆出财务造假、违规上市、虚报利润、高官犯罪等丑闻,并于 2004 年 4 月被中国证监会立案调查,5 月被上海证交所公开谴责,10 月原总裁陆天明因滥用职权被判处有期徒刑一年。丑闻爆发后,市场上对高校上市公司质疑之声迭起,也将中国科大卷入漩涡,中国科大由此也放弃控股权的想法。这为安徽出版集团入主科大创新创造了条件。

（三）买壳上市的运作

安徽出版集团的买壳上市选择了定向发行模式。

科大创新以每股 13.88 元的发行价，向安徽出版集团定向发行 120 303 040 亿股股票，安徽出版集团以其拥有的价值 166 980.62 万元的注入资产支付股票的对价，见图 1.14。

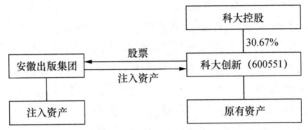

图 1.14 科大创新向安徽出版集团定向发行

本次发行价格是遵守相关规定，根据科大创新审议通过本次买壳上市事项的董事会（即 2008 年 2 月 26 日第三届董事会第十二次临时董事会）前二十个交易日股票交易均价确定，即 13.88 元/股。

通过购买定向发行的股票，安徽出版集团持有科大创新 61.60% 的股份，成为控股股东，实现买壳；同时，通过用资产支付对价，安徽出版集团的资产注入上市公司，实现注壳。因此，安徽出版集团将买壳和注壳二个步骤合并为定向增发一步完成，实现买壳上市。

买壳上市后，科大创新的股权结构见图 1.15。

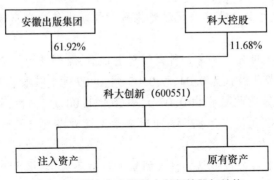

图 1.15 买壳上市后科大创新的股权结构

2008 年 10 月 23 日，公司变更为"时代出版传媒股份有限公司"，从 2008 年 11 月 5 日起，公司证券简称变更为"时代出版"(600551)。

第五节 借壳上市

一、借壳上市的定义

借壳上市,是指上市公司的控股股东将持有的非上市资产注入上市公司,从而实现资产上市,见图1.16。

借壳上市前:

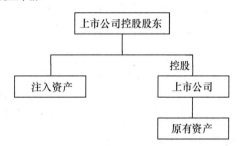

借壳上市后:

图1.16 借壳上市

根据非上市资产注入上市公司的方式不同,借壳上市可以分为三种模式:自由资金收购模式、定向发行模式、"定向发行+公开发行+收购"模式。

二、借壳上市之自有资金收购模式

借壳上市之自有资金收购模式中,上市公司以其自有资金向其控股股东收购资产,从而实现资产进入上市公司。

这种模式适用于上市公司自身资金实力较强,而拟上市的资产总额不大的情形。

案例

中电产业借壳上市

2004年9月,中软股份(600536)以7533.22万元自有资金,向控股股东中电产业收购中软总公司100%股份,是借壳上市之自有资金收购模式的典型案例。

(一) 相关当事人

1. 中电产业

中国电器产业工程公司(简称"中电产业")成立于1991年,是中国电子信息产业集团公司(简称"中国电子")的全资子公司。

2002年至2003年期间,中国电子将包括上海华虹(集团)有限公司、中国华大集成电路设计有限责任公司、夏新电子有限公司、中软总公司等在内的集成电路、通信及消费电子、软件三大主业的约160亿资产,共11家企业的股权无偿划转至中电产业,成为中国电子发展主营业务的主要平台。

2. 中软股份

中软网络技术股份有限公司(简称"中软股份",600536)前身为北京中软融合网络通信系统有限公司(简称"中软融合"),成立于1994年3月1日。2000年5月,中软融合吸收合并了中软同和、中软泰立、中软译星和中软多维四家公司。2000年8月28日,中软融合整体变更为中软网络技术股份有限公司。2002年5月17日,中软股份在上海证券交易所上市。

中电产业持有中软股份41.83%的股份。

3. 中软总公司

中国计算机软件与技术服务总公司(简称"中软总公司")成立于1990年7月,是中电产业的全资子公司。

中软总公司以研究开发核心及超前软件技术与产品、投资孵化高科技企业、经营管理企业资产为主要业务方向,主营业务包括网络安全产品、ERP产品、酒店管理软件、零售业管理软件等自主软件产品的研发和推广,欧美日及国内的软件外包及服务业务,以及烟草、石化、公安、电信等行业应用及系统集成等。

中软总公司是原国家计委批准的三大软件基地中的北方软件基地,国家火炬计划北京软件产业基地中的中软软件园,国家863成果产业化基地,系国家规划布局内的重点骨干软件企业。1999年进入原国家经贸委认定的"国家520

家重点企业"之列,2000 年首批通过了国家计算机信息系统集成一级资质认证,2003 年名列国内独立软件 30 强之首,1991 年以来连续十一年进入中国电子百强企业行列,其中 2002 年名列第 62 位。

中软总公司拥有完全自主的"中软"品牌资源,其专有的"中软"系列商标受国家法律保护,在国内外享有较高盛誉。

中电产业、中软股份与中软总公司的股权关系见图 1.17。

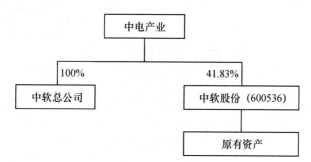

图 1.17　中电产业、中软股份和中软总公司的关系

（二）借壳上市的目的

为配合公司实际控制人中国电子改制整合重组整体战略的顺利实施,结合公司自身发展的需要,中电产业决定实施借壳上市,将全资子公司中软总公司注入上市公司中软股份。

借壳上市后,中软股份将完全继承"中软"品牌、资产、业务、人才等全部资源,有效避免同业竞争,对提升公司形象、扩大经营规模、优化产业结构、合理配置资源、增强持续经营能力、提高经济效益等产生积极的影响,为中软股份迅速做大做强奠定基础,有利于公司的长远发展。

（三）中电产业借壳上市运作

中电产业借壳上市,采取的是自有资金收购模式,即中软股份以其自有资金向中电产业收购中软总公司 100% 股份,从而中软总公司注入上市公司,实现借壳上市。

中软总公司净资产评估值为 8 311.22 万元,减去中软总公司因解除富余人员的劳动关系应由其支付的补偿金 700 万元,再减去中软总公司因企业改制清理所支出的费用 78 万元,确定收购价格为人民币 7 533.22 万元。

2004 年 9 月,中软股份以 7 533.22 万元自有资金向中电产业收购中软总公司 100% 的股份,见图 1.18。

通过上述购买交易,中软总公司这一资产注入中软股份,从而使得中电产业旗下的所有软件资产都进入中软股份,见图 1.19。

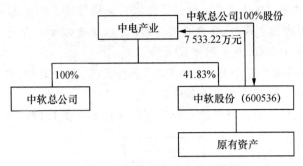

图1.18 中软股份收购中软总公司

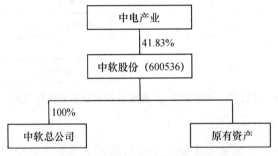

图1.19 中软总公司注入中软股份

2008年10月,"中软网络技术股份有限公司"变更为"中国软件与技术服务股份有限公司",证券简称由"中软股份"变更为"中国软件"(600536)。

三、借壳上市之定向发行模式

借壳上市之定向发行模式中,上市公司向其控股股东定向发行股票,控股股东以其资产作为定向发行股票的对价,从而实现资产进入上市公司。

中国股票市场全流通后,这种模式得到了非常广泛的应用。这种模式有以下几个好处:一是注入的资产可以获得较大的净资产溢价;二是上市公司不需要掏出现金,容易被中小股东接受;三是集团公司还可以提高上市公司的控股比例。

案例

鞍钢集团借壳上市

（一）案例主体

1. 鞍钢集团，全称鞍山钢铁集团公司。
2. 鞍钢新轧，全称鞍钢新轧股份有限公司。鞍钢集团持有鞍钢新轧38.15%的股份，为鞍钢新轧的控股股东。
3. 新钢铁公司，全称鞍钢集团新钢铁有限责任公司。鞍钢集团持有新钢铁公司100%的股份。

三者的关系见图1.20。

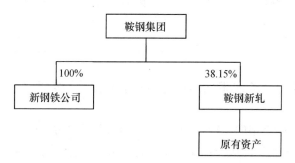

图1.20 鞍钢集团、鞍钢新轧和新钢铁公司的关系

（2）借壳上市运作

鞍钢新轧向鞍钢集团定向发行29.7亿股股票，每股发行价4.29元，鞍钢集团以其持有的新钢铁公司100%股份支付股票的对价。

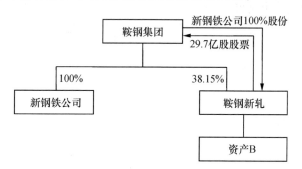

图1.21 鞍钢新轧向鞍钢集团定向发行

定向发行完成后,鞍钢集团持有鞍钢新轧的股份也从 38.15% 上升到 69.11%,见图 1.22。

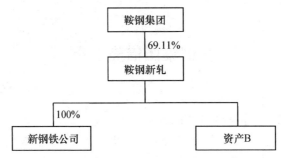

图 1.22　鞍钢新轧向鞍钢集团定向发行后

(3) 完成借壳上市

借壳上市完成后,鞍钢新轧拥有鞍钢集团全部焦化、烧结、炼铁、炼钢、轧钢等整套现代化钢铁生产工艺流程及与之配套的相关设施和能源动力系统,盈利能力大幅提升。

四、借壳上市之"定向发行+公开发行+收购"模式

在借壳上市之"定向发行+公开发行+收购"模式中,上市公司以向控股股东定向发行与向社会公众公开发行相结合的方式募集资金,再以这些资金收购控股股东的资产,从而实现资产进入上市公司。

这种模式主要适用于控股股东注入资产的规模大,且持有上市公司股份比例较高的情形。注入资产规模大,不能采用自有资金收购模式;持有上市公司股份比例较高,在采用定向发行模式的情况下,控股股东持有上市公司股份比例可能高至触发退市条件。

案例

宝钢集团借壳上市

(一) 相关当事人

1. 宝钢集团

上海宝钢集团公司(简称"宝钢集团")前身为宝山钢铁(集团)公司。1998年11月17日,宝山钢铁(集团)公司吸收合并上海冶金控股(集团)公司和上海梅山(集团)有限公司,并更名为上海宝钢集团公司。

宝钢集团是中国规模最大的钢铁联合企业,年产钢能力2000万吨。

2. 宝钢股份

宝山钢铁股份有限公司(简称"宝钢股份",600019)于2000年2月3日由宝钢集团独家发起设立,2000年12月12日在上海证券交易所上市。

借壳上市前,宝钢集团持有宝钢股份(600019)85%的股份。

3. 注入资产

此次借壳上市,宝钢集团拟注入宝钢股份的资产包括:

第一,一钢、五钢及钢研所拥有的核心钢铁主业资产和业务。

第二,梅山公司和/或集团公司有权转让的梅钢不超过92.30%的股份以及梅山房地产。

第三,集团公司持有的宝钢国际100%股份、宝新54%股份、宝钢化工100%股份、宝信57.22%股份、宝钢澳大利亚矿业有限公司100%股份、宝华瑞矿山股份有限公司5000股优先股股份、宝岛贸易有限公司100%股份、宝和通商株式会社100%股份、宝钢美洲贸易有限公司100%股份、宝钢欧洲贸易有限公司100%股份、宝钢新加坡贸易有限公司100%股份、宝金企业有限公司50%股份、宝运企业有限公司100%股份。

第四,集团公司拥有的马迹山码头的全部资产和业务。

根据评估师评估,注入资产的整体评估结果为,总资产706.6亿元,负债397.3亿元,净资产309.3亿元,注入资产净值280.2亿元。

图1.23是借壳上市前宝钢集团、宝钢股份和拟注入上市公司资产之间的关系。

(二) 宝钢集团借壳上市的目的

宝钢集团借壳上市的目的是为了以宝钢股份为平台、实现宝钢集团钢铁业

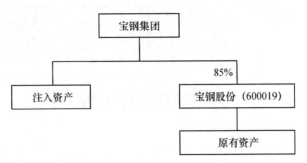

图 1.23 借壳上市前宝钢集团、宝钢股份和注入资产的关系

务的一体化,使宝钢股份成为一个拥有完整的原料供应体系、完整钢铁产品体系、先进的钢铁生产体系、覆盖全国的营销网络和完整的国际贸易体系的国际领先的钢铁联合体,综合实力得到大幅度增强,股东价值也将进一步得到提升。

(三)宝钢集团借壳上市运作

1. 借壳上市模式:"定向发行+公开发行+收购"

宝钢集团的借壳上市采取"定向发行+公开发行+收购"的模式,即宝钢股份向宝钢集团定向发行和向社会公众公开发行相结合的方式募集资金,再以募集的资金收购宝钢集团拟注入的资产,从而实现宝钢集团借壳上市。

宝钢集团的借壳上市没有采取自有资金收购模式和定向发行模式,主要基于以下两个原因:

第一,拟注入上市公司的资产规模大,评估值达 280 亿元,而 2003 年底,宝钢股份的总资产 609 亿元,股东权益 355 亿元,宝钢股份显然不可能拿出 280 亿元来收购注入资产。因此,自有资金收购模式不可行。

第二,从图 1.23 可以看出,借壳上市前,宝钢集团就持有宝钢股份 85% 的股份,如果宝钢股份通过定向增发的方式收购注入资产,宝钢集团持有的宝钢股份的比例将超过 90%,那么宝钢股份就只能退市。因此,定向发行模式也不可行。

2. 第一步:定向发行与公开发行

2005 年 4 月,宝钢股份共发行股票 50 亿股,其中 30 亿股向宝钢集团定向发行,20 亿股向社会公众公开发行。发行价格为 5.12 元/股,募集资金总额为 256 亿元。

宝钢股份的定向发行和公开发行情况,见图 1.24。

定向发行和公开发行完成后,宝钢股份的股权结构见图 1.25。

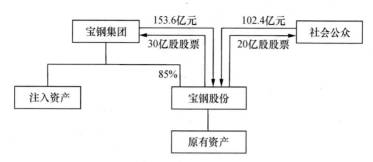

图 1.24 宝钢股份的定向发行和公开发行

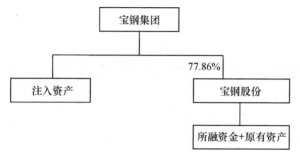

图 1.25 发行后宝钢股份的股权结构

3. 第二步：收购注入资产

上述募集资金到位后，宝钢股份用所融资金加上部分自有资金合计 280.2 亿元，向宝钢集团收购注入资产，见图 1.26。

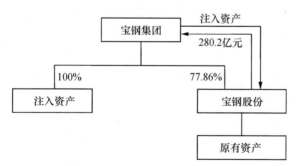

图 1.26 宝钢股份向宝钢集团收购注入资产

收购完成后，资产注入上市公司，实现借壳上市，见图 1.27。

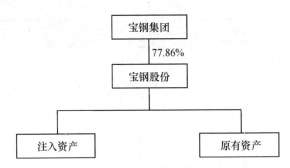

图 1.27　借壳上市后宝钢集团和宝钢股份的股权关系

第六节　整体上市与分拆上市

一、整体上市

整体上市，是指非上市集团公司已经达到首次公开发行股票（IPO）的条件，以首次公开发行的股票，与其控股的上市公司的股东换股，换股后集团公司吸收合并上市公司，上市公司主体资格注销。见图 1.28。

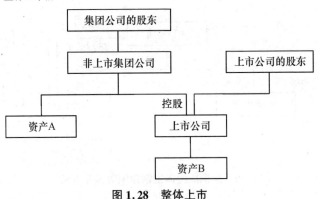

图 1.28　整体上市

整体上市后:

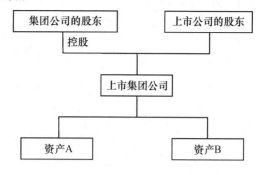

图 1.28(续)

注:"上市集团公司"是首次公开发行股票并上市后的"非上市集团公司","上市公司"在整体上市后被注销。

案例

上港集团整体上市

(一) 相关当事人

1. 上港集团

上海国际港务(集团)股份有限公司(简称"上港集团"),前身为于 2003 年 4 月由原上海港务局改制成立的上海国际港务(集团)有限公司,2005 年 5 月,上海国际港务(集团)有限公司改制为上海国际港务(集团)股份有限公司。

上港集团是我国大陆地区最大的港口集团,也是全球最大的港口集团之一。从事的主营业务为集装箱业务、散杂货业务、港口服务和港口物流业务。

2. 上港集箱

上海港集装箱股份有限公司(简称"上港集箱"),成立于 1998 年 10 月 30 日,2000 年 7 月 19 日在上海证券交易所上市交易。

上港集团持有上港集箱 70.18% 的股份,为上港集箱的控股股东。

上港集团与上港集箱的股权关系见图 1.29。

(二) 整体上市运作

上港集团的战略定位是成为实体经营的上市公司,并为企业发展提供更广

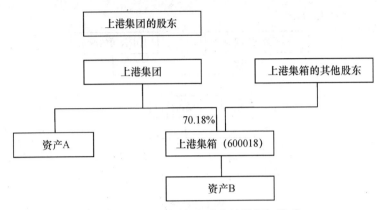

图 1.29　上港集团与上港集箱的股权关系

阔的资本运作平台。然而,集团内部已存在一家上市公司,即上港集箱。如果上港集团申请上市,则与上港集箱存在同业竞争的严重障碍;而如果把集装箱核心业务全部注入上港集箱,上港集团作为控股公司上市,则与企业的战略定位产生了偏差。

上港集团经过多次探讨和反复研究论证,最终选择了通过首次公开发行股票,以换股方式吸收合并上港集箱,实现上港集团整体上市。

上港集团首次公开发行股票并换股吸收合并方案主要内容如下:

上港集团发行人民币普通股,本次发行的股份将全部作为合并对价,换取上港集箱除上港集团所持股份外、未行使现金选择权的股份及第三方因现金选择权的行使而持有的全部股份。换股吸收合并完成后,原上港集箱的股份(上港集团所持股份除外)将全部转换为上港集团本次发行的股票。原上港集箱的全部资产、负债和权益由存续公司承继,上港集箱注销法人资格。

由于上港集团本次发行的股票全部用于换股吸收合并上港集箱,不另向社会公开发行股票募集资金,故本次发行与上港集团吸收合并上港集箱同时进行,互为前提。

上港集团本次发行的股票,每股面值为人民币 1 元,发行数量为 2 421 710 550 股,发行价格为每股 3.67 元。上港集团换股吸收合并上港集箱的换股价格为每股 16.50 元,每 1 股上港集箱股票可以换取 4.5 股上港集团本次发行的股票。

为保障广大投资者利益,本次换股吸收合并将赋予上港集箱除上港集团外的所有股东现金选择权。对于不选择换股的上港集箱股东,以及与上港集团存在关联关系的上港集箱股东(外轮理货与起帆科技),可在现金选择权申报期间自行申报全部或部分行使现金选择权,由第三方以每股 16.50 元的价格受让其所申报股份,并由第三方实施换股。外轮理货与起帆科技为上港集团关联方,两公司已承诺自愿行使现金选择权。

最后,总共有169 861 897股上港集箱股份(占上港集箱总股本约9.41%的比例)行使了现金选择权,其中140 593 851股由上海国有资产经营有限公司受让并实施换股,29 268 043万股由招商证券股份有限公司受让并实施换股。

2006年10月20日,上港集箱股票终止上市,10月26日,上港集团股票上市交易。

上港集团整体上市完成后的情况见图1.30。

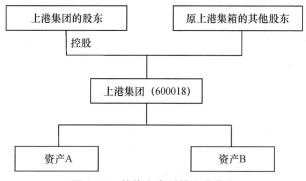

图1.30 整体上市后的上港集团

上港集团通过换股发行吸收合并上港集箱,最终实现其整体上市,从集团层面建立一个与其业务规模匹配的资本运作平台,为今后实现长远发展及跨越式发展提供了有力的保障。

二、分拆上市

(一)分拆上市的概念

分拆上市是指已上市公司将其部分业务独立出来,另行公开发行股票上市。见图1.31。

(二)创业板分拆上市

目前中国法律允许境内主板上市公司可以分拆业务到创业板上市。

(三)海外分拆上市

分拆上市另外一个模式,就是境内上市公司分拆业务到海外上市。

境内上市公司分拆业务到海外上市,须满足以下条件:

分拆上市前：

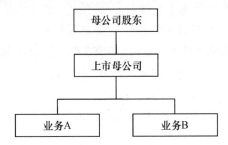

分拆上市后：

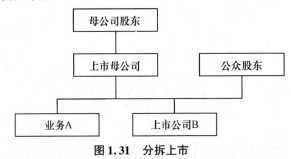

图1.31　分拆上市

第一，上市公司在最近3年连续盈利。

第二，上市公司最近3个会计年度内发行股份及募集的资金不得作为对所属企业的出资申请境外上市。

第三，上市公司最近1个会计年度合并报表中按权益享有的所属企业的净利润不得超过上市公司合并报表净利润的50%。

第四，上市公司最近1个会计年度合并报表中按权益享有的所属企业净资产不得超过上市公司合并报表净资产的30%。

第五，上市公司与所属企业不存在同业竞争，且资产、财务独立，经理人员不存在交叉任职。

第六，上市公司及所属企业董事、高级管理人员及其关联人员持有所属企业的股份，不得超过所属企业到境外上市前总股本的10%。

第七，上市公司不存在资金、资产被具有实际控制权的个人、法人或其他组织及其关联人占用的情形，或其他损害公司利益的重大关联交易。

第八，上市公司最近3年无重大违法违规行为。

案例

同仁堂分拆上市

2000年10月30日,由同仁堂股份(600085)分拆并控股的同仁堂科技(08069.HK)在香港创业板挂牌上市,标志着同仁堂股份成为我国证券市场第一家分拆上市的公司,一家百年老店,给新兴的中国资本市场提供了一个崭新的融资模式。

(一) 同仁堂的战略转型

同仁堂始创于1669年,"同仁堂"金字招牌享誉中外,在中医药领域,一向恪遵传统、稳健低调的同仁堂几乎成了信誉和质量的代名词,在不少人眼里,同仁堂就是中药,中药就是同仁堂。

同仁堂有世界性的品牌和成为世界级企业的潜力,但却不具备世界级企业的规模和现实资质,即使按照中国的标准来看,也不过是一家中型企业而已。面对如此挑战,如果没有大的战略转型,同仁堂无疑很难得到快速发展。

为此,从1999年开始,同仁堂就开始酝酿战略转型,并确定了战略转型的四大支柱:中药现代化、生物制药、全球中药电子商务和海外上市,并专门从中高层抽调人马,组成了四个工作小组,推进上述四项工作。

上述四个战略转型支柱中,中药现代化当然是最核心的目标,生物制药和全球中药电子商务一方面可以帮助提升中药现代化的水平,另一方面又可以独立展开业务,成为新的利润来源;而海外上市则是使上述三个目标得以实现的基本前提,只有引进国际战略投资者,得到它们在资金、技术、管理和市场经验等方面的帮助,同仁堂的构想才有机会开花结果。

(二) 海外上市的三种可选方案

海外上市的目标确定下来,同仁堂开始寻找财务顾问研究设计上市方案。同仁堂主要考虑了里昂证券、中银国际和中证万融三家顾问公司的方案。

1. 里昂证券的方案

里昂证券的方案是在同仁堂A股基础上增发H股,见图1.31。

但是里昂证券的方案由于可能损害A股股东的利益而受到了质疑。因为如果增发H股,由于H股的市盈率远远不及A股高,定价也就会比A股低很多,这实际上会大大稀释A股股东的权益,不但会遭到A股股东的反对,能否通过主管部门的审批也会打上大大的问号。举例来说,假设A股的市盈率为30,

图 1.31　里昂证券的方案

H 股的市盈率为 20，则同样购买 1 股同仁堂股份的股票，A 股股东所花的钱是 H 股股东的 1.5 倍(30/20)。

2. 中银国际的方案

中银国际的方案是在同仁堂 A 股公司之上构筑一家控股公司去香港上市，见图 1.32。

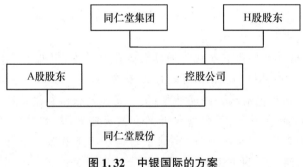

图 1.32　中银国际的方案

中银国际的方案则问题更多。因为控股公司所筹的资金将会直接投资而不可能再投入 A 股公司，其收益也将完全由 H 股公司股东所享有，从长远来看这将大大压缩 A 股公司的发展空间并损害 A 股股东的利益。同时，设立控股公司的审批程序很严格，能否获得批准存在较大不确定性。更致命的是，在这种结构下，同仁堂品牌等于完全被放到了境外资本市场，企业的再融资受到限制，现有管理层对企业的控制力也将被逐步削弱，控股公司一旦被境外收购，同仁堂品牌就有彻底失去的危险。

3. 中证万融的方案

中证万融的方案是同仁堂 A 股公司分拆部分高科技资产和业务并设立新公司上香港创业板，即分拆上市方案。

分拆上市是指已上市公司将其部分业务或者是某个子公司独立出来，另行公开招股上市。而在当时的国内资本市场上，分拆上市还没有成功的先例，至于从 A 股分拆到境外上市更是闻所未闻。但是分拆上市不存在上述两个方案的缺点,而且能够很好地实现同仁堂海外上市的目标。

因此,百年老店同仁堂决定尝试这一"前卫"的资本运营方式,最终选择了中证万融提出的分拆上市方案。

(三) 同仁堂分拆上市

分拆上市的方案确定后,接下来的问题就是如何确定分拆上市的资产,即如何对同仁堂名下的十几家工厂和机构进行分拆和重组,以便既有利于A股股东,也能让国际投资者信服。

经过充分的研究和论证,同仁堂决定将A股公司同仁堂股份旗下的生产颗粒、胶囊、片剂为主体的北京同仁堂制药二厂、中药提炼厂、进出口分公司和科研中心等资产注入海外上市主体同仁堂科技,见图1.33。

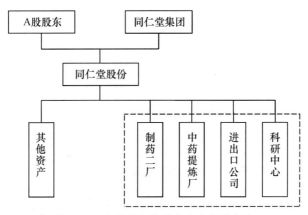

图1.33 确定注入海外上市主体的资产

这部分资产集中了同仁堂的高科技(中药现代化)与国际业务,不涉及其目前赢利最好的基础业务,对A股股东利益的影响有限。同时,能引进国际市场的资源把同仁堂科技做成功,由于上市后A股公司仍对H股公司处于绝对控股地位,A股股东将是最大受益者。同时,由于H股公司预期的成长性较高,产销完全独立而非受控于A股公司,也令国际投资者放了心。

2000年3月,同仁堂科技在北京成立,除了同仁堂股份以资产出资外,同仁堂集团、同仁堂高管以及中证万融董事长等以现金出资,共同成为同仁堂科技的发起人,见图1.34。

2000年10月30日,同仁堂科技在香港创业板挂牌上市。本次在港上市的7 280万股,仅向专业和机构投资者进行了配售发行,和记黄埔、北大方正是其主要机构投资者。

同仁堂科技香港上市后的股权结构见图1.35。

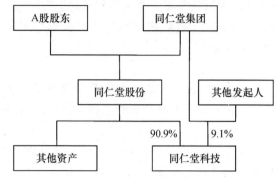

图 1.34　同仁堂科技成立

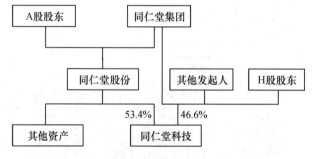

图 1.35　同仁堂科技香港创业板上市

第七节　上市公司再融资

上市为企业获得了稳定的融资渠道，上市公司可以通过发行证券进行再融资而获得持续发展所需的资金。

一、上市公司再融资方式

根据发行方式的不同，上市公司再融资可分为公开发行融资和非公开发行融资。根据发行证券的不同，上市公司再融资可分为股票融资和债券融资。对上述融资方式进行组合，上市公司再融资方式具体包括：公开增发、配股、发行可转换公司债券、发行分离交易的可转换公司债券、发行公司债券、非公开发行股票，见表1.1。

表 1.1　上市公司再融资方式

	股票	债券
公开发行	公开增发、配股	发行可转换公司债券、发行分离交易的可转换公司债券、发行公司债券
非公开发行	非公开发行股票	无

公开增发是指上市公司向不特定对象公开募集股份。配股是指上市公司向原股东配售股份。可转换公司债券是指上市公司依法发行,在一定期间内依据约定的条件可以转换成股份的公司债券。分离交易的可转换公司债券是指认股权和债券分离交易的可转换公司债券。非公开发行股票,是指上市公司采用非公开方式,向不超过十名的特定对象发行股票的行为。

案例

招商银行可转换公司债券融资

2002 年 4 月,招商银行成功上市,并募集资金 109 亿元,暂时解决了资本金不足的困难。但随着业务的快速发展,资本金不足的问题又摆在了招商银行面前。

招商银行上市后,各项业务快速发展,见表 1.2。

表 1.2　招商银行业务快速发展

	2001 年 12 月	2003 年 6 月	增幅
资产总额	2 663 亿	4 358 亿	63.65%
贷款余额	1 402 亿	2 641 亿	88.37%
存款余额	2 143 亿	3 485 亿	62.60%

业务的发展,是要以资本为支撑的,招商银行业务的快速发展,使其资本充足率从上市以来不断下降,见表 1.3。

表 1.3　招商银行资本充足率不断下降

	2001 年 4 月	2002 年 12 月	2003 年 6 月
资本充足率	17.59%	12.57%	10.56%

而银行的资本充足率必须满足不低于 8% 的硬条件,因此,如果业务要进一

步发展,必须及时补充资本金。

2003年8月,招商银行决定发行可转换公司债券进行再融资,以补充资本金。

(一) 选择发行可转换公司债券的原因

招商银行作为一家上市公司,当时有三种再融资方式可选择:公开增发、配股和发行可转换公司债券。

公开增发对股东和市场都不利。如果增发价格明显低于二级市场价格,就稀释了现有股东的权益;如果增发价格比较高,市场不欢迎,则增发不能顺利完成。同时,由于融资规模大,公开增发对二级市场的股价压力也非常大。

配股存在价格制约的不足。如果配股价偏高,则不可能融资成功;如果配股价偏低,如以净资产为基础定在3—5元,则很难获得非流通股股东的认可,实施起来可行性低,可操作性差。

因此,在当时条件下,无论对投资者还是对招商银行而言,发行可转换公司债券都是一个较好的选择。

第一,对于投资者而言,可转换公司债券不仅本金有保障,而且有保底利息,在持有期内,每年可得到一定的利息,投资风险较小。另外,如果招商银行未来的发展前景良好,股价上涨,投资者认购后可选择有利时机进行转股,取得丰厚的投资回报。

第二,发行可转换公司债券,如果满足银监会的附属资本条件,发行后可计入附属资本,则可即刻达到补充资本、提高资本充足率的目的。另外,发行可转换公司债券融资募集资金的数额比较确定,整个操作过程也比较简单,融资成本相对较低,而且可转换公司债券转股基本上是非连续地进行的,转股的非集中性可减缓股本扩张和收益摊薄效应。

基于以上分析,招行选择了可转换公司债券再融资方案。

(二) 可转换公司债券的主要条款

1. 基本条款

招商银行可转换公司债券的基本条款,见表1.4。

表1.4 招商银行可转换公司债券的基本条款

发行总额	人民币65亿元
面值	人民币100元
发行数量	6 500万张
发行价格	按面值平价发行
转股期限	自发行之日起5年
债券上市的起止日期	2004年11月29日至2009年11月10日

(续表)

票面利率	发行首日(2004年11月10日)起开始计息,年利率第一年为1%,逐年递增0.375%,最后一年为2.5%
付息方式	从发行首日起开始计息,利息每年支付一次
初始转股价格	9.34元/股
发行对象	公司现有股东、社会公众投资者、证券投资基金和其他机构投资者
发行方式	向现有股东优先配售,优先配售后的债券余额,将采用网下向机构投资者配售和通过上海证券交易所系统上网定价发行相结合的方式
担保人	中国工商银行
信用评级	AAA
发行评估机构	中诚信国际信用评级有限公司
承销方式	承销团以余额包销方式承销

2. 转股条款

第一,转股的起止日期。转换期为自招行转债发行之日起6个月起至可转债到期日止,即2005年5月10日(含当日)至2009年11月10日(含当日)(遇非交易日顺延)。转债持有人可在转换期内的转股申请时间申请转股。

第二,初始转股价格的确定依据及计算公式。初始转股价格为9.34元/股。这一价格以公布募集说明书前30个交易日,公司股票收盘的价格的算术平均值9.067元/股为基准上浮3%(转股溢价率)确定。计算公式如下:初始转股价格=公布募集说明书前30个交易日招商银行A股股票收盘价格的算术平均值×(1+3%)。

第三,转股价格的调整。在本次可转换公司债券发行之后,当发行人因送红股、转增股本、增发新股或配股等情况(不包括因可转换公司债券转股增加的股本)使发行人股份或股东权益发生变化时,将按下述公式进行转股价格的调整:送股或转增股本:$P_1 = P_0/(1+n)$;增发新股或配股:$P_1 = (P_0 + A_k)/(1+k)$;两项同时进行:$P_1 = (P_0 + A_k)/(1+n+k)$。其中:$P_0$为初始股价,$n$为送股或转增股本率,$k$为增发新股或配股率,$A$为增发新股价或配股价,$P_1$为调整后转股价。

第四,转股价格向下修正条款。本次发行的可转换公司债券在发行后的前三年内,不对转股价格进行修正。在第四、第五年期间,当招商银行A股股票在任意连续30个交易日中至少20个交易日的收盘价低于当期转股价格的80%时,招商银行董事会有权在不超过20%的幅度内向下修正转股价格。修正幅度为20%以上时,由董事会提议,股东大会通过后实施。修正后的转股价格不低于修正前20个交易日招商银行A股股票收盘价格的算术平均值。董事会此项权利的行使在12个月内不得超过一次。

3. 赎回条款

自本次可转换公司债发行之日起6个月后至债券存续期满,如果招商银行A股股票连续20个交易日的收盘价高于当期转股价格的125%,发行人招商银行有权赎回未转股的可转债。若在该20个交易日内发生转股价格调整的情形,则按照调整前后的转股价格和收盘价计算。当赎回条件首次满足时,发行人有权按面值103%(含当年利息)的价格赎回全部或部分在"赎回日"(在赎回公告中通知)之前未转股的可转换公司债券。若首次不实施赎回,当年将不再行使赎回权。

4. 回售条款及附加回售条款

第一,回售条款。在本次发行可转债到期日前一年内,如果招商银行A股股票收盘价连续20个交易日低于当期转股价格的75%时,转债持有人有权将持有的全部或部分可转债以面值108.5%(含当期利息)的价格回售予发行人招商银行。若在该20个交易日内发生过转股价格调整的情形,则在调整的交易日按调整前的转股价格和收盘价计算,在调整后的交易日按调整后转股价格和收盘价计算。持有人回售条件首次满足后可以进行回售,首次不实施回售的,当年不能再行使回售权。

第二,附加回售条款。在本次发行的可转债存续期内,如果本次发行所募集资金的使用与发行人在募集说明书的承诺相比出现重大变化,根据证监会的相关规定可被视作改变募集资金用途或被证监会认定为改变募集资金用途,持有人以面值102%(不含当期利息)的价格向发行人招商银行附加回售其持有的部分或全部可转债。

5. 可转换公司债券余额处置条款

《上海证券交易所可转换公司债券上市交易规则》规定:可转换公司债券面值少于3 000万元时,上海证券交易所将立即公告并在三个交易日后停止交易。从可转债因流通面值少于前述相关规定而被停止交易至可转债到期日前,发行人招商银行将有权按面值加上应计利息提前清偿未转股的全部可转债。

(三)成功发行上市

招商银行65亿元的可转换公司债券,引来投资者的热烈追捧,公开发行部分的有效申购资金总额创下历史之最,认购倍数达到了164倍。

2004年11月15日,招商银行可转换公司债券发行成功,11月29日,在上海证券交易所挂牌交易。

二、上市公司再融资流程

上市公司再融资的流程主要包括以下五个步骤：聘请中介机构、董事会决议、股东大会批准、申报与核准、发行并上市，见图1.36。

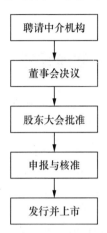

图1.36　上市公司公开增发的流程

第一步，聘请中介机构。上市公司决定再融资后，根据法律规定和实际需要，还必须聘请中介机构。中介机构主要包括证券公司、律师事务所、会计师事务所、资产评估事务所等。

第二步，董事会决议。上市公司再融资，董事会应当依法就下列事项做出决议，并提请股东大会批准：本次再融资方案；本次募集资金使用的可行性报告；前次募集资金使用的报告；其他必须明确的事项。

第三步，股东大会批准。上市公司再融资，股东大会应当就下列事项做出决定：本次发行证券的种类和数量；发行方式、发行对象及向原股东配售的安排；定价方式或价格区间；募集资金用途；决议的有效期；对董事会办理本次发行具体事宜的授权；其他必须明确的事项。

第四步，申报与核准。股东大会批准后，上市公司和保荐人按照中国证监会的有关规定编制和报送发行申请文件。中国证监会依照下列程序审核发行证券的申请：收到申请文件后，五个工作日内决定是否受理；中国证监会受理后，对申请文件进行初审；发行审核委员会审核申请文件；中国证监会做出核准或者不予核准的决定。

第五步，发行并上市。自中国证监会核准发行之日起，上市公司应在六个月内发行证券；超过六个月未发行的，核准文件失效，须重新经中国证监会核准后方可发行。发行完成后,上市公司向证券交易所提交上市申请,获批后上市交易。

案例

中国联通配股融资

2004年4月10日,中国联合通信股份有限公司(以下简称"中国联通")发布了配股公告。公告称,为进一步增强公司竞争实力,同时增加公司每股收益,拟通过配股再融资,所融资金全部用于收购联通集团持有的联通BVI公司的股权,联通集团将出售联通BVI公司股权所得资金,通过增资方式投入联通新时空用于CDMA网络建设。

公告同时称,公司控股股东联通中国联合通信有限公司(以下简称"联通集团")放弃配股,因此本次配股将以50亿股流通股为配股基数,配股比例为每10股配3股,配售股份总数不超过15亿股。

(一)中国联通简介

中国联通于2003年10月9日在上海证券交易所上市,股票代码600050。联通集团持有中国联通74.60%的股份。

中国联通的股权结构见表1.37。

中国联通是一家特别限定的控股公司,经营范围仅限于通过联通BVI公司持有联通红筹公司的股权,而不直接经营任何其他业务。中国联通对联通红筹公司、联通运营实体(联通运营公司、联通新世纪和联通新世界的合称)拥有实质控制权,收益来源于联通红筹公司。

为联通运营实体经营CDMA业务之目的,联通运营实体与联通新时空、联通集团签订《CDMA租赁协议》,租赁其在30个省份的CDMA网络容量,租赁期限为1年,并可按联通运营实体的选择分别逐年延期1年。

中国联通控股子公司的相关情况,见表1.38。

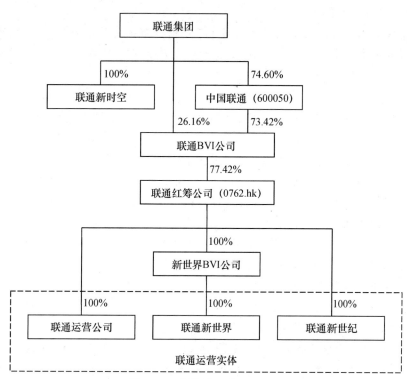

图 1.37　中国联通的股权结构

表 1.38　中国联通控股子公司的相关情况

公司	注册地点	主营业务
联通 BVI 公司	英属维尔京群岛（BVI）	投资控股公司，不直接经营任何业务
联通红筹公司	香港（在香港、纽约两地上市）	投资控股公司，子公司在中国提供 GSM 和 CDMA 移动电话、数据、互联网和长途电话业务
新世界 BVI 公司	英属维尔京群岛（BVI）	投资控股公司，不直接经营任何业务
联通运营公司	中国内地	国内、国际长途通信业务；12 省的移动通信业务；无线寻呼业务；互联网业务和 IP 电话业务；技术咨询和技术服务
联通新世界	中国内地	9 个省、自治区的移动通信业务
联通新世纪	中国内地	9 个省、直辖市、自治区的移动通信业务；技术开发、服务、咨询；通信设备、电器设备的销售

(二) 市场反应

中国联通此次配股是继中国联通一年半前上市融资后的再融资行为,而此次配股的融资规模也是截止当时A股市场上最大的一次配股行为,因而备受关注。

1. 市场质疑

中国联通配股方案一经公布,立即成为市场舆论关注的焦点,质疑声不绝于耳。

市场和投资者对中国联通配股的质疑,主要集中在以下两个方面:

第一,控股股东联通集团完全放弃配股,并且募集基金全部用于收购联通集团持有的联通BVI公司的股权,这可能损害中小股东的利益,而且有大股东圈钱套现的嫌疑。

第二,中国联通配股15亿股,预期融资额在45亿元,这成为截止到当时我国A股市场上最大规模的一次配股行为,在当时低迷的股票市场环境下,给市场带来的压力可想而知。

2. 中国联通的回应

针对市场质疑,中国联通做出了积极的回应。中国联通认为:

第一,配股的目的是着眼于公司长远发展,打破资金瓶颈,加快CDMA网络建设。CDMA网络建设的庞大资本开支一直由中国联通的控股股东联通集团承担,建成的网络以租赁的方式供联通运营实体使用。为增强中国联通竞争力,加快CDMA网络建设势在必行,而资金短缺却成为阻碍其发展的瓶颈,此次配股对于解决CDMA网络建设的资金困难将起到积极作用。另外,配股的募集资金的最终用途是用于联通新时空的CDMA的网络建设、支付设备款和偿还银行贷款,这笔资金可以减少CDMA网络建设的财务费用,降低CDMA网络的建设成本,从而降低联通运营实体的网络租赁成本,提供上市公司的盈利能力和整体竞争实力,有利于公司长远发展。

第二,大股东放弃配股,不仅不是圈钱套现,反而是"输血"行为。联通集团之所以放弃配股,是因为中国联通CDMA网络建设一直由联通集团承担,需要大量资金。另外,这次联通集团拿出联通BVI公司的股权,非溢价卖给上市公司,将增加上市公司的每股收益。

3. 市场支持方的观点

中国联通的配股方案虽然遭到质疑,但也有不少投资者支持配股,理由如下:

第一,募集资金用途明确,且着眼于上市公司长远发展。中国联通属于基础电信业务和增值电信业务行业,是一个资金密集型行业,且公司目前正处于快速扩张期,迫切需要资金。联通集团将把出售联通 BVI 公司股权所得的资金用于 CDMA 网络建设,因此,本次配股募集资金用途明确。并且,随着 CDMA 网络覆盖的完善,这将有利于公司电信业务的长期稳定发展和公司业绩的持续增长,因而,上市公司是配股的最直接受益者,将有利于公司股东权益的增加。

第二,公司基本面良好,业绩增长可期。作为沪深两市上市公司中唯一的基础电信运营商,中国联通的主营业务收入保持快速增长,移动通信业务占中国联通主营业务收入的 90% 以上。特别是 CDMA 业务从 2003 年第三季度起已经实现盈亏平衡,进入稳定盈利阶段,有望成为公司新的利润增长点,发展前景进一步看好。

第三,对市场将起到积极作用。中国联通作为国内上市公司中唯一的基础电信运营商,在二级市场上具有流通市值大、流通性好、业绩稳健增长的特性,是股市的龙头指标股,是引领大盘走势的重要风向标。如果配股价格合理,将为投资者提供一个低成本进入的机会,显现一定的投资价值,而对于整个市场来说,中国联通如果股价能企稳,对于整个市场的走向能够起到积极的作用。

(三) 成功配股

1. 申请与审核

2005 年 5 月 11 日,中国联通的配股计划获得股东大会的高票通过,回想之前的市场质疑,真可谓是有惊无险。

股东大会的配股方案表决分两步进行:

第一步,全体股东投票表决是否同意实行配股和拟定的配股价格区间,到会所有股东以 99.84% 的赞成票通过。

第二步,就本次配股的全部募集资金用于收购联通集团持有的联通 BVI 公司的部分股权议案进行表决,大股东联通集团因该收购议案属于上市公司重大关联交易而回避表决,其他股东以 96.78% 的赞成票通过。

股东大会通过后,中国联通向中国证监会上报了配股申请文件。2004 年 6 月 22 日,中国证监会发审委审核通过了中国联通的配股方案。

2. 发行

2004 年 7 月 7 日开始,中国联通开始新股配售,本次配售的价格为 3 元,发行股数为 15 亿股。截止 7 月 20 日配股结束,将近 90% 的流通股股东参与了配股,股东共认购了近 13.3 亿股,其余 1.7 亿股由承销商包销认购。

通过此次配股,中国联通募集资金总额为 45 亿元,扣除各项发行费用,加上与本次配股相关的利息收入后,实际募集资金净额为 44.17 亿元,创中国股票市场配股融资金额之最。

思考题

1. 股票有哪些常见的种类?
2. 试述发行上市的操作流程。
3. 如何理解中国的股票交易制度?
4. 试述投资者交易股票的流程。
5. 买壳上市有哪些常见模式?
6. 借壳上市有哪些常见模式?
7. 什么是整体上市?
8. 什么是分拆上市?
9. 上市公司的再融资方式有哪些?
10. 试述上市公司再融资流程。

第二章

债券市场

本章概要

本章介绍债券市场。第一节介绍债券的定义、构成要素、特点和种类;第二节介绍国债的概念和运作;第三节介绍央行票据的概念和运作;第四节介绍金融债券的概念和运作;第五节介绍企业债券的概念和运作;第六节介绍国际债券的概念和运作;第七节介绍债券交易市场。

学习目的

了解债券、国债、央行票据、金融债券、企业债券、国际债券的概念;理解债券交易市场;掌握国债、央行票据、金融债券、企业债券、国际债券的运作。

第一节　债券的概念

一、债券的定义

债券是政府、金融机构、工商企业等机构直接向社会借债融资时,向投资者发行的约定在一定期限还本付息的证券。

债券在债券投资者与债券发行人之间形成债权债务关系,债券发行人为债务人,债券投资者为债权人,债券投资者享有按照约定条件收回本金和收取利息的权利,债券发行人负有按照约定条件偿还本金和支付利息的义务。

二、债券的构成要素

（一）债券的票面价值

债券的票面价值是券面注明的以某种货币表示的票面金额,它是到期偿还本金和计算利息的基本依据,包含面值数额和面值币种两个内容。

债券面值数额都是整数,面值大小从 1 个货币单位到上百万个货币单位不等,取决于债券的性质和发行对象。面向个人的债券面值较小,面向机构的面值较大。

债券面值币种的确定,取决于债券发行人的需要、发行地点及债券的种类等因素。一般在国内发行的债券,币种为本国货币,在国外发行的债券,币种为国际通货或所在国货币。

（二）债券的价格

债券的价格包括债券的发行价格和债券的市场价格。债券作为一种可以买卖的有价证券,其价格的决定受多种因素影响,其中决定债券价格的主要因素是市场收益率、债券的偿还期和债券的利息率。

一般情况下,债券的发行价格与债券的面值是一致的,而债券的市场价格是经常变化的,往往偏离债券面值,有时高于面值,有时低于面值。

（三）债券的偿还期限

债券的偿还期限是指发行人清偿债务所需要的时间。债券期限一般可分为三类:期限在 1 年以内的为短期债券;期限在 1—10 年的为中期债券;期限在 10 年以上的为长期债券。

债券期限的确定,通常是债券发行人根据市场利率变动趋势、投资者心理偏好、偿还期限、资金供求情况等因素而决定的。

（四）债券的票面利率

债券的票面利率是指债券利息与债券票面价值的比率,通常用百分数表示年利率。

债券的票面利率对于债券发行人和债券投资者具有不同的意义。对于债券发行人来说,它是融资成本,对于债券投资者来说,它是投资收益。

三、债券的特点

通过分析债券的特点,我们能够对债券的概念有一个更加全面的了解。

债券具有以下五个基本特点:

第一,偿还性。债券一般都规定有偿还期限,债券发行人必须按期向债券投资者偿还本金和支付利息。各种债券无论长期还是短期,都规定了到期期限,在债券的偿还期内,债券投资者只是把资金的使用权暂时让渡给债券发行人,并不转移所有权。

第二,流动性。债券一般都可以在流通市场上自由转让,因此债券具有在市场上变现的能力,具有流动性。债券的流动性取决于以下两个因素:一是变现的难易程度,即变现所花费的时间长短;二是变现的成本大小,即变现时支付的费用。

第三,安全性。债券的收益相对稳定,可按期收取本金和利息,不随债券发行人经营收益的变化而变动。在债券发行人破产时,债券投资者享有对债券发行人剩余资产的优先索取权。

第四,收益性。债券能够给债券投资者带来一定的收入,即债券投资的报酬。债券的收益性主要表现为两种形式:一是利息收入,即债券投资者在偿还期内按约定的条件获得的利息;二是资本损益,即债券投资者可以利用债券价格的变动买卖债券赚取差价收益。

四、债券的种类

(一) 政府债券、金融债券和企业债券

按发行主体分类,债券可分为政府债券、金融债券和企业债券。

政府债券的发行主体是政府。政府债券又可以分为中央政府债券和地方政府债券。中央政府债券即国债,指由中央政府直接发行的债券。地方政府债券又称市政债券,指由地方政府及其代理机构或授权机构发行的债券。

金融债券的发行主体是银行或非银行金融机构。在英、美等欧美国家,金融机构发行的债券归类于企业债券。在我国及日本等国家,金融机构发行的债券称为金融债券。

企业债券的发行主体为企业,是企业依照法定程序发行,约定在一定期限内还本付息的债券。

(二) 一次还本付息债券、贴现债券和剪息债券

按利息支付方式分类,债券可分为一次还本付息债券、贴现债券和剪息债券。

一次还本付息债券是指在债券到期时,按照债券票面载明的利率一次性向债券投资者支付利息并偿还本金的债券。

贴现债券又称贴息债券,是指在发行时按一定折扣率以低于债券面值的价格发行,到期按面值偿还本金的债券。

剪息债券是指在券面上附有定期支付利息凭证的债券,债券投资者可以凭债券上附有的利息支付凭证,剪下息票,兑取到期的利息。

(三) 固定利率债券和浮动利率债券

按利率是否固定分类,债券可分为固定利率债券和浮动利率债券。

固定利率债券是指在发行时规定利率在整个偿还期内不变的债券。固定利率债券不考虑市场变化因素,因而其融资成本和投资收益可以事先预计,不确定性较小,但债券发行人和债券投资者仍然必须承担市场利率波动的风险,当市场利率上升时,债券的投资者要蒙受损失;当市场利率下降时,债券发行人要遭受损失。

浮动利率债券是指发行时规定债券利率随市场利率定期浮动的债券,这种债券的利率在偿还期内可以进行变动和调整。浮动利率债券的利率通常根据市场基准利率加上一定的利差来确定。由于债券利率随市场利率浮动,因而可以避免债券的实际收益率与市场收益率之间出现重大差异。

(四) 记名债券和不记名债券

按是否记名分类,债券可分为记名债券和不记名债券。

记名债券是指在债券券面和债券发行人的债权人名册上记载债权人姓名的债券。记名债券在转让时,要办理转让手续,原持有人要背书,并在债权人名册上更换债权人姓名,所以流动性较差。

不记名债券是指在债券券面上不记明债权人的姓名,也不在债券发行人的债权人名册上记载债权人姓名的债券。不记名债券在转让时不需背书和在债权人名册上更换债权人姓名,因此,流动性较强,但安全性不如记名债券。

(五)担保债券和信用债券

按有无担保分类,债券可分为担保债券和信用债券。

担保债券是指以有形财产作为抵押或是以第三方为担保而发行的债券。当发行人不能按期支付利息和本金时,债券投资者为满足清偿要求可以将抵押品出售或者要求第三方清偿。

信用债券又称无担保债券,指仅凭债券发行人的信用而发行的,既没有抵押财产作担保,又没有第三方担保的债券。

(六)实物债券、凭证式债券和电子记账式债券

按形态分类,债券可分为实物债券、凭证式债券和电子记账式债券。

实物债券是一种具有标准格式实物券面的债券。在标准格式的债券券面上,一半印有债券面额、债券利率、债券期限、债券发行人全称、还本付息方式等各种债券票面要素。有时,债券利率、债券期限等要素也可以通过公告向社会公布,而不在债券券面上注明。

凭证式债券是债权人认购债务的一种收款凭证,而不是债券发行人制定的标准格式的债券。

电子记账式债券是在电子系统中以记账形式记录债权,而不表现为实物形态的债券。这种债券的发行和交易均无纸化,因而成本较低、效率高、安全性强,是国际债券市场通行的债券形态。

(七)公募债券和私募债券

按发行方式分类,债券可分为公募债券和私募债券。

公募债券是指按法定手续和主管机关的要求在市场上公开向社会公众发行的债券。公募债券发行人必须向主管机关和市场提供财务报表及相关资料等信息。公募债券发行后可以上市交易,具有良好的流动性,利率比私募债券低。

私募债券是指面向特定投资者发行的债券。私募债券的发行手续比较简单,不实行公开呈报制度。私募债券不能直接上市交易,流动性较差,利率比公募债券高。

(八)单利债券、复利债券、贴现债券和累进利率债券

按计息方式分类,债券可分为单利债券、复利债券、贴现债券和累进利率

债券。

单利债券是指在计算利息时,不论期限长短,仅按本金计息,所生利息不再加入本金计算下期利息的债券。

复利债券与单利债券相对应,是指计算利息时,按一定期限将所生利息加入本金再计算利息,逐期滚算的债券。

贴现债券又称贴息债券,是指在发行时按一定折扣率以低于债券面值的价格发行,到期按面值偿还本金的债券。贴现债券是属于折价发行的债券,其发行价格与面值(即偿还价格)的差额构成了实际的利息。

累进利率债券是指以利率逐年累进方式确定利率的债券。与单利债券或复利债券的利率在偿还期内固定不变不同,累进利率债券的利率随着时间的推移而递增,后期利率比前期利率高,呈累进状态。

第二节 国 债

一、国债的定义

国债是国家债券的简称,是指中央政府为筹集资金而发行的债券,是中央政府向投资者出具的、承诺在一定时期内支付利息和到期偿还本金的债权债务凭证。

二、国债的特点

国债作为中央政府的债务凭证,一般具有如下四个特点:

第一,安全性高。由于国债是由中央政府发行的,因而属于国家信用级别,这样就具有最高的信用地位,风险也最小。

第二,流动性强。由于国债具有最高的信用地位,对投资者的吸引力很强,在市场上很容易变现,因此流动性很强。

第三,收益稳定。国债的偿还期限固定,利率固定,其价格很少受到经济波动的影响,这就决定了国债的市场价格相对平稳,收益也就较为稳定。

第四,免税待遇。大多数国家都规定,购买国债的投资者可以享受优惠的税收待遇,甚至免税。

三、国债的分类

如债券分类一样,根据不同标准,国债也可以分为很多种类,最常见的分类有以下两种:

(一)短期国债、中期国债和长期国债

按偿还期限分类,国债可分为短期国债、中期国债和长期国债。

短期国债是指偿还期为 1 年或 1 年以内的国债,它具有周期短及流动性强的特点,在货币市场上占有重要地位。

中期国债是指偿还期在 1 年以上、10 年以下的国债。

长期国债是指期限在 10 年或 10 年以上的国债,长期国债在资本市场上有着重要地位。

(二)凭证式国债、无记名(实物)国债和记账式国债

按券面形式分类,国债可分为凭证式国债、无记名(实物)国债和记账式国债。

凭证式国债是指国家采取不印刷实物券,以"凭证式国债收款凭证"记录债权的方式发行的国债。这种国债具有类似储蓄的特点,通常被称为储蓄式国债,是以储蓄为目的的个人投资者理想的投资方式。凭证式国债可记名、挂失,不能上市转让,但可提前兑取,变现灵活。债券投资者提前兑取时,除偿还本金外,利息按实际持有天数及相应的利率档次计算,经办机构按兑付本金的 2‰收取手续费。

无记名(实物)国债是一种票面上不记载债权人姓名或单位名单的债券,通常以实物券的形式记录债权,又称实物券。无记名国债不记名,不挂失,可上市流通。发行期内,投资者可直接在销售国债机构的柜台购买。在证券交易所设立账户的投资者,可委托证券公司通过交易系统申购。发行期结束后,实物券持有者可在柜台卖出,也可将实物券交证券交易所托管,再通过交易系统卖出。

记账式国债又称无纸化国债,以记账形式记录债权,即将投资者持有的国债登记于证券债务中,投资者仅取得收据或对账单以证实其所有权的一种国债。记账式国债通过证券交易所的交易系统发行和交易,可以记名、挂失。投资者进行记账式国债买卖,必须在证券交易所设立账户。由于记账式国债的发行和交易均无纸化,所以效率高,成本低,交易安全。

目前,中国国债的形式主要是凭证式国债和记账式国债。下面介绍凭证式国债和记账式国债的发行和交易。

四、凭证式国债的发行

（一）承购包销

我国的凭证式国债完全采用承购包销方式的发行。承购包销方式是由发行人和承销商签订承购包销合同，合同中的有关条款是经过双方协商确定的。

凭证式国债由具备凭证式国债承销团资格的机构承销。财政部和中国人民银行一般每年确定一次凭证式国债承销团资格，各类商业银行和国家邮政局邮政储汇局，均有资格申请加入凭证式国债承销团。

（二）发售

财政部一般委托中国人民银行分配承销数额。承销商在分得所承销的国债后，通过各自的代理网点发售。发售采取向购买人开具凭证式国债收款凭证的方式，发售数量不能突破所承销的国债量。由于凭证式国债采用"随买随卖"、利率按实际持有天数分档计付的交易方式，因此，在收款凭证中除了注明投资者身份外，还须注明购买日期、期限、发行利率等内容。

凭证式国债是一种不可上市流通的储蓄型债券。

五、记账式国债的发行

（一）招标

我国的记账式国债以公开招标方式，在银行间债券市场、上海证券交易所和深圳证券交易所发行。

公开招标方式是通过投标人的直接竞价来确定发行价格（或利率）水平，发行人将投标人的标价，自高价向低价，或自低利率向高利率排列，发行人从高价（或低利率）选起，直到达到需要发行的数额为止。因此，所确定的价格恰好是供求决定的市场价格。

记账式国债是一种无纸化国债，主要通过以下两个渠道发行：第一，银行间债券市场，通过银行间债券市场向具备全国银行间债券市场国债承购包销团资格的商业银行、证券公司、保险公司、信托投资公司等机构发行。第二，证券交易所，通过证券交易所的交易系统向具备交易所国债承购包销团资格的证券公司、保险公司和信托投资公司及其他投资者发行。记账式国债也可以在上述两个渠道同时发行，即所谓的跨市场发行。

（二）银行间债券市场发行国债的分销

银行间债券市场发行国债，分销程序如下：

第一,在债券分销期间,承销人应按照债券发行办法的规定办理债券分销手续,并与分销认购人签订分销认购协议。分销认购人应是全国银行间债券市场的参与者,并已在中央国债登记结算有限责任公司开立债券托管账户。

第二,由承销人根据与分销认购人签订协议所确定的分销价格和数量,填制债券发行分销过户指令一览表,加盖预留印章、填写分销密押后传真至中央国债登记结算有限责任公司,同时将原件寄至中央国债登记结算有限责任公司。中央国债登记结算有限责任公司收到分销过户指令一览表传真件,审核密押和印章无误后,根据一览表中的过户指令办理分销过户。

第三,中央国债登记结算有限责任公司利用中央债券簿记系统中的交易过户功能,办理承销商与分销认购人之间的分销债券过户。过户后,承销商和分销认购人可以从联网终端输出"非交易过户通知单",过户原因注明为"分销过户"。

第四,在发行过程中,承销人的分销总额以其承销总额为限。如发生超卖,中央国债登记结算有限责任公司将不予办理过户,并书面报中国人民银行和发行人。

(三) 交易所市场发行国债的场内挂牌分销

在实际运作中,对于交易所市场发行国债的分销,承销商可以选择场内挂牌分销或场外分销两种方法。

交易所市场发行国债,场内挂牌分销的程序如下:

第一,承销商在分得包销的国债后,向证券交易所提供一个自营账户作为托管账户,将在证券交易所注册的记账式国债全部托管于该账户中。

第二,证券交易所为每一承销商确定当期国债各自的承销代码,以便场内挂牌。

第三,在此后发行期中的任何交易时间内,承销商按自己的意愿确定挂牌卖出国债的数量和价格,进行分销。

第四,投资者在买入债券时,可免交佣金,证券交易所也不向代理机构收取买卖国债的经手费用。买卖成交后,客户认购的国债自动过户至客户的账户内,并完成国债的认购登记手续。客户的认购款通过证券交易所锁定,于当日划入承销商在证券交易所的清算账户中,资金回收安全、迅速。

第五,发行结束后,承销商在规定的缴款日前如期将发行款一次性划入财政部在中国人民银行的指定账户内,托管账户中分销的国债余额转为承销商持有。

第六,财政部在收到承销商缴纳的发行款后,将国债发行手续费拨付至各承销商的指定银行账户。

（四）交易所市场发行国债的场外分销

交易所市场发行国债，场外分销的程序如下：

第一，在发行期内，承销商也可以在场外确定分销商或客户，并在当期国债的上市交易日前向证券交易所申请办理非交易过户。

第二，证券交易所根据承销商的要求，将原先注册在承销商托管账户中的国债依据承销商指定的数量过户至分销商或客户的账户内，完成债券的认购登记手续。

第三，国债认购款的支付时间和方式由买卖双方在场外协商确定。

记账式国债发行后，可以在银行间债券市场和证券交易所交易。

第三节 央行票据

一、央行票据的定义

央行票据即中央银行票据，是中央银行为调节商业银行超额准备金而向商业银行发行的短期债务凭证，其实质是中央银行债券。之所以叫"票据"，是为了突出其短期性特点。

二、央行票据的特点

央行票据作为中央银行债券，具有如下特点：

第一，短期性。从已发行的央行票据来看，期限最短的3个月，最长的也只有1年。一般而言，中央银行会根据市场状况，采用利率招标或价格招标的方式，交错发行3月期、6月期、1年期和3年期票据，其中以1年期以内的短期品种为主。

第二，政策性。央行票据是一种政策调节工具，央行总是根据经济环境的变化、通货膨胀压力的变化，来调整自己的发行量。假如央行票据到期后经济还没有调整过来，那么央行票据还得发，甚至还有可能多发，以加大调控力度。

第三，目的性。央行票据的发行目的是减少商业银行可贷资金量，是中央银行调节基础货币的一项货币政策工具。商业银行在支付认购央行票据的款项后，直接结果就是其可贷资金量的减少。

由上可知，央行票据与资本市场各发债主体发行的债券最根本的区别在于：各发债主体发行的债券是一种融资的手段，其目的是为了筹集资金，即增加可用资金;而中央银行发行的央行票据是中央银行调节基础货币的一项货币政策工具,目的是减少商业银行可贷资金量。

三、央行票据的发行与流通

央行票据由中国人民银行在银行间市场通过中国人民银行债券发行系统发行,其发行的对象是公开市场业务一级交易商,目前一级交易商均为商业银行。

央行票据发行后,在银行间债券市场上市流通,银行间市场所有投资者均可参与央行票据的交易。央行票据的交易方式为现券交易和回购,同时央行票据可以作为人民银行公开市场业务回购操作工具。

央行票据在银行间债券市场上市流通和作为人民银行公开市场业务回购操作工具的时间为"$T+2$",即发行日的第三个工作日。通过配售方式购买央行票据的双边报价商必须将央行票据作为双边报价券种,在交易时同时连续报出现券买、卖双边价格,以提高其流动性。央行票据由于其流动性优势而受到了投资者的欢迎。

四、央行票据的作用

央行票据主要有以下三个作用:

第一,丰富公开市场业务操作工具,弥补公开市场操作的现券不足。自1998年5月人民银行恢复公开市场业务操作以来,主要以国债等信用级别高的债券为操作对象,但无论是正回购还是现券买断,都受到央行实际持券量的影响,使公开市场操作的灵活性受到了较大的限制。央行票据的发行,改变了以往只有债券这一种操作工具的状况,增加了央行对操作工具的选择余地。同时,现有国债和金融债券期限均以中长期为主,缺少短期品种,央行公开市场以现有品种为操作对象容易对中长期利率产生较大影响,而对短期利率影响有限。引入中央银行票据后,央行可以利用票据、回购或两者组合,进行"余额控制、双向操作",对中央银行票据进行滚动操作,增加了公开市场操作的灵活性和针对性,增强了货币政策的执行效果。

第二,为市场提供基准利率。国际上一般采用短期的国债收益率作为该国基准利率。但从我国的情况来看,财政部发行的国债的期限绝大多数在三年以上,短期国债市场存量极少。在财政部尚未形成短期国债滚动发行制度的前提下,由央行发行票据,在解决公开市场操作工具不足的同时,可以利用设置票据期限完善市场利率结构,形成市场基准利率。

第三,推动货币市场的发展。目前,我国货币市场的工具很少,由于缺少短期的货币市场工具,众多机构投资者只能去追逐长期债券,带来债券市场的长期利率风险。央行票据的发行将改变货币市场基本没有短期工具的现状,为机构投资者灵活调剂手中的头寸、减轻短期资金压力提供重要工具。

第四节 金融债券

一、金融债券的定义

金融债券是由商业银行和非银行金融机构为筹集资金而发行的债券。

我国金融债券的发行主体为:政策性银行、商业银行、企业集团财务公司以及其他金融机构等。

二、金融债券的特点

金融债券具有如下三个特点:

第一,信用度较高。一般来说,金融机构的信用度要高于非金融机构类公司,因此,金融债券的安全性也就高于一般的公司债券。

第二,利率形式灵活,收益稳定。金融债券的利率有固定利率、浮动利率、贴现利率等多种形式。金融债券的利率水平一般高于银行存款和国债,低于公司债券。

第三,债券期限以中长期为主。金融债券的期限通常是1年以上的中长期债券。

三、金融债券的分类

与债券分类一样,根据不同标准,金融债券也可以分为很多种类,最常见的分类有以下两种:

(一) 附息金融债券和贴现金融债券

按利息的支付方式分类,金融债券可分为附息金融债券和贴现金融债券。

附息金融债券是在债券上附有多期息票,发行人定期支付利息。

贴现金融债券是以低于面值的价格贴现发行,到期按面值还本付息,利息为发行价与面值的差额。

（二）普通金融债券和累进利息金融债券

按发行条件分类，金融债券可分为普通金融债券和累进利息金融债券。

普通金融债券按面值发行，到期一次还本付息。

累进利息金融债券是随着债券期限的延长，利率逐步累计上升的债券。此种债券的利率不固定，在不同的时间段有不同的利率，并且一年比一年高。

四、金融债券的发行

（一）发行主体

我国金融债券的发行主体为在中国境内设立的政策性银行、商业银行、企业集团财务公司以及其他金融机构等。

（二）发行方式

金融债券可在全国银行间债券市场公开发行或定向发行。

金融债券的发行可以采取一次足额发行或限额内分期发行的方式。

（三）信用担保

金融债券的发行应由具有债券评级能力的信用评级机构进行信用评级。金融债券发行后，信用评级机构应每年对该金融债券进行跟踪信用评级。如发生影响该金融债券信用评级的重大事项，信用评级机构应及时调整该金融债券的信用评级，并向投资者公布。

（四）发行的组织

发行金融债券时，发行人应组建承销团，承销人可在发行期内向其他投资者分销其所承销的金融债券。

金融债券的承销可采用协议承销、招标承销等方式。

五、商业银行次级债券

商业银行次级债券是指商业银行发行的、本金和利息的清偿顺序列于商业银行其他负债之后，先于商业银行股权资本的债券。

商业银行次级债券可在全国银行间债券市场公开发行并正常交易。

商业银行发行次级债券应聘请证券信用评级机构进行信用评级。其发行可采取一次足额发行或限额内分期发行的方式。发行次级债券时，发行人应组成承销团，承销团在发行期内向其他投资者分销次级债券。次级债券的承销可采用包销、代销和招标承销等方式。

六、商业银行混合资本债券

混合资本债券是一种混合资本工具,它比普通股票和债券更加复杂。

我国的商业银行混合资本债券是指商业银行为补充附属资本发行的、清偿顺序位于股权资本之前但列在一般债务和次级债务之后、期限在 15 年以上、发行之日起 10 年内不可赎回的债券。

商业银行发行混合资本债券应具备的条件与其发行金融债券完全相同。

混合资本债券可以公开发行,也可以定向发行。但无论公开发行还是定向发行,均应进行信用评级。

在混合资本债券存续期内,信用评级机构应定期和不定期对混合资本债券进行跟踪评级,每年发布一次跟踪评级报告,每季度发布一次跟踪评级信息。对影响发行人履行债务的重大事件,信用评级机构应及时提供跟踪评级报告。

第五节 企业债券

一、企业债券的定义

企业债券又称为公司债券,是企业依照法定程序发行、约定在一定期限内还本付息的债券。

企业债券代表着发债企业和投资者之间的一种债权债务关系。债券持有人是企业的债权人,不是所有者,一般无权参与或干涉企业的经营管理,但债券持有人有权按约定收回本息。

二、企业债券的特点

企业债券具有如下三个特点:

第一,风险性较大。企业债券的还款来源是企业的经营利润,但是任何一家企业的未来经营都存在很大的不确定性,因此企业债券持有人承担着损失利息甚至本金的风险。

第二,收益率较高。按照风险与收益对应的原则,企业债券的较高风险意味着给债券投资者较高的收益。

第三,对于某些企业债券而言,发行者与持有者之间可以相互给予一定的选择权,如可转换债券。

三、企业债券的分类

(一) 信用企业债券、抵押企业债券和保证企业债券

按有无担保分类,企业债券可分为信用企业债券、抵押企业债券和保证企业债券。

信用企业债券又称为无担保企业债券,是指企业仅凭信用发行的企业债券。一般来说,只有那些实力雄厚、盈利多、信誉好、知名度高的大企业才有资格发行这种债券,并能吸引众多的投资者。

抵押企业债券是指发债企业对其发行的债券以企业的有形资产作为担保、保证按期还本付息的债券。如果发债企业到期不能还本付息,可依法处理抵押品,以保证债券投资者的本息得以偿付。

保证企业债券是指发债企业债务的偿还由第三方做担保而发行的债券,担保人在债券背面背书予以确认。

(二) 可提前赎回企业债券和不可提前赎回企业债券

按是否可提前赎回分类,企业债券可分为可提前赎回企业债券和不可提前赎回企业债券。

可提前赎回企业债券是指发债企业可在债券到期前购回其发行的全部或部分债券。

不可提前赎回企业债券是指只能一次到期还本付息的企业债券。

(三) 附有选择权的企业债券和未附选择权的企业债券

按是否给予投资者选择权分类,企业债券可分为附有选择权的企业债券和未附选择权的企业债券。

附有选择权的企业债券,是指在一些企业债券的发行中,发行人给予投资者一定的选择权,如可转换企业债券、有认股权证的企业债券和可退还企业债券。

未附选择权的企业债券,是指债券发行人未给予投资者上述选择权的企业债券。

(四) 企业债券、公司债券、中期票据和短期融资券

由于我国独特的市场发展历史和监管体制,我国的企业债券可分为:企业债券、公司债券、中期票据和短期融资券。

企业债券在国外通常称为公司债券,其原因在于国外企业法人多为公司形式,公司是发行债券的主体,而我国则存在大量具有法人资格而未采用公司形

态的企业和少数虽采用公司名称但并非依照《公司法》规范设立与运作的企业，这些企业也可发行债券。

企业债券是指企业依照法定程序发行、约定在一定期限内还本付息的有价证券，发行期限一般在3—20年，以10年为主。

公司债券是指上市公司依照法定程序发行、约定在一年以上期限内还本付息的有价证券，发行期限一般在3—10年，以5年为主。

中期票据是指具有法人资格的非金融企业在银行间债券市场按计划分期发行的、约定在一定期限内还本付息的债务融资工具，发行期限一般为2—10年，以5年为主。

短期融资券是指具有法人资格的非金融企业，依照规定的条件和程序在银行间债券市场发行并约定在一定期限内还本付息的有价证券，发行期限不超过一年。

四、中国企业债券的种类

由于历史和制度的原因，目前中国的企业债券市场分成了企业债券（狭义）、公司债券、中期票据和短期融资券四类。

这四大类企业债券的相关概念和比较见表2.1。

表2.1　中国企业债券市场分类

	监管单位	发行制度	发行主体	发行管理体制
企业债券	发改委	核准制	具有法人资格的企业	发行企业向发改委提交发行申请，经核准并通过人民银行和证监会会签后，下达发行批文。人民银行核准利率，证监会对证券公司类承销商进行资格认定和发行与兑付的风险评估
公司债券	证监会	核准制	上市公司	发行公司债券应符合《公司法》和《公司债券发行试点办法》规定的条件，经证监会核准后方可发行
中期票据	交易商协会	注册制	具有法人资格的非金融企业	发行人提供关于债券发行本身及与债券发行有关的信息，向交易商协会注册
短期融资券	交易商协会	注册制	具有法人资格的非金融企业	发行人提供关于债券发行本身及与债券发行有关的信息，向交易商协会注册

五、企业债券

（一）企业债券概述

企业债券，是指企业依照法定程序公开发行并约定在一定期限内还本付息的有价证券，包括依照公司法设立的公司发行的公司债券和其他企业发行的企业债券。这里的企业债券是狭义的企业债券，指由发改委审核批准发行的企业债券，不包括由证监会审核批准的上市公司发行的公司债券。

（二）发行企业债券的条件

发行企业债券，需满足以下条件：

第一，股份有限公司的净资产不低于人民币3 000万元，有限责任公司和其他类型企业的净资产不低于人民币6 000万元。

第二，累计债券余额不超过企业净资产（不包括少数股东权益）的40%。

第三，最近三年平均可分配利润（净利润）足以支付企业债券一年的利息。

第四，筹集资金的投向符合国家产业政策和行业发展方向，所需相关手续齐全。用于固定资产投资项目的，应符合固定资产投资项目资本金制度的要求，原则上累计发行额不得超过该项目总投资的60%。用于收购产权（股权）的，比照该比例执行。用于调整债务结构的，不受该比例限制，但企业应提供银行同意以债还贷的证明；用于补充营运资金的，不超过发债总额的20%。

第五，债券的利率由企业根据市场情况确定，但不得超过国务院限定的利率水平。

第六，已发行的企业债券或者其他债务未处于违约或者延迟支付本息的状态。

第七，最近三年没有重大违法违规行为。

（三）发行企业债券的程序

发行企业债券的流程一般包括以下八个步骤：

第一，做出发行债券的决议。决议包括：发行债券的名称、债券募集资金的用途、债券总额和债券的票面金额、债券利率的确定方式、还本付息的期限和方式、债券的发行价格、发行的起止日期等内容。

第二，制定发行债券的章程。债券发行章程应包括以下内容：发行企业的名称、地址及承销法人代表；发行企业的经营管理情况简介；发行企业的自有资产净值；发行债券的目的、用途；发行债券的效益预测；发行债券的总面额、票面额及发行价格；债券的票面利率、期限及还本付息的方式；债券发行的对象及地区范围；债券发行的起止日期；承销机构的名称、地址及承销方式；债券还本付息的资金来源及担保者;其他需要说明的事项等。

第三,办理债券等级评定手续。发行企业应向债券管理部门指定的资信评估机构申请办理债券等级评定手续。一般只有在资信评估机构出具的债券等级证明为 A 级以上时,才允许企业正式提出发行申请。债券的信用等级对于发行企业和债券购买者都具有重要影响。

第四,提出发行债券申请。有项目和符合一定条件的企业将发行债券申请通过当地发改委向上一级发改委逐级申报,省发改委对所有符合条件的企业根据项目情况进行初选,并上报国家发改委。对认定比较好的企业要到实地落实担保情况和项目进展情况,再正式报批国家发改委,并当面进行汇报。未经批准,企业不得发行债券。管理部门依据法律、法规对债券发行申请予以审查。对符合法律规定的债券批准发行;对已做出的批准,若发现不符合法律规定的应予撤销,尚未发行的企业债券停止发行,已经发行的企业应向认购人退还所缴款项并加算银行同期利息。

第五,公告债券募集办法。根据我国法律的规定,企业债券募集办法中应当载明下列主要事项:企业名称;债券总额和债券的票面金额;债券的利率;还本付息的期限与方式;债券发行的起止日期;企业净资产额;已发行而尚未到期的企业债券总额;企业债券的承销机构等。企业制定好债券募集办法后,应按当时和当地通行、合理的方法向社会公告。

第六,签订承销合同。在承销合同中应载明以下主要事项:当事人、双方的名称、地址及法人代表;承销债券的名称、总面额及发行价格;承销方式;债券发行及承销的起止日期;承销付款的日期及方式;承销商收取的费用额及支付日期与支付方式;未售出债券的处理方法;违约责任;其他需要约定的事项等。

第七,发售债券。承销机构按照合同规定,在发行期内向投资者发售债券。投资者直接向承销机构付款购买,承销机构代为收取债券款,交付债券。企业债券应在置备的企业债券存根簿中登记有关事项。

第八,收进债券款。到债券发售期截止日,扣除承销机构应得的手续费后,发行企业向承销机构收缴债券款项,债券发行即告结束。

案例

三峡总公司的企业债券融资

提到中国企业债券市场,不能不提及中国长江三峡工程开发总公司(以下简称"三峡总公司"),其发行的三峡债券是中国企业债券市场的一个典型代表和龙头产品。

(一)三峡总公司企业债券发行情况概览

三峡总公司对企业债券融资可谓情有独钟,自1997年成功发行"96三峡债",截至2009年,总共发行了9期12种企业债券,累计融资达345亿元,企业债券成为三峡工程建设的一个重要融资工具,见表2.2。

表2.2 三峡总公司企业债券发行情况

债券名称	发行日期	期限	利率	额度	信用评级
96三峡债	1997年2月28日	3年	11%	10亿	中诚信国际信用评级有限责任公司综合评定,级别为AAA
98三峡债	1999年1月18日	3年	5.6%	10亿	
		8年	6.2%	10亿	
99三峡债	2000年7月25日	10年	基准利率+1.75%	30亿	
01三峡债	2001年11月8日	10年	基准利率+1.75%,发行首年利率4%	20亿	
		15年	5.21%	30亿	
02三峡债	2002年9月20日	20年	4.76%	50亿	
03三峡债	2003年8月1日	30年	4.86%	30亿	
06三峡债	2006年5月11日	20年	4.15%	30亿	
07三峡债	2007年6月26日	10年	4.98%	25亿	
09三峡债	2009年4月8日	5年	3.45%	70亿	
		7年	4.05%	30亿	

注:基准利率为发行首日和其他各计息年度起息日适用的中国人民银行公布的一年期整存整取定期储蓄存款利率。

(二)企业债券品种的不断创新

三峡总公司在通过企业债券实现融资的同时,更为可贵的是,在企业债券的品种设计方面不断创新,很大程度上推动了中国企业债券市场的发展。

1."96三峡债":首吃螃蟹

我国企业债券的发行始于1984年,但在90年代初,曾出现了一些中短期地方企业债券无法按期兑付的情况,并间接导致了一批新兴信托投资公司破产,1993年的《企业债券管理条例》就是在这种背景下出台的。因而可以说"96三峡债"是在经历过1993年以前的一场大乱后,在中国企业债券市场还不十分成熟的情况下发行的。

不记名实物券形式的"96三峡债",因其3年期,固定利率,可自由上市流通以及准国债的信誉级别,受到了投资者的欢迎,并打破了中国企业债券市场多年来的沉寂,为中国企业债券市场带来了新的生机。同时从三峡总公司角度看,发行三峡企业债券不仅开辟了新的筹资渠道,降低了筹资成本,而且对树立三峡总公司的企业形象,规范三峡总公司的企业行为,加快总公司现代企业制度的建设步伐,都具有积极而深远的意义。

2. "98三峡债":我国第一只附息式企业债券

"98三峡债"的总发行规模为人民币20亿元,分3年期和8年期两种,规模各10亿元。其中,3年期按单利计息,到期一次还本付息,这是我国企业债券付息方式一贯采用的方法;而8年期债券为创新品种,每年付息一次,到期一次还本,这是我国第一只附息式企业债券。

这一付息方式的改变有利于提高长期债券的投资价值。对于投资者来说,长期债券由于期限长,不确定因素多,投资的风险较大。发行人要想获得投资者的认可,需减少和分散投资的风险,提高债券的收益率。每年付息的方式与一次还本付息的方式比较,前者可以在票面利率相同的情况下提高债券的实际收益率。而且附息式企业债券更适合企业债券的上市交易,提高债券的流动性。

3. "99三峡债":我国首只浮动利率企业债券

三峡总公司于2000年7月发行的"99三峡债"改变了过去我国企业债券固定利率的一贯做法,采取浮动利率,因此成为我国首只浮动利率企业债券。此前只有国债和金融债券才采取浮动利率,"99三峡债"意味着继国债、金融债券之后,中国企业债券中第一次出现了与市场接轨的浮动利率债券。

针对长期债券时间跨度大和债券发行时对市场利率处于历史低点的判断,三峡总公司在债券利率方式上大胆创新,采取以银行存款利率为基准的浮动利率方式,能够使公司和投资者共同承担未来利率变动的风险,提高投资者对于长期债券的认同程度。而发行浮动利率债券要求发行企业有更强的利率风险管理能力,也足见三峡总公司对企业财务风险管理的信心和勇气。

4. "01、02三峡债":融资规模的不断扩大

2001年,三峡总公司发行了"01三峡债",该期企业债券发行总规模高达50亿元,包括20亿元的浮动利率债券品种和30亿元的固定利率债券品种,50亿元的发行规模再次刷新了我国单期企业债券融资规模的市场记录。

2002年，三峡总公司发行的"02三峡债"本期债券与"01三峡债"的总融资规模相同，但因"01三峡债"为同期发行两种债券，总融资规模为50亿元，因而"02三峡债"的发行创下了单期单种企业债券发行规模达50亿元的新纪录。在如此庞大的融资规模下，"01三峡债"和"02三峡债"仍受到市场投资者的热情认购，足以说明投资者对三峡总公司市场信用和未来盈利能力的信心。而从三峡总公司角度看，在项目初期的净投入阶段，公司顺利获得了长期稳定的资金来源。

5. "03三峡债"：期限设计再创新

我国传统的企业债券期限结构以3年期、5年期为主，"98、01、02三峡债"的期限分别为8年、15年和20年，这些都是当时企业债券市场期限最长的品种，而"03三峡债"高达30年的期限，再次引起了市场的关注，创下了我国企业债券发行历史上期限最长的纪录。

从三峡总公司讲，通过债券发行的期限创新，将不同期限企业债券进行组合发售，有利于企业实现长短期资金来源期限结构的合理化。但总体上，三峡总公司发行的企业债券期限较长，这主要是由三峡工程投资建设周期较长决定的。同时，当企业判断市场资金成本较低时，通过发行长期企业债券，尤其是发行长期固定利率债券，有利于企业规避市场利率风险，降低直接融资的成本。

6. "06三峡债"：实现无担保企业债券"零"的突破

债券本质上是信用产品，甚至可以说发行债券就是发行"信用"。信用水平不同，筹资成本就有差异。因此，为债券定价，很大程度上是为企业的信用定价。但很长时间以来，我国监管部门要求企业发行债券时必须提供担保，发债人的信用基本被忽略掉了，债券评级实际上变成主要是为担保人评级。

2006年，我国企业债券市场上，最引人注目的当属首只无担保企业债券"06三峡债"的面市。2006年5月11日，三峡总公司成功发行了30亿元的20年期企业债券。与以往不同的是，这只债券没有由任何银行或机构担保，是第一只真正意义上凭借企业自身信用发行的无担保债券，结束了中国企业债券发行必须有担保的历史，实现了企业债券向信用产品的本质回归。

那么为什么"06三峡债"可以向债券担保说"不"呢？

首先，从外部条件看，进行无担保债券的试点是主管部门为推动我国债券市场化发展做出的一次选择。

其次，经过多年运营，三峡总公司已经具备了不依赖担保便可以获得较高信用级别的能力。作为大型发电企业，三峡总公司主业突出，财务结构良好，拥有大量优质的水电资产，项目本身符合国家产业政策，具有较强的现金流产出和盈利能力。而且"06三峡债"是三峡机组发电之后三峡总公司发行的第一笔企业债券,债券期限20年,还本日期为2026年。届时,三峡工程和金沙江下游四个梯级电站项目将全部竣工,三峡总公司水电装机容量将超过6 360万千瓦,年发电量将超过3 000亿千瓦时,仅水力发电业务收入将超过600亿元。因此,依自身实力,三峡总公司足以按期偿还到期债务。

再次,三峡总公司通过长期滚动债务融资,在市场上已经树立了良好的形象和完整的信用记录,具有坚实的投资者基础和强大的市场影响力。

(三) 三峡总公司企业债券融资的分析

自1997年成功发行"96三峡债",截至2009年,三峡总公司总共发行了9期12种企业债券,累计融资达345亿元,并创造了中国企业债券市场的多项第一。那么,为何三峡总公司如此钟情于企业债券融资呢?

1. 企业债券资金流特点与三峡项目资金流相互匹配

三峡工程是一个多目标开发的水利枢纽工程,在融资上有以下特点:项目工期长,投资规模较大,且资金需求不均衡,发电前期资金缺口大,发电后有比较稳定、充足的现金流入。这一项目的现金流特点最适合在项目建设期通过发行企业债券募集中长期的建设资金,而项目未来可实现的稳定的现金流将足以保证债券的本息兑付。鉴于1997年大江将要实现截流,三峡总公司在1996年就预感到,又一轮资金需求高峰即将到来,而这轮高峰是用政策性投入根本顶不住的。在仔细分析了一些国际大型水电项目的资金运作过程后,三峡总公司最终确定了为滚动开发服务的滚动发债融资方案。

2. 企业债券融资有利于降低企业融资成本,优化企业资本结构

与商业银行贷款相比,三峡总公司发行企业债券的融资成本相对较低,如20年期的"02三峡债",每年按4.76%的固定利率水平向投资者付息,20年期"06三峡债"的年固定利率只有4.15%,而当时我国5年期以上的商业银行贷款年利率已提高至7.83%。

而与股权融资相比,发债主体虽然要向投资人支付固定的利息回报,但债务融资同时向企业提供了税前付息的"税盾"优势,有利于企业融资成本的降低。而且适度比例的债务融资将有利于企业资本结构的优化,在未来项目逐渐走向盈利时,可为股东带来成倍放大的财务杠杆效应。

3. 公司低于同行业的负债率水平,为企业债券的滚动发行提供空间

债券的本息偿还对发债企业来讲将形成财务上的硬约束,一旦企业债券本息支付逾期,将对企业的市场信用造成巨大的负面影响,对企业未来融资也将带来不利影响,因而企业发债时必须充分考虑未来的偿付能力。企业的偿付能力取决于企业未来现金流的情况,同时也取决于企业发债前资产负债率水平的高低。在项目建设之初,因传统银行信贷不愿涉足,三峡总公司的初始资金主

要来自于国家的初始资本金投入,因而企业的负债率远低于同行业平均水平,这为企业滚动发债融资提供了较大的空间。

以2004—2006年为例,三峡总公司的资产负债率水平保持稳定,处于40%左右,见表2.3。而国外同类企业一般将这个比率控制在60%以内。可见在已发行了多期企业债券提高了负债融资比重后,三峡总公司的资产负债率仍维持在一个安全合理的水平。

表2.3　2004—2006年三峡总公司资产负债率

	2004年12月31日	2005年12月31日	2006年12月31日
资产负债率	42.85%	40.38%	36.74%

4. 债券品种的持续创新和成功发行,是提升企业品牌价值的好机会

中央直属企业、国家重点建设工程项目法人单位等,三峡总公司头上的这些光环,为三峡债券镀上了一个耀眼的"金边",即便是在企业发行债券需要国务院特批的1999年和2001年,三峡总公司也稳获发债额度,因而三峡总公司具有发债的天然的高市场信用度。同时,持续的三峡债发行和发行中让人耳目一新的债券品种创新,使每一次三峡债的发行都成为提升企业市场品牌价值的好机会。投资者是三峡总公司的债权人,而每一次投资者都排队争购三峡债券,就是在为企业做活广告。尤其是"96三峡债"、"98三峡债"的成功全部兑付及其他期债券利息的及时全额偿付,使"三峡债"的品牌效应进一步得以提升。这一切都使得三峡债的发行已成为三峡总公司品牌战略的重要组成部分。

六、公司债券

(一) 公司债券概述

公司债券是指上市公司依照法定程序发行、约定在一年以上期限内还本付息的有价证券。

公司债券的发行条款主要有如下要求:

第一,面值与定价。公司债券每张面值100元,发行价格由上市公司与作为保荐人的证券公司通过市场询价确定。

第二,信用评级。对于公司债券的信用评级,在债券有效存续期间,资信评级机构每年至少公告1次跟踪评级报告。

第三,债券的担保。对公司债券发行没有强制性担保要求。若为公司债券提供担保,则应当符合下列规定:担保范围包括债券的本金及利息、违约金、损

害赔偿金和实现债权的费用;以保证方式提供担保的,应当为连带责任保证,且保证人资产质量良好;设定担保的,担保财产权属应当清晰,尚未被设定担保或者采取保全措施,且担保财产的价值经有资格的资产评估机构评估不低于担保金额;符合《物权法》、《担保法》和其他有关法律、法规的规定。

(二) 发行公司债券的条件

上市公司发行公司债券,应当符合下列条件:

第一,公司的生产经营符合法律、行政法规和公司章程的规定,符合国家产业政策。

第二,公司内部控制制度健全,内部控制制度的完整性、合理性、有效性不存在重大缺陷。

第三,经资信评级机构评级,债券信用级别良好。

第四,公司最近一期期末经审计的净资产额应符合法律、行政法规和中国证监会的有关规定。

第五,最近三个会计年度实现的年均可分配利润不少于公司债券一年的利息。

第六,本次发行后累计公司债券余额不超过最近一期末净资产额的40%;金融类公司的累计公司债券余额按金融企业的有关规定计算。

(三) 发行公司债券的程序

上市公司发行公司债券的流程主要包括以下四个步骤:

第一,聘请中介机构。上市公司发行公司债券,必须聘请证券公司担任保荐人,其他还需聘请的中介机构包括会计师事务所、资产评估事务所、资信评级机构、律师事务所等。

第二,公司决议。上市公司申请发行公司债券,应当由公司董事会制订方案,由股东大会对下列事项做出决议;发行债券的数量;向公司股东配售的安排;债券期限;募集资金的用途;决议的有效期;对董事会的授权事项;其他需要明确的事项。

第三,申报与核准。做出决议后,上市公司和保荐人按照中国证监会的有关规定编制和报送发行申请文件。中国证监会依照下列程序审核发行公司债券的申请:收到申请文件后,五个工作日内决定是否受理;中国证监会受理后,对申请文件进行初审;发行审核委员会按照《中国证券监督管理委员会发行审核委员会办法》规定的特别程序审核申请文件;中国证监会做出核准或者不予核准的决定。

第四,发行并上市。发行公司债券,可以申请一次核准,分期发行。自中国证监会核准发行之日起,公司应在六个月内首期发行,剩余数量应当在二十四个月内发行完毕。首期发行数量应当不少于总发行数量的50%,剩余各期发行的数量由公司自行确定。公司债券发行后,可以在证券交易所挂牌交易,也可以进入银行间债券交易市场交易流通。

案例

苏州高新公司债券融资

苏州新区高新技术产业股份有限公司是一家上市公司,股票简称:苏州高新,股票代码:600736。苏州高新经营范围为:高新技术产品的投资、开发和生产,能源、交通、通讯等基础产业、市政基础设施的投资,工程设计、施工,科技咨询服务。苏州高新主要从事包括商品房开发、动迁房建设、商业地产开发、房产租赁在内的房地产业务和污水处理等基础设施经营以及旅游服务等三大业务,目前业务区域主要集中在苏州高新区。

2009年11月9日,苏州高新成功发行规模为10亿元的公司债券。

(一)公司债券的基本情况

此次公司债券的基本情况见表2.4。

表2.4　苏州高新公司债券的基本情况

债券名称	2009年苏州新区高新技术产业股份有限公司公司债券
债券简称	09 苏高新
债券代码	122035
发行总额	人民币10亿元
面值	人民币100元
期限	存续期限为5年,第3年末附发行人上调票面利率选择权和投资者回售选择权
债券发行批准	经中国证监会证监许可[2009]976号文核准公开发行
发行价格	按面值平价发行
债券利率	本次债券票面利率为5.5%,在债券存续期限前三年固定不变;如发行人行使上调票面利率选择权,未被回售部分债券存续期限后两年票面年利率为债券存续期限前三年票面年利率加上调基点,在债券存续期限后两年固定不变。本次债券采用单利按年计息,不计复利
债券形式	实名制记账式公司债券
信用级别	AA
评级机构	中诚信证券评估有限公司
交易流通	上海证券交易所

（二）募集资金运用

苏州高新将本次债券募集资金全部用于偿还商业银行贷款,该资金使用计划将有利于调整并优化公司负债结构。截至 2009 年 9 月 30 日,发行人母公司短期借款为 24.9 亿元,长期借款为 2.5 亿元,考虑到募集资金实际到位时间无法确切估计,公司将本着有利于优化公司债务结构、尽可能节省公司利息费用的原则灵活安排偿还公司所借银行贷款。

（三）公司债券发行对苏州高新的积极意义

此次公司债券的发行,在以下两个方面对苏州高新有积极意义:

第一,改善苏州高新的负债结构。本次债券发行完成且募集资金运用后,苏州高新合并报表的资产负债率水平将由 2009 年 9 月 30 日的 74.03% 保持不变。长期负债占总负债的比例由 2009 年 9 月 30 日的 21.26% 增至 32.36%。由于长期债权融资比例有较大幅度的提高,苏州高新的债务结构将逐步得到改善。

第二,增强苏州高新的短期偿债能力。本次债券发行完成且募集资金运用后,苏州高新合并报表的流动比率及速动比率将分别由 2009 年 9 月 30 日的 1.45 及 0.37 增加至 1.68 及 0.43。流动比率和速动比率均有了较为明显的提高,流动资产对于流动负债的覆盖能力得到提升,苏州高新的短期偿债能力增强。

七、中期票据

（一）中期票据概述

中期票据是指具有法人资格的非金融企业在银行间债券市场按照计划分期发行的,约定在一定期限内还本付息的债务融资工具。中国银行间市场交易商协会负责受理债务融资工具的发行注册。

中期票据具有如下特点及功能:

第一,中期票据可用于中长期流动资金、置换银行借款、项目建设等。

第二,中期票据的发行期限在 1 年以上。

第三,中期票据最大注册额度为企业净资产的 40%。

第四,中期票据主要是信用发行,接受担保增信。

第五,发行体制比较市场化,发行审核方式为注册制,一次注册通过,在两年内可分次发行。

第六,发行定价比较市场化,中期票据发行利率的确定基于当期市场利率水平。

第七,企业既可选择发行固定利率中期票据,也可选择发行浮动利率中期票据。

企业发行中期票据有以下优势：

第一，与同期贷款利率相比，具有一定的成本优势。

第二，一次注册可分期发行，发行方式较为灵活。

第三，通过直接融资的价格发现机制，能够彰显发行企业自身良好的信用能力。

(二) 发行中期票据的条件

在我国，非金融企业发行中期票据应当满足下列条件：

第一，在中华人民共和国境内依法设立的企业法人。

第二，具有稳定的偿债资金来源，最近一个会计年度盈利。

第三，应依据《银行间债券市场非金融企业债务融资工具注册规则》在交易商协会注册。

第四，中期票据待偿还余额不得超过企业净资产的 40%。

第五，流动性良好，具有较强的到期偿债能力。

第六，发行融资券募集的资金用于本企业生产经营。

第七，近三年没有违法和重大违规行为。

第八，近三年发行的融资券没有延迟支付本息的情形。

第九，具有健全的内部管理体系和募集资金的使用偿付管理制度。

第十，人民银行规定的其他条件。

(三) 发行中期票据的程序

企业发行中期票据主要包括以下几个步骤：

第一，选择主承销商等中介机构。其他还需聘请的中介机构包括会计师事务所、资产评估事务所、资信评级机构、律师事务所等。

第二，配合主承销商开展尽职调查。

第三，确定发行方案。根据企业资金安排和债券市场情况，与主承销商共同确定发行方案。

第四，制作有关文件。主承销商协助发行人准备相关注册材料，然后主承销商组建承销团成员。

第五，向交易商协会提交注册材料。企业将注册文件报送交易商协会注册办公室，按照注册办公室要求解释，补充注册文件。

第六，注册会议决定批准与否。由随机抽取的 5 名注册委员会委员对是否接受企业发行注册做出独立判断。

第七，批准后组织发行。发行人与承销商协商发行日期，并将相关发行文件上网公告，主承销商进行簿记建档工作。

案例

一汽集团中期票据融资

中国第一汽车集团公司是中国三大汽车集团之一,具有生产各类汽车的能力。该公司拥有从汽车研发、整车生产、零部件供应、汽车金融到汽车贸易的完整产业链。

2009年3月9日,一汽集团成功发行规模为100亿元的中期票据。此项融资,是一汽集团第一次利用债券市场进行融资。

(一) 中期票据的基本情况

此次中期票据的基本情况见表2.5。

表2.5 一汽集团中期票据的基本情况

债券名称	中国第一汽车集团公司2009年度第一期中期票据
债券简称	09一汽MTN1
发行总额	人民币100亿元
债券期限	5年
票面年利率	3.53%
付息频率	12月/次
计息方式	附息式(固定利率)
信用评级	AAA
评级机构	中诚信国际信用评级有限责任公司

(二) 募集资金运用

1. 募集资金目的

第一,降低财务费用,优化债务结构。一汽集团发行中期票据募集资金可以有效地降低企业融资成本,提高直接融资比例,合理调整债务到期时间,改善债务结构。

第二,拓宽融资渠道,增加抗风险能力。一汽集团发行中期票据可以有效地拓宽企业筹资渠道,规避筹资风险,保证现金流持续、稳定、畅通,增强企业抗风险能力。

2. 募集资金用途

第一,偿还银行贷款。截至2008年9月30日,一汽集团的银行贷款合计111.41亿元,其中母公司银行贷款合计52.2亿元。本次中期票据发行所募集资金的60%,即人民币60亿元用于归还银行贷款,以改善资产负债结构,降低财务成本。

第二,其他用途。近年来随着一汽集团各品牌业务快速发展,产销量大幅上升,周转资金规模日益增加。截至2008年9月30日,一汽集团合并应付账款232.84亿元,原材料付款信用期由2007年末的平均60天上升到平均75天左右。经测算,为缩短付款期限,缓解供应商资金压力所需资金约为46亿元。一汽集团拟通过本期票据发行所募集资金的40%,即人民币40亿元用于原材料采购付款,以保障营运资金需求。

(三) 偿债计划

1. 经营活动净现金流是偿付本期中期票据的根本来源。

一汽集团主营业务收入较高,经营性净现金流金额较大,2007年和2008年1—9月经营性净现金流分别为106.5亿元和33.51亿元。经营活动净现金流是偿付中期票据的根本来源。

2. 良好的资信状况,较强的融资能力是到期还款的有力保障。

一汽集团与国内主要银行均保持着良好的合作关系,截至2008年末,一汽集团共获得主要合作银行的授信额度约897.6亿元,未使用授信额度合计767.9亿元。良好的资信状况,较强的融资能力为一汽集团偿还本期中期票据提供了有力的保障。

3. 一汽集团已对本期中期票据所募集资金的使用制定了相应的内部管理制度。

八、短期融资券

(一) 短期融资券概述

短期融资券是指具有法人资格的非金融企业在银行间债券市场发行的,约定在1年内还本付息的债务融资工具。中国银行间市场交易商协会(以下简称交易商协会)负责受理债务融资工具的发行注册。

短期融资券具有如下特点和功能:

第一,短期融资券可用于流动资金周转、置换银行借款。

第二,短期融资券的发行期限最长不超过365天。

第三,短期融资券的最大注册额度为企业净资产的40%。

第四,短期融资券主要是信用发行,接受担保增信。

第五,发行体制比较市场化,发行审核方式为注册制,一次注册通过,在两年内可分次发行。

第六,发行定价比较市场化,短期融资券发行利率的确定主要依据当期市场利率水平。

短期融资券具有如下优势:

第一,与短期贷款相比,在利率方面具有一定的成本优势。

第二,一次注册可分期发行,发行方式较为灵活。

第三,通过直接融资的价格发现机制,能够彰显发行企业自身良好的信用能力。

(二)发行短期融资券的条件

在我国,非金融企业发行短期融资券应当满足下列条件:

第一,是在中华人民共和国境内依法设立的企业法人。

第二,具有稳定的偿债资金来源,最近一个会计年度盈利。

第三,流动性良好,具有较强的到期偿债能力。

第四,发行融资券募集的资金用于本企业生产经营。

第五,近三年没有违法和重大违规行为。

第六,近三年发行的融资券没有延迟支付本息的情形。

第七,具有健全的内部管理体系和募集资金的使用偿付管理制度。

第八,中国人民银行规定的其他条件。

(三)发行短期融资券程序

企业发行短期融资券主要包括以下步骤:

第一,选择主承销商等中介机构。其他还需聘请的中介机构包括会计师事务所、资产评估事务所、资信评级机构、律师事务所等。

第二,主承销商协助企业准备相关材料。主承销商根据企业现金流状况,与企业共同商讨确定当年融资券发行总额度,并按照《企业短期融资券管理办法》要求,协助企业尽快准备向中国人民银行备案需要提交的各项材料。

第三,材料上报人行备案审批。中国人民银行自受理符合要求的备案材料之日起20个工作日内,根据规定的条件和程序对企业发行融资券进行备案,并下达备案通知书。

第四,融资券发行。接到人行备案通知书后,由主承销商组织承销团,根据企业现金流要求,确定各期融资券发行时间或自主选择发行时机,根据发行时机及对未来利率走势的判断,确定发行的期限品种。

第五,发行工作结束后的信息披露等后续工作。融资券在债权债务登记日的次一工作日,即可以在全国银行间债券市场流通转让。主承销商等协助做市,进一步加强所承销企业短期融资券的流动性,并按照规定进行信息披露。

第六,到期按时还本付息。企业应当在融资券本息兑付日5个工作日前,通过中国货币网和中国债券信息网公布本金兑付和付息事项。企业须按照规定的程序和期限,将兑付资金及时足额划入中央结算公司指定的资金账户,由中央结算公司向融资券投资人支付本息。主承销商需在融资券兑付工作结束后10个工作日内,将融资券兑付情况书面报告中国人民银行。

案例

横店集团短期融资券融资

横店集团控股有限公司,是一家以电子电气、医药化工和影视娱乐为主导产业的特大型民营企业集团。

2005年11月10日,横店集团成功发行规模为10亿元的短期融资券,成为首家发行短期融资券的民营企业。

(一) 横店集团具备发行短期融资券的实力

2005年5月24日,中国人民银行发布相关法规,允许符合条件的企业在银行间债券市场向合格机构投资者发行短期融资券,我国企业短期融资券市场正式启动。

作为一种新的融资工具,短期融资券具有实行备案制、无需担保、定价市场化、发行程序简便等优点,因此,受到企业和市场投资者的推崇。同时,这些特点也决定了发债企业应有较高的市场信用评级,企业资产须具有较强的流动性以保证其偿债能力。这也是自2005年5月首批短期融资券发行后半年内,发行主体主要集中于具有大型中央企业背景的企业的重要原因。

而横店集团作为一家民营企业,成功发行短期融资券,拔得民营企业发行短期融资券的头彩,无疑与其企业本身实力是分不开的。

1. 收入与盈利能力分析

2002—2004年,横店集团的主营业务收入和净利润无论在规模上还是增长速度上,都非常可观,见表2.6。

表2.6 2002—2004年横店集团的主营业务收入与净利润

	2002年	2003年	2004年
主营业务收入	56.58亿	70.86亿	84.41亿
净利润	6.07亿	6.81亿	7.13亿

总体来看,横店集团的主营业务收入实现年均20%的速度增长,而且随着三大主题公园的建设,预计公司影视基地拍摄、影视旅游以及影视制作的收入将会大幅提高,影视板块的毛利率将会继续上升,从而将带动公司主营业务收入增加,公司盈利水平也将保持快速增长态势。

2. 短期偿债能力分析

另外,短期融资券作为短期融资工具,对企业资产的流动性有更高要求,因此我们进一步分析横店集团短期偿债能力,见表2.7。

表2.7　2002—2004年横店集团短期偿债能力财务指标

	2002年	2003年	2004年
资产负债率	51.62%	52.10%	51.65%
流动比率	1.30	1.26	1.21
速动比率	1.12	1.09	1.02
利息保障倍数	2.24	2.84	2.89

从资产负债率来看,2002—2004年,横店集团为满足公司业务发展的需要,通过短期借款的周转和信贷规模的扩大来满足资金需求。在负债规模扩大的同时,因公司经营状况良好,主营业务收入增长迅速,盈利能力提高,公司总资产和总负债基本同步上升,从而使公司的资产负债率处于平稳态势,一直保持在适中水平。

从流动比率和速动比率来看,2002—2004年,虽然略有下降,但均保持在安全水平之上。

从利息保障倍数来看,2002—2004年,横店集团的经营性净现金流保持在较高的水平且增长迅速,因此,具有较高的利息保障倍数。

另外,在短期融资券发行前,横店集团尚余各类银行授信额度10.8亿元,总体上,公司外部资金来源较为充足,良好的外部融资能力为企业发行短期融资券提供了良好的条件。

以上分析表明,横店集团具有较强的短期偿债能力。

3. 偿债计划和偿债保障措施

为了履行短期融资券到期偿还本息的义务,公司还制订了详细的偿债计划,采取了多项有效的偿债保障措施。

偿债计划为:还款前5个月起,横店集团每月从经营性现金流中提取一定比例的偿债准备金,用于支付融资券到期本息,并通过调整资金流出规模,提高盈余资金数量,进一步确保偿债能力。

偿债保障措施为:横店集团承诺待公司发行短期融资券成功后,将加强对所融资金使用和公司日常经营的监控,并努力通过提高营运效率以弥补公司流动资金的不足。同时,公司将继续严格执行财务管理制度,加强对下属企业财务的集约管理,改善公司资产的质量,特别是保证流动资产的及时变现能力。

(二)横店集团短期融资券的基本情况

经中国人民银行备案,横店集团于2005年11月10日在全国银行间市场发行规模为10亿元人民币的"2005年横店集团控股有限公司短期融资券(第一期)"。

此次短期融资券的基本情况见表2.8。

表2.8 横店集团短期融资券的基本情况

发行总额	人民币10亿元
面值	人民币100元
期限	364天
发行价格	采取贴现发行方式,通过簿记建档方式招标确定
发行方式	簿记建档方式
兑付价格	按面值兑付
兑付方式	到期利随本清
债权登记日	2005年11月11日
兑付日	2006年11月10日
发行对象	全国银行间债券市场的机构投资者
形式	采用实名记账方式,在中央结算登记公司进行登记托管
担保	无担保
承销方式	承销团以承购包销方式承销本期短期融资券
信用评级	A1+级,为最强的债务偿还能力
评级机构	大公国际资信评估有限公司
交易流通	在全国银行间债券市场交易流通
募集资金用途	公司的流动资金周转,弥补企业日常运营的资金缺口

2005年11月10日,横店集团的短期融资券成功发行,通过招标最后确定发行价格为97.16元,融资成本率为2.93%,即使加上发行费用,与1年期银行短期流动资金贷款的基准利率仍有2%左右的利差优势。

第六节 国际债券

一、国际债券的定义

国际债券是由一国政府、金融机构、工商企业在国外金融市场上发行或者国际组织在一国金融市场上发行的,以外国货币标明面值的债券。

国际债券的发行人和投资者属于不同的国家,债券发行人属于一个国家,而发行地点在另一个国家,且债券面额不用发行者所在国的货币计值,而是以外币计值。

二、国际债券的特点

国际债券具有如下四个特点:

第一,筹资面广。国际债券在国际金融市场上发行,筹资对象广泛,市场潜力巨大。

第二,期限长、数额大、使用不受限制。通过国际债券所筹集的资金,都是数额大且期限较长的长期资金,偿还期一般在 10 年,最长者达 25 年以上。国际债券也没有附加条件,资金使用比较自由。

第三,安全性高。国际债券的发行人主要是各国政府、国际组织或一些大公司,其信用等级较高,而且通常还可以得到一个主权国家普通责任能力或"付款承诺"的保证,因此安全性较高。

第四,存在汇率风险。国际债券的计价货币通常是国际通用货币,发行人筹集到的资金是一种可通用的自由外汇资金,汇率一旦发生波动,发行人和投资者都有可能蒙受损失或得到收益,因此国际债券存在汇率风险。

三、国际债券的分类

根据债券发行时所用货币与发行地点的不同,国际债券可分为外国债券和欧洲债券。

(一) 外国债券

外国债券是一国政府、金融机构、工商企业在国外金融市场上或者国际组织在一国金融市场上发行的,以所在国货币计值的债券。

一般来说,外国债券偿还期限长,所筹资金可以自由运用。但是由于其发行会引起两国之间的资金流通,发行时一方面要受到本国外汇管理条例的制约,另一方面还要得到发行地所在国货币当局的批准,遵守当地有关债券的管理规定,因此,手续比较繁琐,限制也比较多。

目前世界上主要的外国债券市场在美国、日本、瑞士和德国。外国债券主要有扬基债券、武士债券和龙债券。

1. 扬基债券

扬基债券是在美国债券市场上发行的外国债券,即美国以外的政府、金融机构、工商企业和国际组织在美国国内市场发行的、以美元为计值货币的债券。"扬基"一词英文为"Yankee",意味"美国佬",由于在美国发行和交易的外国债券都是同"美国佬"打交道,故名扬基债券。

扬基债券具有如下几个特点:第一,期限长。扬基债券的期限通常为5—7年,一些信誉好的大机构发行的扬基债券期限甚至可达20—25年。第二,数额大。近年来,扬基债券发行额平均每次都在7 500万到1.5亿美元之间,有些大额发行甚至高达几亿美元。第三,发行者以外国政府和国际机构为主,投资者以人寿保险公司、储蓄银行等机构为主。第四,无担保发行数量比有担保发行数量多,但非常重视信用评级,因为评级结果与债券销售有密切的关系。

扬基债券存在的时间已经很长,但在20世纪80年代以前,扬基债券的发行受到美国政府十分严格的控制,发行规模不大。20世纪80年代中期以来,美国国会通过了证券交易修正案,简化了扬基债券发行手续,之后,扬基债券市场有了一定的发展。

2. 武士债券

武士债券是在日本债券市场上发行的外国债券,即日本以外的政府、金融机构、工商企业和国际组织在日本国内市场发行的以日元为计值货币的债券。"武士"是日本古时的一种很受尊敬的职业,后来人们习惯将一些带有日本特性的事物同"武士"一词连用,武士债券也因此得名。

武士债券均为无担保发行,典型期限为3—10年,一般在东京证券交易所交易。

武士债券的发行晚于扬基债券,第一笔武士债券发行于1970年,早期武士债券的发行者主要是国际机构。1973—1975年,由于受到世界石油价格暴涨的影响,日本国际收支恶化,武士债券的发行相应中断。20世纪80年代以后,日本贸易出现巨额顺差,国内资金充裕,日本放宽了对外国债券发行的限制,武士债券发行量大幅度增加。

3. 龙债券

龙债券是以非日元的亚洲国家或地区货币发行的外国债券。

龙债券是东亚经济迅速增长的产物。从1992年起,龙债券得到了迅速发展。龙债券在亚洲地区挂牌上市,其典型偿还期限为3—8年。龙债券对发行人的资信要求较高,一般为政府及相关机构。龙债券的投资人包括官方机构、中央银行、投资基金及个人投资者。

(二) 欧洲债券

欧洲债券是一国政府、金融机构、工商企业在国外金融市场上或者国际组织在一国金融市场上发行,以第三国货币计值的债券。

欧洲债券的发行人、发行地以及面值货币分别属于三个不同的国家。例如,法国一家机构在英国债券市场上发行的以美元为面值的债券即为欧洲债券。

欧洲债券产生于20世纪60年代,此后得到了迅速的发展,目前已成为最大的国际债券种类。欧洲债券市场之所以对投资者和发行者来说有如此巨大的魅力,主要由于如下优点:

第一,欧洲债券市场是一个完全自由的市场,债券发行较为自由灵活,既不需要向任何监督机关登记注册,又无利率管制和发行数额限制,还可以选择多种计值货币。

第二,发行欧洲债券筹集的资金数额大、期限长,而且对财务公开的要求不高,方便筹资者筹集资金。

第三,欧洲债券通常由几家大的跨国金融机构办理发行,发行面广,手续简便,发行费用较低。

第四,欧洲债券的利息收入通常免交所得税。

第五,欧洲债券以不记名方式发行,并可以保存在国外,可以满足一些希望保密的投资者的需要。

第六,欧洲债券安全性和收益率高。欧洲债券发行者多为大公司、各国政府和国际机构,它们一般都有很高的信誉,对投资者来说是比较可靠的。同时,欧洲债券的收益率也较高。

第七节 债券交易市场

一、债券交易市场概述

目前,中国债券交易市场由全国银行间债券市场、证券交易所债券市场和商业银行柜台债券市场三个市场构成,见图2.1。

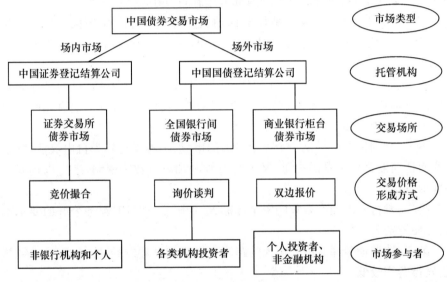

图 2.1 中国债券市场架构

（一）银行间债券市场

银行间债券市场是指依托于中国外汇交易中心暨全国银行间同业拆借中心和中央国债登记结算公司的,商业银行、农村信用联社、保险公司、证券公司等金融机构,进行债券买卖和回购的市场。经过近几年的迅速发展,银行间债券市场目前已成为我国债券市场的主体部分。

在银行间债券市场的债券交易中,机构投资者以询价和双边报价方式进行大宗批发交易,全国银行间同业拆借中心为债券交易提供报价服务,中央结算公司办理债券的登记、托管和结算。

（二）证券交易所债券市场

证券交易所债券市场是指各类投资者(包括机构和个人)通过交易所撮合成交系统进行零散债券集中交易的场内市场,中国证券登记结算公司上海、深圳分公司分别负责上交所和深交所的债券托管和结算。

证券交易所债券市场包括上海证券交易所和深圳证券交易所两个债券市场,投资者实行会员制,市场参与者主要包括证券公司、基金公司、保险公司、企业和个人投资者。

(三) 商业银行柜台债券市场

商业银行柜台债券市场是指利用银行营业网点的优势,设立在营业柜台面向社会公众投资者(个人或众多企业投资者)办理债券交易的市场。目前,主要包括凭证式国债市场和记账式国债柜台交易市场。

个人和中小企、事业单位按照商业银行柜台挂出的债券买入价和卖出价进行债券买卖,商业银行总行为投资者办理债券的登记、托管和结算。

二、债券交易市场发展沿革

中国债券交易市场的发展主要经历了三个阶段:

第一,以柜台市场为主的阶段(1988—1992年)。1988年初7个城市金融机构柜台进行国债流通的试点,随后在全国61个城市进行推广,这是我国债券流通市场的正式开端。1991年初,国债实现在全国400个地、市级以上的城市进行流通转让。

第二,以场内市场为主的阶段(1992—1997年)。1992年国债现货开始进入交易所交易,国债回购、国债期货相继出现。20世纪90年代初各地交易中心虚假交易盛行,风险突出,1995年进行整顿后债券交易主要在交易所进行。

第三,以场外市场为主的阶段(1997年至今)。1997年6月商业银行退出交易所市场,全国银行间债券市场形成。2002年,推出了商业银行柜台记账式国债交易业务。发展至今,银行间市场已覆盖各类机构投资者,交易规模不断扩大,交易品种不断增加,以场外市场为主的债券市场格局已基本形成。

三、市场监管分工

中国债券交易市场的市场监管分工主要分为功能监管和机构监管。

功能监管方面:人民银行主要负责监督管理银行间债券市场(发行活动和交易活动)、协调国债发行管理、授权交易商协会对非金融企业债务融资工具注册管理;证监会主要负责监督管理交易所债券市场、公司债券的发行管理;发改委主要负责企业债券发行管理。

机构监管方面:银监会、证监会、保监会对所监管机构的债券发行、交易行为进行监管。

四、交易主体

银行间债券市场的交易主体涵盖了主要的投资者,包括:商业银行及其授权分行、城乡信用社、境内外资金融机构、境外合格机构投资者、证券公基金管理公司、各类证券投资基金、保险公司、信托公司、财务公司、租赁公司等其他非银行金融机构、社保基金、住房公积金、企业年金等其他债券投资主体、企事业单位。

交易所债券市场的交易主体包括:除商业银行、信用社以外的机构投资者和个人投资者。

柜台债券市场的交易主体包括:个人、企事业单位等中小投资者。

五、可流通债券品种

在债券交易市场中,三个市场的可流通债券的品种各不相同。

银行间债券市场的交易品种包括:国债、央行票据、政策性金融债券、金融债券、短期融资券、中期票据、企业债券、国际开发机构债、资产支持证券。

交易所债券市场的交易品种包括:国债、企业债券、可转换债券、公司债券。

柜台债券市场的交易品种包括:储蓄国债、记账式国债。

六、交易工具种类

在债券交易市场中,三个市场的交易工具种类也各不相同。

银行间债券市场的交易工具包括:现券买卖、质押式回购、买断式回购、远期交易、利率互换、债券借贷、远期利率协议。

柜台债券市场的交易工具主要是现券买卖。

交易所债券市场的交易工具包括:现券买卖、标准券回购、买断式回购。

思考题

1. 债券有哪些常见的种类?
2. 比较凭证式国债和记账式国债的发行。

3. 与其他债券相比,央行票据有何独特性?
4. 什么是金融债券?
5. 比较企业债券、公司债券、中期票据和短期融资券。
6. 比较外国债券和欧洲债券。
7. 试述中国债券交易市场。

第三章

证券投资基金市场

本章概要

本章介绍证券投资基金市场。第一节介绍证券投资基金的定义、特征、当事人、市场服务机构和种类;第二节介绍证券投资基金的运作管理;第三节介绍股票基金的概念和运作;第四节介绍债券基金的概念和运作;第五节介绍货币市场基金的概念和运作;第六节介绍混合基金的概念和运作。

学习目的

了解证券投资基金、股票基金、债券基金、货币市场基金、混合基金的概念和类型;理解证券市场基金、股票基金、债券基金、货币市场基金、混合基金的类型;掌握证券市场基金、股票基金、债券基金、货币市场基金、混合基金的运作。

第一节　证券投资基金概述

一、证券投资基金的定义

证券投资基金是指通过发售基金份额,将众多投资者的资金集中起来,形成独立财产,由基金托管人托管,基金管理人管理,以投资组合的方式进行证券投资的一种利益共享、风险共担的集合投资方式。见图3.1。

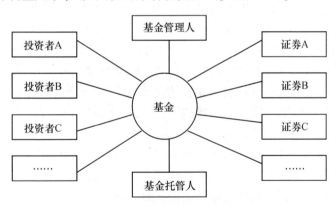

图3.1　证券投资基金的定义

国际证监会组织(IOSCO)在总结各国基金的共性后,将证券投资基金通称为"集合投资计划"(collective investment scheme)。证券投资基金在不同国家或地区称谓也有所不同,在美国被称为"共同基金"(mutual fund),在英国和我国香港被称为"单位信托基金"(unit trust),在日本和我国台湾地区被称为"证券投资信托基金"(investment trust)。

二、证券投资基金的特征

（一）集合理财、专业管理

基金将众多投资者的资金集中起来，委托基金管理人进行共同投资，表现出一种集合理财的特点，通过汇集众多投资者的资金，积少成多，有利于发挥资金的规模优势，降低投资成本。

基金由基金管理人进行投资管理和运作。基金管理人一般拥有大量的专业投资研究人员和强大的信息网络，能够更好地对证券市场进行全方位的动态跟踪与分析。将资金交给基金管理人管理，使中小投资者也能享受到专业化的投资管理服务。

（二）组合投资、分散风险

为降低投资风险，一些国家的法律通常规定，基金必须以组合投资的方式进行基金的投资运作。中小投资者由于资金量小，一般无法通过购买不同的股票分散投资风险。基金通常会购买几十种甚至上百种股票，投资者购买基金就相当于用很少的资金购买了一揽子股票，某些股票下跌造成的损失可以用其他股票上涨的盈利来弥补。因此可以充分享受到组合投资、分散风险的好处。

（三）利益共享、风险共担

基金投资者是基金的所有者，基金投资人共担风险，共享收益。基金投资收益在扣除由基金承担的费用后的盈余全部归基金投资者所有，并依据各投资者所持有的基金份额比例进行分配。为基金提供服务的基金管理人和基金托管人只能按规定收取一定的管理费和托管费，并不参与基金收益的分配。

（四）独立托管、保障安全

基金管理人负责基金的投资操作，本身并不经手基金财产的保管，基金财产的保管由独立于基金管理人的基金托管人负责。这种相互制约、相互监督的制衡机制对基金投资者的利益提供了重要的保护。

（五）严格监管、信息透明

为切实保护投资者的利益，增强投资者对基金投资的信心，各国（地区）基金监管机构都对基金业实行严格的监管，对各种有损投资者利益的行为进行严厉的打击，并强制基金进行及时、准确、充分的信息披露。在这种情况下，严格监管与信息透明也就成为基金的一个显著特点。

三、证券投资基金的当事人

（一）基金投资者

基金投资者即基金份额持有人，是基金的出资人、基金资产的所有者和基金投资收益的受益人。

基金投资者的基本权利包括：对基金收益的享有权、对基金份额的转让权和在一定程度上对基金经营决策的参与权。

（二）基金管理人

基金管理人是基金产品的募集者和基金的管理者，其最主要职责就是按照基金合同的约定，负责基金资产的投资运作，在风险控制的基础上为基金投资者争取最大的投资收益。

基金管理人在基金运作中具有核心作用，基金产品的设计、基金份额的销售与注册登记、基金资产的管理等重要职能一般都要由基金管理人或基金管理人选定的其他服务机构承担。

在我国，基金管理人只能由依法设立的基金管理公司担任。

（三）基金托管人

基金托管人又称基金保管人，是依据基金运行中"管理与保管分开"的原则，对基金管理人进行监督和保管基金资产的机构，是基金持有人权益的代表。

基金托管人的职责主要体现在基金资产保管、基金资金清算、会计复核以及对基金投资运作的监督等方面。

在我国，基金托管人由依法设立并取得基金托管资格的商业银行担任。

四、证券投资基金的市场服务机构

基金管理人、基金托管人既是基金的当事人，又是基金的主要服务机构。除基金管理人与基金托管人外，基金市场上还有许多面向基金提供各类服务的其他服务机构。这些机构主要包括：基金销售机构、注册登记机构、律师事务所、会计师事务所、基金投资咨询公司、基金评级公司等。

（一）基金销售机构

基金销售机构是受基金管理公司委托从事基金代理销售的机构。通常只有大的投资者才能通过基金管理公司进行基金份额的直接买卖，普通投资者只能通过基金代销机构进行基金的买卖。在我国，只有中国证监会认定的机构才能从事基金的代理销售。目前，商业银行、证券公司、证券投资咨询机构、专业基金销售机构以及中国证监会规定的其他机构,均可以向中国证监会申请基金代销业务资格,从事基金的代销业务。

(二)注册登记机构

基金注册登记机构是指负责基金登记、存管、清算和交收业务的机构。具体业务包括投资者基金账户管理、基金份额注册登记、清算及基金交易确认、发放红利、建立并保管基金份额持有人名册等。目前,在我国承担基金份额注册登记工作的主要是基金管理公司自身和中国证券登记结算有限责任公司。

(三)律师事务所和会计师事务所

律师事务所和会计师事务所作为专业、独立的中介服务机构,为基金提供法律、会计服务。

(四)基金投资咨询公司与基金评级机构

基金投资咨询公司是向基金投资者提供基金投资咨询建议的中介机构;基金评级机构则是一类向投资者以及其他参与主体提供基金资料与数据服务的机构。

五、证券投资基金的种类

(一)契约型基金与公司型基金

依据法律形式的不同,证券投资基金可以分为契约型基金与公司型基金。

契约型基金依据投资者、基金管理人、基金托管人之间所签署的契约合同而设立,基金投资者的权利主要体现在基金合同的条款上,而基金合同条款的主要方面通常由基金法律来规范。

公司型基金依据基金公司章程设立,在法律上是具有独立法人地位的股份投资公司。公司型基金以发行股份的方式募集资金,投资者购买基金公司的股份后,成为基金公司的股东。

契约型基金与公司型基金的主要区别见表3.1。

表3.1 契约型基金与公司型基金的区别

	契约型基金	公司型基金
法律主体资格	不具有法人资格	具有法人资格
投资者的地位	投资者购买基金份额后成为基金合同的当事人之一	投资者购买基金公司的股份后成为该公司的股东
基金的营运依据	依据基金合同营运基金	依据基金公司章程营运基金

我国目前的证券投资基金都是契约型基金。公司型基金的典型代表是美

国的共同基金。

（二）封闭式基金与开放式基金

根据运作方式的不同,证券投资基金可以分为封闭式基金与开放式基金。

封闭式基金是指基金份额在基金合同期限内固定不变,基金份额可以在依法设立的证券交易所交易,但基金投资者不得申请赎回的一种基金运作方式。

开放式基金是指基金份额不固定,基金份额可以在基金合同约定的时间和场所进行申购或者赎回的一种基金运作方式。

封闭式基金与开放式基金的主要区别见表3.2。

表3.2 封闭式基金与开放式基金的区别

	封闭式基金	开放式基金
期限	一般都有一个固定的存续期	一般没有期限
份额限制	基金份额固定,在封闭期限内未经法定程序认可不能增减	规模不固定,基金投资者可随时提出申请或赎回申请,基金份额会随之增加或减少
交易方式	基金投资者只能在证券交易所出售给第三者,交易在基金投资者之间完成	基金投资者可向基金管理人或其销售代理人提出申购或赎回申请,交易在基金投资者与基金管理人之间完成
价格形成方式	主要受二级市场供求关系的影响,当需求旺盛时,交易价格会超过基金份额净值而出现溢价交易现象,反之则出现折价现象	买卖价格以基金份额净值为基础,不受供求关系的影响
投资策略	封闭期内基金份额固定,因此可根据预先设定的投资计划进行长期投资和全额投资,并将基金资产投资于流动性较差的证券上	由于份额不固定,不时要满足基金赎回的要求,因此必须保留一定的现金资产,并高度重视基金资产的流动性

我国目前封闭式基金和开放式基金共存,目前新设立的基金都要求是开放式基金,封闭式基金都是之前成立现存尚未到期的基金。

第二节 证券投资基金的运作管理

一、产品设计

证券投资基金的产品设计,对于基金具有非常重要的意义。

第一,投资者选择投资于一个基金,事实上是选择一个基金的品种。

第二,基金产品内部的结构性安排,例如投资标的、投资比例、基本投资策略等也在一定程度上决定了投资效果。

(一) 基金产品的设计思路

基金产品的设计,要考虑以下三方面的因素:

第一,确定目标客户,了解他们的风险收益偏好。一种或一类基金产品不可能满足所有投资者的需要。随着市场的发展,投资者的需要也在不断细化。确定具体的目标客户是基金产品设计的起点,它从根本上决定着基金产品的内部结构。

第二,选择与目标客户风险收益偏好相适应的金融工具及其组合。选定目标客户后,接下来就是选择适合目标客户风险收益偏好要求的金融工具和组合进行投资,从而满足目标客户的要求。

第三,考虑基金管理人自身的管理水平。不同的基金管理人有着自己的管理风格和特色,有的擅长于管理主动式股票基金,有的擅长于管理被动式股票基金,有的擅长于管理债券型基金等等。

(二) 基金产品的设计流程

一般来说,基金产品设计包含三方面重要的信息输入:客户需求信息、投资运作信息和产品市场信息。

基金产品的具体设计流程见图3.2。

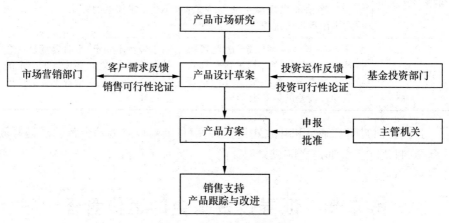

图3.2 基金产品设计流程

(三) 基金产品线的布置

基金产品线是指一家基金管理公司所拥有的不同基金产品及其组合。随着基金产品的日益多样化和市场竞争的日益加剧,基金管理公司根据自身的实际情况,合理布置基金产品线就显得非常重要。

通常从以下三方面考察基金产品线的内涵:

第一,产品线的长度,即一家基金管理公司所拥有的基金产品的总数。

第二,产品线的宽度,即一家基金管理公司所拥有的基金产品的大类有多少。一般来说,将基金产品分成股票基金、混合基金、债券基金和货币市场基金四大类。

第三,产品线的深度,即一家基金管理公司所拥有的基金产品大类中有多少更细化的子类基金。例如,股票型基金内部又可以划分为价值型、成长型、平衡型,大盘股、中盘股、小盘股,以及投资风格和股票规模的不同组合,例如大盘价值型等,还可以有不同的主题基金和行业基金等。

在实践中,常见的基金产品线类型有以下三种:

第一,水平式,即基金管理公司根据市场范围,不断开发新品种,增加产品线的长度,或扩大产品线的宽度。采用这种类型的基金管理公司具有较高的适应性和灵活性,在竞争中有回旋余地。但这要求公司有一定的实力,特别是要具备宽泛的基金管理能力。

第二,垂直式,即基金管理公司根据自身的能力专长,在某一个或几个产品类型方向上开发各具特点的子类基金产品,以满足在这个方向上具有特定风险收益偏好的投资者的需要。

第三,综合式,即基金管理公司在自身的能力专长基础上,既在一定的产品类型上做重点发展,又在更广泛的范围内构建自身的产品线。

二、销售

基金产品设计完成后,接下来就是基金的销售。

(一)基金销售渠道

基金的销售渠道主要分为直销渠道和代销渠道。直销渠道是不通过中介机构而是由基金管理人附属的销售机构把基金份额直接出售给投资者。代销渠道是通过银行、证券公司、保险公司、财务顾问公司等代销机构销售基金。表3.3比较了直销渠道和代销渠道。

表 3.3　基金直销渠道与代销渠道的比较

	直销渠道	代销渠道
渠道构成	直属的销售队伍	独立的投资顾问
	直属的分支机构网点	银行、券商的销售网络
	直接推销	基金超市
	通过邮寄、电话、互联网	折扣经纪人
渠道特点	对客户财务状况更了解,对客户控制力较强	对客户的控制力弱,但有广泛的客户基础
	更容易发现产品或服务方面的不足	客户可得到独立的顾问服务
	易于建立双向持久的联系,提高忠诚度	代销机构有业绩才有佣金,基金公司不承担固定成本
	推销新产品更容易	商业对手对渠道的竞争提高了代销成本

目前,我国基金的销售逐渐形成了基金管理公司直销、商业银行代销、证券公司代销、专业基金销售公司代销的销售体系。

(二)基金管理公司直销

基金管理公司的销售人员对金融市场、基金产品具有相当程度的专业知识和投资理财经验,尤其对本公司整体情况及本公司基金产品有着深刻的理解,能够以专业水准面对专业化的投资机构和一般投资者等。

虽然基金管理公司的直销队伍规模相对较小,但人员素质较高,可以加强与客户之间的沟通和交流,提供更好的、持续的理财服务,更容易留住客户并发展一些大客户,形成忠实的客户群。

(三)商业银行代销

商业银行是目前我国基金销售最主要的渠道。商业银行为基金的销售提供了完善的硬件设施和客户群,但是,销售方式还停留在被动销售方面,在为投资者提供个性化服务方面还有一定差距。

因此,基金管理人必须加强与代销银行的合作,通过持续培训,组织客户推介会以及代销手续费的合理分配,增强银行代销的积极性,提高银行员工的营销能力。

(四)证券公司代销

证券公司主要从事的就是证券市场的业务,其员工在证券方面的专业知识水平较高,相比商业银行,证券公司网点拥有更多的专业投资咨询人员,可以为投资者提供个性化的服务。

(五)专业基金销售公司代销

在基金规模不断壮大、品种逐步增多的形势下,对投资基金提供专业咨询服务,已经成为一种市场需求。顺应这种需要,成立专业基金销售公司开展基金代销业务成为发展方向。专业基金销售公司的出现,除了拓展现有的销售渠道外,更为关键的是专业营销人员可以为客户提供个性化的理财服务,帮助投资者提高对基金的认识以及选择符合自身投资需要的基金品种。

三、投资管理

基金投资管理,是基金管理公司的核心业务。图 3.3 概括了证券投资基金的投资管理流程。

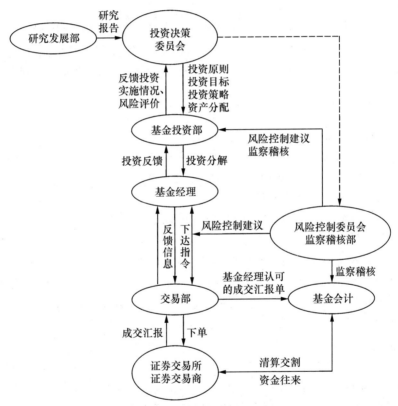

图 3.3　基金投资管理流程

具体来说,基金投资管理包括如下工作:

1. 公司研究发展部提出研究报告

研究发展部负责向投资决策委员会和其他投资部门提供研究指导。通常研究发展部负责建立并维护股票池。

2. 投资决策委员会决定基金的总体投资计划

投资决策委员会在认真分析研究发展部提供的研究报告及其投资建议的基础上，根据现行法律法规和基金合同的有关规定，决定基金的总体投资计划。

3. 基金投资部制定投资组合的具体方案

在投资决策委员会制定的总体投资计划的基础上，基金投资部在研究发展部研究报告的支持下，构建投资组合方案，对方案进行风险收益分析，并在投资执行过程中将有关投资实施情况和风险评估报告反馈给投资决策委员会。基金投资部在制订具体方案时要接受风险控制委员会的风险控制建议和监察稽核部门的监察、稽核。

4. 风险控制委员会提出风险控制建议

证券市场由于受到政治、经济、投资心理及交易制度等各种因素的影响，导致基金投资面临较大的风险。为降低投资风险，风险控制委员会通过监控投资决策实施和执行的整个过程，并根据市场价格水平及公司的风险控制政策，提出风险控制建议。

5. 基金经理和交易员实施投资

基金经理根据投资决策中规定的投资对象、投资结构和持仓比例等，在市场上选择合适的股票、债券和其他有价证券来构建投资组合。基金经理在实际投资运作中依据一定的投资目标，构建合适的投资组合，并根据市场实际情况的变化及时对投资组合进行调整。

在具体的基金投资运作中，通常是由基金投资部门的基金经理向交易部交易员发出交易指令。交易员接受交易指令后，应当寻找合适的机会，以尽可能低的价位买入需要买入的股票或债券，以尽可能高的价位卖出应当卖出的股票或债券。交易员除了执行基金经理的指令外，还必须及时向基金经理汇报实际交易情况和市场动向，协助基金经理完成基金投资运作。

四、费用

（一）基金费用的种类

在基金运作过程中的费用，大致可以分为两大类：

第一，基金交易过程中发生的费用。主要包括认购费、申购费和赎回费，这部分费用由基金投资者自己承担，直接从投资者认购、申购或赎回的金额中收取。

第二，基金管理过程中发生的费用。基金管理过程中发生的费用主要包括基金管理费、基金托管费和其他费用，这部分费用由基金资产承担。

（二）基金交易过程中发生的费用

基金交易过程中发生的费用主要包括：认购费、申购费和赎回费。

1. 认购费

在基金设立募集期购买基金称为认购。认购费是向在基金设立募集期内购买基金的投资者收取的费用。为了鼓励投资者在设立募集期内购买基金，许多基金设定的认购费率与基金成立后的申购费率相比有一定的优惠。

2. 申购费

在基金成立后购买基金称为申购。申购费是在投资者申购时收取的费用。我国法律规定，申购费率不得超过申购金额的5%。目前国内开放式基金的申购费率一般为申购金额的1%—2%，并且设多档费率，申购金额大的适用的费率也较低。

3. 赎回费

赎回费是在投资者赎回时从赎回款中扣除的费用，我国法律规定的赎回费率不得超过赎回金额的3%，赎回费收入在扣除基本手续费后，余额应当归基金所有。目前国内开放式基金的赎回费率一般在1%以下。

（三）基金管理过程中发生的费用

基金管理过程中发生的费用主要包括：基金管理费、基金托管费和其他费用。

1. 基金管理费

基金管理费是支付给基金管理人的费用，以负担管理基金发生的成本。基金管理费每日计提，年费率一般在1%—3%之间，我国目前一般为1.5%。

2. 基金托管费

基金托管费是支付给基金托管行的费用，以负担保管基金资产等发生的支出。基金托管费每日计提，年费率一般在0.25%左右。

3. 其他费用

其他费用主要包括投资交易费用、基金信息披露费用、与基金相关的会计师费和律师费、持有人大会费等，这些费用也作为基金的管理成本直接从基金资产中扣除。

五、估值

（一）基金资产估值的概念

基金资产估值是指通过对基金所拥有的全部资产及所有负债按一定的原则和方法进行估算，进而确定基金资产公允价值的过程。

基金资产总值是指基金全部资产的价值总和，从基金资产总值中扣除基金所有负债即是基金资产净值。基金资产净值除以基金当前的份额，就是基金份额净值。用公式表示为：

$$基金资产净值 = 基金资产总值 - 基金负债$$

$$基金份额净值 = 基金资产净值 / 基金总份额$$

基金份额净值是计算投资者申购基金份额、赎回资金金额的基础，也是评价基金投资业绩的基础指标之一。

（二）估值的原则

对存在活跃市场的投资品种，如估值日有市价的，应采用市价确定公允价值。估值日无市价，但最近交易日后经济环境未发生重大变化的，应采用最近交易市价确定公允价值。估值日无市价，且最近交易日后经济环境发生了重大变化的，应参考类似投资品种的现行市价及重大变化因素，调整最近交易市价，确定公允价值。有充足证据表明最近交易市价不能真实反映公允价值的，应对最近交易的市价进行调整，确定公允价值。

对不存在活跃市场的投资品种，应采用市场参与者普遍认同，且被以往市场实际交易价格验证的，具有可靠性的估值技术确定公允价值。运用估值技术得出的结果，应反映估值日在公平条件下进行正常商业交易所采用的交易价格。采用估值技术确定公允价值时，应尽可能使用市场参与者在定价时考虑的所有市场参数，并应通过定期校验，确保估值技术的有效性。

有充足理由表明，按以上估值原则仍不能客观反映相关投资品种的公允价值的，基金管理公司应根据具体情况与托管银行进行商定，按最能恰当反映公允价值的价格估值。

（三）估值程序

基金份额净值是按照每个开放日闭市后，基金资产净值除以当日基金份额的余额数量计算。

基金日常估值由基金管理人进行，基金管理人每个工作日对基金资产估值后，将基金份额净值结果发给基金托管人。

基金托管人按基金合同规定的估值方法、时间、程序对基金管理人的计算结果进行复核，复核无误后签章返回给基金管理人，由基金管理人对外公布，并由基金注册登记机构根据确认的基金份额净值进行申购、赎回。月末、年中和年末估值复核与基金会计账目的核对同时进行。

六、利润分配

(一) 基金利润

基金利润是指基金在一定会计期间的经营成果。利润包括收入减去费用后的净值、直接计入当期利润的利得和损失等。

基金收入是基金资产在运作过程中所产生的各种收入,基金收入来源主要包括利息收入、投资收益以及其他收入。

基金费用在这里专指基金管理过程中发生的费用,不包括基金交易过程中发生的费用。

基金资产估值引起的资产价值变动作为公允价值变动损益计入当期损益。

(二) 利润分配

根据基金类型的不同,利润分配方式不同。

1. 封闭式基金的利润分配

在我国,封闭式基金的收益分配,每年不得少于一次,封闭式基金年度收益分配比例不得低于基金年度已实现收益的90%。

封闭式基金当年收益应先弥补上一年的亏损,然后才可以进行当年分配。如当年发生亏损则不进行收益分配。

封闭式基金一般采用现金分红方式。

2. 开放式基金的利润分配

我国开放式基金的基金合同应当约定每年基金收益分配的最多次数和基金收益分配的最低比例。实践中,许多基金合同规定,基金收益分配每年至少一次。

开放式基金当年收益也应弥补上一年的亏损,然后才可进行当年分配。如当年发生亏损则不进行收益分配。

分红方式有现金分红和红利再投资转换为基金份额两种。开放式基金的基金份额持有人可以事先选择将所获分配的现金收益,按照基金合同有关基金份额申购的约定转为基金份额;基金份额持有人事先未做出选择的,基金管理人应当支付现金。

3. 货币市场基金的利润分配

在我国,对于每日按照面值进行报价的货币市场基金,可以在基金合同中将收益分配的方式约定为红利再投资,并在基金合同中约定收益分配的方式,即每日结转收益还是按月结转收益。当日申购的基金份额自下一个工作日起享有基金收益的分配权益。

七、信息披露

为了加强对基金投资运作的监管,提高基金运作的透明度,保障基金份额持有人的合法权益,基金必须履行严格的信息披露义务。基金管理人、基金托管人和其他基金信息披露义务人,应当依法披露基金信息,并保证所披露信息的真实性、准确性和完整性。

基金信息披露大致可分为基金募集信息披露、运作信息披露和临时信息披露三大类。

1. 基金募集信息披露

基金募集信息披露可分为首次募集信息披露和存续期募集信息披露。

首次募集信息披露主要包括基金份额发售前至基金合同生效期间进行的信息披露。在基金份额发售前,基金管理人需要编制并披露招募说明书、基金合同、托管协议、基金份额发售公告等文件。

存续期募集信息披露主要指开放式基金在基金合同生效后,每6个月披露一次更新的招募说明书。由于开放式基金不是一次募集完成的,而是在其存续期间不断进行申购、赎回,这就需要针对潜在的基金投资者披露与后续募集期间相对应的基金募集、运作信息。

2. 基金运作信息披露

基金运作信息披露主要指在基金合同生效后至基金合同终止前,基金信息披露义务人依法定期披露基金的上市交易、投资运作及经营业绩等信息。基金运作信息的披露时间一般是可以事先预见的。

基金运作信息披露文件包括:基金份额上市交易公告书、基金资产净值和份额净值公告、基金年度报告、半年度报告、季度报告。其中,基金年度报告、半年度报告和季度报告统称为"基金定期报告"。

3. 基金临时信息披露

基金临时信息披露主要指在基金存续期间,当发生重大事件或市场上流传误导性信息,可能引致对基金份额持有人权益或者基金份额价格的重大影响时,基金信息披露义务人依法对外披露临时报告或澄清公告。基金临时信息的披露时间一般无法事先预见。

案例

建信恒久价值股票型证券投资基金

（一）基金概览
1. 基金名称：建信恒久价值股票型证券投资基金。
2. 基金类型：股票型基金。
3. 基金的运作方式：契约型、开放式。
4. 基金存续期间：不定期。
5. 基金管理人：建信基金管理有限责任公司。
6. 基金托管人：中信银行股份有限公司。

（二）基金的募集
1. 募集方式
基金通过各销售机构的基金销售网点向投资人公开发售。
2. 募集期限
基金募集期限自基金份额发售之日起不超过三个月。
基金实际发售时间为2005年11月7日至2005年11月25日。
3. 募集对象
指个人投资人、机构投资者、合格境外机构投资者和法律法规或中国证监会允许购买证券投资基金的其他投资者。
4. 募集场所
基金通过销售机构的办理基金销售业务的网点向投资人公开发售。
（1）直销机构：建信基金管理有限责任公司。
（2）代销机构：中国建设银行股份有限公司、中信银行股份有限公司、交通银行股份有限公司、中国民生银行股份有限公司、北京银行股份有限公司、招商银行股份有限公司、中国工商银行股份有限公司、国泰君安证券股份有限公司、中信证券股份有限公司、中信万通证券有限责任公司、光大证券股份有限公司、招商证券股份有限公司、中信金通证券有限责任公司、长城证券有限责任公司、海通证券股份有限公司、广发证券股份有限公司、中国银河证券股份有限公司、长江证券有限责任公司、国信证券股份有限公司、联合证券有限责任公司、中信建投证券有限责任公司、华泰证券有限责任公司、安信证券股份有限公司、国元证券股份有限公司、齐鲁证券有限公司、宏源证券股份有限公司、中国建银投资证券有限责任公司。

5. 认购安排

（1）认购时间：基金向个人投资人、机构投资者和合格境外机构投资者同时发售，具体发售时间由基金管理人根据相关法律法规及基金合同，在基金份额发售公告中确定并披露。

（2）认购原则和认购限额：认购以金额申请。投资人认购基金份额时，需按销售机构规定的方式全额交付认购款项，投资人可以多次认购基金份额，认购费率按累计金额计算。代销网点每个基金账户每次认购金额不得低于1 000元人民币，累计认购金额不设上限。直销机构每个基金账户首次认购金额不得低于10万元人民币，已在直销机构有认购基金记录的投资人不受上述认购最低金额的限制，单笔认购最低金额为1 000元人民币。当日的认购申请在销售机构规定的时间之后不得撤销。

6. 认购费用

基金认购费由认购人承担，可用于基金的市场推广、销售、注册登记等募集期间发生的各项费用。基金的认购费用见表3.4。

表3.4 基金的认购费用

认购金额（M）	认购费率
$M < 50$ 万元	1.2%
50 万元 $\leq M < 100$ 万元	0.8%
100 万元 $\leq M < 500$ 万元	0.5%
500 万元 $\leq M < 1\,000$ 万元	0.3%
$M \geq 1\,000$ 万元	1 000元/笔

7. 认购份数的计算

认购基金的认购费用采用前端收费模式，即在认购基金时缴纳认购费。投资人的认购金额包括认购费用和净认购金额。有效认购款项在基金募集期间形成的利息归投资人所有，如基金合同生效，则折算为基金份额计入投资人的账户，具体份额以注册登记机构的记录为准，投资人总认购份额的计算方式如下：

认购费用 = 认购金额 × 认购费率

净认购金额 = 认购金额 − 认购费用

认购份额 = （净认购金额 + 认购期利息）/ 基金份额面值

认购费用以人民币元为单位，计算结果按照四舍五入方法，保留小数点后两位；认购份额计算结果按照四舍五入方法，保留小数点后两位，由此误差产生的损失由基金财产承担，产生的收益归基金财产所有。

8. 认购的方法与确认

(1) 认购方法

投资人认购时间安排、投资人认购应提交的文件和办理的手续,由基金管理人根据相关法律法规及基金合同,在基金份额发售公告中确定并披露。

(2) 认购确认

基金销售网点受理投资人的申请并不表示该申请已经成功,而仅代表销售网点确实收到了认购申请。申请是否有效应以基金注册登记机构的确认登记为准。投资人可在基金合同生效后到各销售网点查询最终成交确认情况和认购的份额。

(三) 基金份额的申购与赎回

1. 申购与赎回办理的场所

投资人应当在基金管理人、代销机构办理开放式基金业务的营业场所或按基金管理人、代销机构提供的其他方式办理基金的申购与赎回。

基金管理人可以根据情况增加或者减少代销机构,并另行公告。销售机构可以根据情况增加或者减少其销售城市、网点,并另行公告。

2. 申购与赎回办理的开放日及时间

投资人可办理申购、赎回等业务的开放日为上海证券交易所、深圳证券交易所的交易日,具体业务办理时间以销售机构公布的时间为准。

3. 申购与赎回的程序

(1) 申购与赎回申请的提出

投资人须按销售机构规定的程序,在开放日的业务办理时间提出申购或赎回的申请。

(2) 申购与赎回申请的确认

基金管理人应以受理申购或赎回申请的当天作为申购或赎回申请日,并在受理后的一个工作日内对该交易的有效性进行确认。

(3) 申购与赎回申请的款项支付

申购采用全额交款方式,若资金在规定时间内未全额到账则申购不成功,申购不成功或无效,申购款项将退回投资人账户。

投资人赎回申请成交后,基金管理人应通过注册登记机构按规定向投资人支付赎回款项,赎回款项在自受理基金投资人有效赎回申请之日起不超过七个工作日的时间内划入投资人银行账户。在发生巨额赎回时,赎回款项的支付办法按基金合同有关规定处理。

4. 申购费与赎回费

(1) 申购费

申购费用由申购人承担,不列入基金资产,申购费用用于基金的市场推广、注册登记和销售。基金的申购费用见表3.5。

表3.5 基金的申购费用

申购金额(M)	申购费率
$M < 50$ 万元	1.5%
50 万元 $\leq M < 100$ 万元	1.2%
100 万元 $\leq M < 500$ 万元	0.8%
500 万元 $\leq M < 1\,000$ 万元	0.5%
$M \geq 1\,000$ 万元	1 000 元/笔

(2) 赎回费

赎回费用由赎回人承担,赎回费中25%归入基金资产,其余部分作为基金用于支付注册登记费和其他必要的手续费。基金的赎回费用见表3.6。

表3.6 基金的赎回费用

持有期限	赎回费率
持有期 < 1 年	0.5%
1 年 $\leq$ 持有期 < 2 年	0.25%
持有期 $\geq$ 2 年	全免

(3) 基金管理人可以调整申购费率、赎回费率或收费方式,费率或收费方式发生变更的,在新费率实施前3个工作日内,基金管理人应按照信息披露有关规定予以公告。

5. 申购份数与赎回金额的计算方式

(1) 申购份额的计算

申购基金的申购费用采用前端收费模式(即申购基金时缴纳申购费),投资人的申购金额包括申购费用和净申购金额。申购份额的计算方式如下:

$$净申购金额 = 申购金额 / (1 + 申购费率)$$

$$申购费用 = 申购金额 - 净申购金额$$

$$申购份数 = 净申购金额 / 申购当日基金单位净值$$

申购费用以人民币元为单位,计算结果按照四舍五入方法,保留小数点后两位;申购份额计算结果按照四舍五入方法,保留小数点后两位,由此误差产生的损失由基金财产承担,产生的收益归基金财产所有。

(2) 赎回净额的计算

基金份额持有人在赎回基金时缴纳赎回费,基金份额持有人的赎回净额为赎回金额扣减赎回费用。其中:

$$赎回总金额 = 赎回份额 \times 赎回当日基金份额净值$$
$$赎回费用 = 赎回总金额 \times 赎回费率$$
$$净赎回金额 = 赎回总金额 \times 赎回费用$$

赎回费用以人民币元为单位,计算结果按照四舍五入方法,保留小数点后两位;赎回净额结果按照四舍五入方法,保留小数点后两位,由此误差产生的损失由基金财产承担,产生的收益归基金财产所有。

(3) 基金份额净值计算

T 日基金份额净值 = T 日基金资产净值/T 日发行在外的基金份额总数

基金份额净值为计算日基金资产净值除以计算日发行在外的基金份额总数,基金份额净值单位为元,计算结果保留在小数点后四位,小数点后第五位四舍五入。

T 日的基金份额净值在当天收市后计算,并在 $T+1$ 日公告。遇特殊情况,可以适当延迟计算或公告,并报中国证监会备案。

6. 申购与赎回的注册登记

(1) 投资人申购基金成功后,基金注册登记机构 $T+1$ 日为投资人增加权益并办理注册登记手续,投资人 $T+2$ 起有权赎回该部分基金份额。

(2) 投资人赎回基金成功后,基金注册登记机构 $T+1$ 日为投资人扣除权益并办理相应的注册登记手续。

(3) 基金管理人可在法律法规允许的范围内,对上述注册登记办理时间进行调整,并最迟于开始实施三个工作日前予以公告。

(四) 基金的投资

1. 投资目标

有效控制投资风险,追求基金资产长期稳定增值。

2. 投资范围

基金的投资范围限于具有良好流动性的金融工具,包括国内依法公开发行上市的股票、国债、金融债、企业债、回购、央行票据、可转换债券、权证以及经中国证监会批准允许基金投资的其他金融工具。

在正常市场情况下,基金投资组合中股票资产占基金资产的 60%—95%,现金、债券、货币市场工具以及中国证监会允许基金投资的其他金融工具占基金资产的 5%—40%,其中,基金保留的现金以及投资于一年期以内的政府债券的比例合计不低于基金资产净值的 5%。

在基金实际管理过程中,管理人将根据中国宏观经济情况和证券市场的阶段性变化,适时调整基金资产在股票、债券及货币市场的投资品种之间的配置比例。

3. 投资理念

基金强调以研究为基础的价值投资,关注上市公司股东价值创造的能力、过程和可持续性,挖掘价值被低估的股票,为基金持有人提供稳定、持续的投资回报。

4. 投资业绩比较基准

基金投资业绩比较基准为:75%×MSCI 中国 A 股指数+20%×中信全债指数+5%×1 年定期存款利率。

5. 投资策略

(1) 资产配置策略

基金管理人将综合运用定量分析和定性分析手段,全面评估证券市场当期的系统性风险,并对可以预见的未来时期内的预期收益率进行分析与预测。在此基础上,制订基金资产在股票、债券和现金等大类资产之间的战略配置比例、调整原则和调整范围,并定期或不定期地进行调整。所参考的主要指标包括:

第一,宏观经济总体走势。主要包括 GDP 增长率等指标。

第二,货币与金融指标。主要包括对 M_2 等货币供应指标以及长期国债的到期收益率指标进行研究与预测。

第三,预期的宏观经济政策。该项指标的研究主要由宏观研究团队借助相关分析研究系统,并结合实地调研、综合参考外部相关信息等方式完成。

第四,上市公司总体基本面变动情况。主要包括对上市公司总体业绩预期的调整方向及调整幅度。

第五,其他指标。包括市场信心指标,如股票市场新开户数变动情况等;市场状况指标,如市场成交量、换手率等指标的变化情况等。

基金管理人将根据对上述指标的研究结果,对市场状况进行综合评价,确定资产配置比例。

资产配置流程见图 3.4。

(2) 行业配置策略

进行行业配置时,基金管理人将主要进行以下几方面的分析研究:

第一,行业竞争结构分析。行业内部的竞争结构对于行业长期发展趋势有关键影响,对行业内部各公司的盈利能力和盈利水平起到重要作用。

第二,行业发展阶段分析。基金管理人将以行业生命周期理论为基础,根据行业整体的增长率、销售额、竞争对手数量、产品线分布、利润率水平、定价方

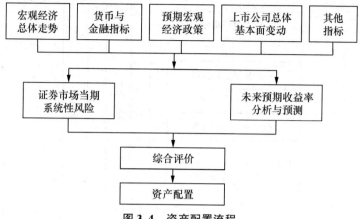

图 3.4　资产配置流程

式、进入壁垒等多种指标,对各行业处于何种发展阶段进行判断,并据此确定行业的中长期发展前景和盈利状况。

第三,各行业特定指标的分析。各个不同的行业均有一些特定的指标,可以表征行业的总体状况,基金管理人将对这些指标加以重点考察。

第四,行业景气程度分析。行业景气程度变化亦是影响行业发展趋势和盈利能力的重要因素。而行业景气程度又主要受到宏观经济发展变化的影响。基金管理人将以对宏观经济的研究判断为基础,根据国家所处经济周期的不同阶段给不同产业或行业的发展造成的差异,并综合考虑行业技术进步、行业政策、行业组织创新、社会习惯的改变和经济的全球化等因素,对行业的景气度做出判断。

基金管理人在上述分析研究的基础上,对各行业进行综合评级,并确定行业配置比例。

行业配置流程见图 3.5。

(3) 个股选择策略

基金强调对具有良好流动性、价值被低估和重视股东价值的上市公司股票的发掘。在选股过程中,吸收与借鉴美国信安(Principal)金融集团的 ISAR 模型(以下简称"ISAR 模型"),结合中国证券市场的实际情况,进一步优化,并以此为基础,构建初选股票池。投资与研究团队对所选择的股票进行研究和确认,形成核心股票池。股票选择流程见图 3.6。

第一,流动性筛选。在进行个股选择时,基金将首先对市场中的各只股票进行流动性筛选,原则上规避流动性欠佳的股票。

第二,优化 ISAR 模型的定量选股分析。在流动性筛选的基础上,基金将利

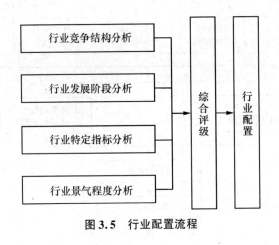

图 3.5 行业配置流程

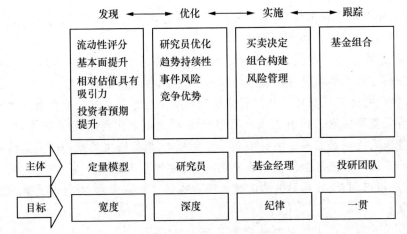

图 3.6 股票选择流程

用 ISAR 模型对股票进行排序及评分,评分结果作为选择股票的参考。ISAR 模型包含以下几个方面:基本面正在提升;基本面提升的可持续性;具有吸引力的相对估值;投资者预期提升。

第三,进一步研究优化。在利用优化后的 ISAR 模型对股票进行排序、评分并选择股票后,研究团队与投资团队通过实地调研等多种方式,深入地分析上市公司对股东价值的重视程度、公司治理结构、发展战略和战略执行力,以确保所选股票确实具备较高的投资价值。经确认后的股票,构成基金股票投资组合。

(4) 债券投资策略

基金的债券投资策略将主要包括债券投资组合策略和个券选择策略。

第一,债券投资组合策略。基金在综合分析经济增长趋势和资本市场发展趋势的基础上，采用久期控制下的主动性投资策略，并本着风险收益配比最优的原则来确定债券资产的类属配置比例。在债券投资组合的调整与管理上，基金综合运用久期管理、期限结构配置、跨市场套利和相对价值判断等组合管理手段进行日常管理。

第二，个券选择策略。在个券选择上，基金综合运用利率预期、信用等级分析、到期收益率分析、流动性评估等方法来评估个券的风险收益。

6. 基金的风险收益特征

基金属于股票型证券投资基金，一般情况下其风险和预期收益高于货币市场基金、债券型基金和混合型基金；在股票型基金中，基金属于中等风险、中等收益的证券投资基金。

（五）基金资产的估值

1. 估值程序

基金日常估值由基金管理人进行。基金管理人完成估值后，将估值结果加盖业务公章以书面形式加密传真至基金托管人，基金托管人按法律法规、《基金合同》规定的估值方法、时间、程序进行复核，复核无误后在基金管理人传真的书面估值结果上加盖业务公章返回给基金管理人；月末、年中和年末估值复核与基金会计账目的核对同时进行。

2. 估值方法

基金按以下方式进行估值：

（1）证券交易所上市的有价证券的估值

第一，交易所上市的有价证券(包括股票、权证等)，以其估值日在证券交易所挂牌的市价(收盘价)估值；估值日无交易的，且最近交易日后经济环境未发生重大变化，以最近交易日的市价(收盘价)估值；如最近交易日后经济环境发生了重大变化，可参考类似投资品种的现行市价及重大变化因素，调整最近交易市价，确定公允价格。

第二，交易所上市实行净价交易的债券按估值日收盘价估值，估值日没有交易的，且最近交易日后经济环境未发生重大变化，按最近交易日的收盘价估值；如最近交易日后经济环境发生了重大变化，可参考类似投资品种的现行市价及重大变化因素，调整最近交易市价，确定公允价格。

第三，交易所上市未实行净价交易的债券按估值日收盘价减去债券收盘价中所含的债券应收利息得到的净价进行估值；估值日没有交易的，且最近交易日后经济环境未发生重大变化，按最近交易日债券收盘价减去债券收盘价中所含的债券应收利息得到的净价进行估值；如最近交易日后经济环境发生了重大变化，可参考类似投资品种的现行市价及重大变化因素，调整最近交易市价，确定公允价格。

第四，交易所上市不存在活跃市场的有价证券，采用估值技术确定公允价值。交易所上市的资产支持证券，采用估值技术确定公允价值，在估值技术难以可靠计量公允价值的情况下，按成本估值。

(2) 处于未上市期间的有价证券应区分如下情况处理：

第一、送股、转增股、配股和公开增发的新股，按估值日在证券交易所挂牌的同一股票的估值价格进行估值。

第二、首次公开发行未上市的股票、债券和权证，采用估值技术确定公允价值，在估值技术难以可靠计量公允价值的情况下，按成本估值。

第三、首次公开发行有明确锁定期的股票，同一股票在交易所上市后，按交易所上市的同一股票的市价（收盘价）估值；非公开发行有明确锁定期的股票，按监管机构或行业协会有关规定确定公允价值。

(3) 因持有股票而享有的配股权，以及停止交易、但未行权的权证，采用估值技术确定公允价值。

(4) 全国银行间债券市场交易的债券、资产支持证券等固定收益品种，采用估值技术确定公允价值。

(5) 同一债券同时在两个或两个以上市场交易的，按债券所处的市场分别估值。

(6) 如有确凿证据表明按上述方法进行估值不能客观反映其公允价值的，基金管理人可根据具体情况与基金托管人商定后，按最能反映公允价值的价格估值。

(7) 相关法律法规以及监管部门有强制规定的，从其规定。如有新增事项，按国家最新规定估值。

根据《基金法》，基金管理人计算并公告基金资产净值，基金托管人复核、审查基金管理人计算的基金资产净值。因此，就与基金有关的会计问题，如经相关各方在平等基础上充分讨论后，仍无法达成一致的意见，按照基金管理人对基金资产净值的计算结果对外予以公布。

(六) 基金的收益分配

1. 收益的构成

(1) 买卖证券差价；

(2) 基金投资所得红利、股息、债券利息；

(3) 银行存款利息；

(4) 已实现的其他合法收入。

因运用基金财产带来的成本或费用的节约应计入收益。

2. 基金净收益

基金净收益为基金收益扣除按国家有关规定可以在基金收益中扣除的费用后的余额。

3. 收益分配基本原则

(1) 基金的每份基金份额享有同等分配权;

(2) 基金收益分配后每一基金份额净值不能低于其面值;

(3) 基金当期收益弥补上期亏损后,方可进行当期收益分配;

(4) 如果基金当期出现亏损,则不进行收益分配;

(5) 收益分配时所发生的银行转账或其他手续费用由投资人自行承担;

(6) 基金收益每年最多分配6次,年度收益分配比例不低于基金年度已实现收益的50%。基金成立不满3个月,收益可不分配;

(7) 基金收益分配采用现金方式或红利再投资方式,投资人可选择获取现金红利或者将现金红利自动转为基金份额进行再投资;基金分红的默认方式为现金方式;

(8) 法律法规或监管机构另有规定的从其规定。

(七) 基金的费用

1. 基金费用的种类

(1) 基金管理人的管理费;

(2) 基金托管人的托管费;

(3) 基金财产拨划支付的银行费用;

(4) 基金合同生效后的信息披露费用;

(5) 基金份额持有人大会费用;

(6) 基金合同生效后的会计师费和律师费;

(7) 基金的证券交易费用;

(8) 按照国家有关规定可以在基金财产中列支的其他费用。

2. 基金管理人的管理费的计提

在通常情况下,基金管理费按前一日基金资产净值1.5%年费率计提。计算方法如下:

$$H = E \times 1.5\% \div 当年天数$$

H 为每日应计提的基金管理费;

E 为前一日的基金资产净值。

3. 基金托管人的托管费的计提

在通常情况下,基金托管费按前一日基金资产净值的0.25%年费率计提。计算方法如下:

$$H = E \times 0.25\% \div 当年天数$$

H 为每日应计提的基金托管费；

E 为前一日的基金资产净值。

4. 其他费用的计提

除基金管理人的管理费和基金托管人的托管费外的其他与基金运作有关的费用，由基金管理人和基金托管人根据其他有关法规及相应协议的规定，按费用实际支出金额支付，列入或摊入当期基金费用。

(八) 基金的信息披露

基金管理人、基金托管人应按规定将基金信息披露事项在规定时间内通过中国证监会指定的全国性报刊和基金管理人、基金托管人的互联网网站等媒介披露。

公开披露的基金信息包括：

(1) 招募说明书；

(2) 基金合同、托管协议；

(3) 基金份额发售公告；

(4) 基金合同生效公告；

(5) 基金份额上市交易公告书；

(6) 基金资产净值公告、基金份额净值公告；

(7) 基金份额申购、赎回价格公告；

(8) 基金年度报告、基金半年度报告、基金季度报告；

(9) 临时报告与公告；

(10) 澄清公告；

(11) 基金份额持有人大会决议；

(12) 中国证监会规定的其他信息。

第三节 股票基金

一、股票基金的定义

股票基金是指以股票为主要投资对象的基金。在我国，基金资产 60% 以上投资于股票的基金为股票基金。股票基金在各类证券投资基金中历史最为悠久，是各国(地区)广泛采用的一种基金类型。

股票基金以追求长期的资本增值为目标,比较适合长期投资。与其他类型的基金相比,股票基金的风险较高,但预期收益也较高。股票基金还是应付通货膨胀的一种有效手段。

二、股票基金的类型

(一) 小盘股票基金、中盘股票基金和大盘股票基金

按股票市值的大小,可以将股票分为小盘股票、中盘股票和大盘股票。股票规模的划分并不严格,通常有两种划分方式。一种是依据市值的绝对值进行划分,如通常将市值小于 5 亿元的公司归为小盘股,将市值超过 20 亿元的公司归为大盘股。另一种是依据相对规模进行划分,如将一个市场的全部上市公司按市值大小排名,市值较小、累计市值占市场总市值 20% 以下的公司归为小盘股,市值较大、累计市值占市场总市值 50% 以上的公司归为大盘股。

相应地,专注于小盘股票投资的股票基金被称为小盘股票基金,专注于中盘股票投资的股票基金被称为中盘股票基金,专注于大盘股票投资的股票基金被称为大盘股票基金。

由于小公司是在较小的资产规模和收入基础上进行扩展,因此其成长速度比大公司更快,但由于小公司资本实力不强,业务范围较窄,通常会比大公司面临更大的风险。

(二) 价值型股票基金、成长型股票基金和混合型股票基金

根据股票性质的不同,可以将股票分为价值型股票与成长型股票。价值型股票通常是指收益稳定、价值被低估、安全性较高的股票,其市盈率和市净率通常较低。成长型股票通常是指收益增长速度快、未来发展潜力大的股票,其市盈率和市净率通常较高。

相应地,专注于价值型股票投资的股票基金被称为价值型股票基金,专注于成长型股票投资的股票基金被称为成长型股票基金,同时投资于价值型股票与成长型股票的股票基金则被称为混合型股票基金。

价值型股票基金的投资风险要低于成长型股票基金,但收益通常也不如成长型股票基金。混合型股票基金的收益和风险则介于价值型股票基金与成长型股票基金之间。

(三) 股票基金的投资风格类型

为了有效地分析股票基金的投资风格,人们通常会根据基金所持有股票的市值和性质的不同,将股票基金分为九种不同的投资风格类型,见图 3.2。

成长	小盘成长	中盘成长	大盘成长
混合	小盘混合	中盘混合	大盘混合
价值	小盘价值	中盘价值	大盘价值
	小盘	中盘	大盘

图 3.2　股票基金的投资风格类型

需要注意的是，很多基金在投资风格上并非始终如一，而是会根据市场环境变化对投资风格进行不断的调整，以期获得更好的投资回报。这一现象就是所谓的"风格变化"现象。

三、股票基金投资分析

对股票基金的分析，有一些常用的分析指标，如反映基金经营业绩的指标、反映基金风险大小的指标、反映基金组合特点的指标、反映基金操作成本的指标、反映基金操作策略的指标等。

（一）反映基金经营业绩的指标

反映基金经营业绩的主要指标包括基金分红、已实现收益、净值增长率等指标。其中，净值增长率是最主要的分析指标，最能全面反映基金的经营成果。最简单的净值增长率指标可用下式计算：

$$净值增长率 = \frac{期末份额净值 - 期初份额净值 + 期间分红}{期初份额净值} \times 100\%$$

净值增长率对基金的分红、已实现收益、未实现收益都加以考虑，因此是最有效地反映基金经营成果的指标。

净值增长率越高，说明基金的投资效果越好。如果单纯考察一只基金本身的净值增长率说明不了什么问题，通常还应该将该基金的净值增长率与比较基准及同类基金的净值增长率比较才能对基金的投资效果进行全面评价。

（二）反映基金风险大小的指标

常用来反映股票基金风险大小的指标有标准差、贝塔值、持股集中度、行业投资集中度等指标。

第一，标准差。有的股票基金每年的净值增长率可能相差很大，有的基金每年的净值增长率之间的差异可能较小。净值增长率波动程度越大，基金的风险就越高。基金净值增长率的波动程度可以用标准差来计量。

第二，贝塔值。股票基金以股票市场为活动母体，其净值变动不能不受到证券市场系统风险的影响。通常可以用贝塔值(β)的大小衡量一只基金面临的市场风险的大小。贝塔值将一只股票基金的净值增长率与某个市场指数联系起来，用以反映基金净值变动对市场指数变动的敏感程度。如果某基金的贝塔值大于1，说明该基金是一只活跃或激进型基金。如果某基金的贝塔值小于1，说明该基金是一只稳定或防御型的基金。

贝塔值用下式计算：

$$贝塔值 = \frac{基金净值增长率}{股票指数增长率}$$

第三，持股集中度。持股集中度一般是指前十大重仓股投资市值在整个股票投资总市值中的比例。持股集中度越高，说明基金的风险越高。持股集中度用下式计算：

$$持股集中度 = \frac{前十大重仓股投资市值}{股票投资总市值} \times 100\%$$

第四，行业投资集中度。可以用与持股集中度类似的方式，计算基金在前三大行业或前五大行业上的行业投资集中度。行业投资集中度越高，说明基金的风险越高。

（三）反映基金运作成本的指标

费用率是评价基金运作效率和运作成本的一个重要统计指标。费用率用下式计算：

$$费用率 = \frac{基金运作费用}{基金平均净资产} \times 100\%$$

费用率越低，说明基金的运作成本越低，运作效率越高。基金运作费用主要包括基金管理费、托管费、基于基金资产计提的营销服务费等项目，但不包括前端或后端申购费、赎回费，也不包括投资利息费用、交易佣金等费用。相对于其他类型的基金，股票基金的费用率通常较高；相对于大型基金，小型基金的费用率通常较高。

（四）反映基金操作策略的指标

基金股票周转率通过对基金买卖股票频率的衡量，可以反映基金的操作策略。它等于基金股票交易量的一半与基金平均净资产之比。用基金股票交易量的一半作分子的原因在于"一买一卖"才构成一次完整的"周转"。周转率的倒数为基金持股的平均时间。

如果一个股票基金的年周转率为100%，意味着该基金持有股票的平均时间为1年。低周转率的基金倾向于对股票的长期持有；高周转率的基金则倾向于对股票的频繁买入与卖出。周转率高的基金，所付出的交易佣金与印花税也较高，会加重投资者的负担，对基金业绩造成一定的负面影响。

案例

中欧中小盘股票型基金

(一) 基金概览

1. 基金名称:中欧中小盘股票型基金。
2. 基金类型:股票型基金。
3. 基金运作方式:契约型、开放式。
4. 基金管理人:中欧基金管理有限公司。
5. 基金托管人:中国邮政储蓄银行有限责任公司。

(二) 基金的投资

1. 基金的投资目标

基金主要通过投资于具有持续成长潜力以及未来成长空间广阔的中小型企业,特别是处于加速成长期的中小型企业,在控制风险的前提下,力争实现基金资产的长期稳定增长。

2. 基金的投资方向

基金的投资范围为具有良好流动性的金融工具,包括国内依法发行上市的股票、债券、货币市场工具、权证、资产支持证券以及法律法规或中国证监会允许基金投资的其他金融工具。

基金的投资组合比例为:股票资产占基金资产的60%—95%;债券、货币市场工具、权证、资产支持证券以及法律法规或中国证监会允许基金投资的其他金融工具占基金资产的5%—40%,其中现金以及投资于到期日在一年以内的政府债券的比例合计不低于基金资产净值的5%。

对于中小盘股票的界定既要与国内市场的认识相一致,也要能充分展示中小盘股票的投资价值。根据国际市场对股票市值风格的分类方法以及行业内对我国中小盘股票划分比例的一致认识,基金管理人将对中国A股市场中的股票按流通市值从小到大排序并相加,累计流通市值达到A股总流通市值67%的这部分股票属于中小盘股票。每年对成份股调整两次,在此期间未被纳入最近一次排序范围的股票(如新股上市等),如果其流通市值可满足以上标准,也称为中小盘股票。基金不低于80%的股票资产将投资于中小盘股票。

一般情况下,上述所称的流通市值指的是在国内证券交易所上市交易的股票的流通股本乘以收盘价。如果排序时由于股票暂停交易或停牌等原因造成计算修正的,基金将根据市场情况,本着投资者利益最大化原则,取停牌前收盘价或最能体现投资者利益最大化原则的公允价值计算流通市值。

如果今后出现更科学合理的中小盘股票界定及流通市值计算方式,基金将予以相应调整,并提前三个工作日在指定媒体公告变更后的具体计算方法。

如法律法规或监管机构以后允许基金投资其他品种,基金管理人在履行适当程序后,可以将其纳入投资范围;如法律法规或中国证监会变更投资品种的比例限制的,基金管理人可依据相关规定履行适当程序后相应调整基金的投资比例上限规定,不需经基金份额持有人大会审议。

3. 业绩的比较基准

40%×天相中盘指数收益率+40%×天相小盘指数收益率+20%×中信标普全债指数收益率

4. 基金的风险收益特征

基金属于股票型基金,属证券投资基金中的高风险收益品种,其长期平均风险和收益预期高于混合型基金、债券型基金和货币市场基金。

第四节 债券基金

一、债券基金的定义

债券基金是指以债券为主要投资对象的基金。在我国,基金资产80%以上投资于债券的基金为债券基金。

债券基金主要以债券为投资对象,因此对追求稳定收入的投资者来说具有较强的吸引力。债券基金的波动性通常要小于股票基金,因此常常被投资者认为是收益、风险适中的投资工具。此外,当债券基金与股票基金进行适当的组合投资时,常常能较好地分散投资风险,因此债券基金常常也被视为组合投资中不可或缺的重要组成部分。

二、债券基金的类型

债券有不同类型,相应地,债券基金也会有不同类型。通常可以依据债券发行人的不同、债券到期日的长短以及债券质量的高低对债券进行分类。根据发行者的不同,可以将债券分为政府债券、企业债券、金融债券等。根据债券到期日的不同,可以将债券分为短期债券、长期债券等。根据债券信用等级的不同,可以将债券分为低等级债券、高等级债券等。与此相适应,也就产生了以某一类债券为投资对象的债券基金。

与股票基金类似,债券基金也被分成不同的投资风格。债券基金投资风格主要依据基金所持债券的久期与债券的信用等级来划分,见图3.3。

高等级	短期高信用	中期高信用	长期高信用
中等级	短期中信用	中期中信用	长期中信用
低等级	短期低信用	中期低信用	长期低信用
	短期	中期	长期

图3.3 债券基金的投资风格类型

三、债券基金投资分析

分析股票基金的许多指标可以很好地用于对债券基金的分析,如净值增长率、标准差、费用率、周转率等概念都是较为通用的分析指标。

但由于债券基金的风险来源与股票基金有所不同,债券基金的表现与风险主要受久期与债券信用等级的影响,因此对债券基金的分析也主要集中于对债券基金久期与债券信用等级的分析。

(一) 久期

久期是指一只债券的加权到期时间,它综合考虑了到期时间、债券现金流以及市场利率对债券价格的影响,可以用以反映利率的微小变动对债券价格的影响,因此是一个较好的债券利率风险衡量指标。债券基金的久期等于基金组合中各个债券的投资比例与对应债券久期的加权平均。与单个债券的久期一样,债券基金的久期越长,净值的波动幅度就越大,所承担的利率风险就越高。久期在计算上比较复杂,但其应用却很简单。一个厌恶风险的投资者应选择久期较短的债券基金,而一个愿意接受较高风险的投资者则应选择久期较长的债券基金。

久期可以较准确地衡量利率的微小变动对债券价格的影响,但当利率变动幅度较大时,则会产生较大的误差,这主要是由债券所具有的凸性引起的。债券价格与利率之间的反向关系并不是直线形关系,而是一种凸线形关系。这样,当利率变动幅度较大时,以久期为代表的直线性关系就不能准确衡量债券价格的真实变动,必须用凸性对其进行修正。

(二) 信用等级

尽管久期是一个有用的分析工具,但也应注重对债券基金所持有的债券的平均信用等级加以考察。

在其他条件相同的情况下,信用等级较高的债券,收益率较低;信用等级较低的债券,收益率较高。

案例

华夏债券投资基金

(一) 基金概览
1. 基金名称:华夏债券投资基金。
2. 基金类型:债券型基金。
3. 基金运作方式:契约型、开放式。
4. 基金管理人:华夏基金管理有限公司。
5. 基金托管人:交通银行股份有限公司。

(二) 基金的投资
1. 基金的投资目标

基金的投资目标:在强调本金安全的前提下,追求较高的当期收入和总回报。

2. 基金的投资方向

基金投资范围:限于固定收益类金融工具,包括国内依法公开发行、上市的国债、金融债、企业(公司)债(包括可转债)等债券,以及中国证监会允许基金投资的其他金融工具。

3. 基金的投资策略

基金将采取久期偏离、收益率曲线配置和类属配置等积极投资策略,发现、确认并利用市场失衡实现组合增值。这些积极投资策略是在遵守投资纪律并有效管理风险的基础上做出的。

(1) 久期偏离是根据对利率水平的预期,在预期利率下降时,增加组合久期,以较多地获得债券价格上升带来的收益;在预期利率上升时,减小组合久期,以规避债券价格下降的风险。

(2) 收益率曲线配置是在确定组合或类属久期后,确定采用集中策略、两端策略和梯形策略等,在长期、中期和短期债券间进行配置,以从长、中、短期债券的相对价格变化中获利。

(3) 类属配置包括现金、各市场债券及各债券种类间的配置。类属配置主要根据各部分的相对投资价值确定，增持相对低估、价格将上升的类属，减持相对高估、价格将下降的类属，借以取得较高的总回报。

组合构建与调整是自上而下确定投资策略和自下而上个券选择相互结合的过程。在研究、决策、组合构建与调整过程中，我们重视对投资风险的管理。我们运用结构化、严格的方法管理风险，通过久期、平均信用等级、个券集中度等指标，将组合的风险控制在合理的水平。风险报告与业绩分析则为基金经理把握投资风险、了解投资策略的效果提供支持。在此基础上，通过各种积极投资策略的实施，有意识地承担有价值的风险，追求组合较高的回报。

4. 基金的业绩比较基准

基金业绩评价基准设定为"53%中信标普银行间债券指数+46%中信标普国债指数+1%中信标普企业债指数"。

5. 基金的风险收益特征

基金属于证券投资基金中相对低风险的品种，其长期平均的风险和预期收益率低于股票基金和平衡型基金，高于货币市场基金。

第五节 货币市场基金

一、货币市场基金的定义

货币市场基金是指以货币市场工具为主要投资对象的基金。在我国，仅投资于货币市场工具的基金为货币市场基金。

与其他类型基金相比，货币市场基金具有风险低、流动性好的特点。货币市场基金是厌恶风险、对资产流动性和安全性要求较高的投资者进行短期投资的理想工具，或暂时存放现金的理想场所。但需要注意的是，货币市场基金的长期收益率较低，并不适合进行长期投资。

二、货币市场基金的投资对象

货币市场工具通常指到期日不足1年的短期金融工具。由于货币市场工具到期日非常短，因此也被称为"现金投资工具"。货币市场工具流动性好、安全性高，但其收益率与其他证券相比则非常低。

目前,我国的货币市场基金能够进行投资的金融工具主要包括:现金;1 年以内(含 1 年)的银行定期存款、大额存单;剩余期限在 397 天以内(含 397 天)的债券;期限在 1 年以内(含 1 年)的债券回购;期限在 1 年以内(含 1 年)的中央银行票据;剩余期限在 397 天以内(含 397 天)的资产支持证券。

三、货币市场基金投资分析

(一) 收益分析

货币市场基金的份额净值固定在 1 元人民币,基金收益通常用日每万份基金净收益和最近 7 日年化收益率表示。

1. 日每万份基金净收益

日每万份基金净收益是把货币市场基金每天运作的净收益平均摊到每一份额上,然后以 1 万份为标准进行衡量和比较的一个数据。

货币市场基金日每万份基金净收益的计算公式为:

$$日每万份基金净收益 = \frac{当日基金净收益}{当日基金份额总额} \times 10\,000$$

2. 最近 7 日年化收益率

最近 7 日年化收益率是以最近 7 个自然日日平均收益率折算的年收益率。

货币市场基金在计算和披露 7 日年化收益率时,会由于收益分配频率的不同而有所不同,分别有按日结转份额的 7 日年化收益率和按月结转份额的年化收益率,计算公式分别如下:

$$按日结转份额的 7 日年化收益率 = \left\{\prod_{i=1}^{7}\left[\left(1+\frac{R_i}{10\,000}\right)\right]^{\frac{365}{7}} - 1\right\} \times 100\%$$

$$按月结转份额的 7 日年化收益率 = \frac{\sum_{i=1}^{7} R_i}{7} \times \frac{365}{10\,000} \times 100\%$$

其中,R_i 为最近第 i 个自然日(包括计算当日)的每万份基金净收益。

(二) 风险分析

用以反映货币市场基金风险的指标有投资组合平均剩余期限、融资比例、浮动利率债券投资情况等。

1. 组合平均剩余期限

低风险和高流动性是货币市场基金的主要特征,组合平均剩余期限是反映基金组合风险的重要指标。组合平均剩余期限越短,货币市场基金收益的利率敏感性越低,但收益率也可能较低。

目前,我国法规要求货币市场基金投资组合的平均剩余期限在每个交易日均不得超过180天。但有的基金可能会在基金合同中做出更严格的限定,如组合平均剩余期限不得超过90天。

因此,在比较不同货币市场基金收益率的时候,应考虑其组合平均剩余期限的控制要求。对于单只货币市场基金,应特别注意其组合平均剩余期限的水平和变化情况,以及各期间资产剩余期限的分布情况。

2. 融资比例

一般情况下,货币市场基金财务杠杆的运用程度越高,其潜在的收益可能越高,但风险相应也越大。另外,按照规定,除非发生巨额赎回,货币市场基金债券正回购的资金余额不得超过20%。

因此,在比较不同货币市场基金收益率的时候,应同时考虑其同期财务杠杆的运用程度。

3. 浮动利率债券投资情况

货币市场基金可以投资于剩余期限小于397天但剩余存续期超过397天的浮动利率债券。虽然其剩余期限小于397天,但实际上该债券品种的期限往往很长(如10年),因此,该券种在收益率、流动性、信用风险、利率风险等方面会与同样剩余期限的其他券种存在差异。

因此,在判断基金组合剩余期限分布时,应充分考虑基金投资该类债券的情况。

案例

工银瑞信货币市场基金

(一)基金概览

1. 基金名称:工银瑞信货币市场基金。
2. 基金类型:货币市场基金。
3. 基金运作方式:契约型、开放式。
4. 基金管理人:工银瑞信基金管理有限公司。
5. 基金托管人:中国建设银行股份有限公司。

（二）基金的投资

1. 投资目标

力求在保持基金资产本金稳妥和流动性良好的前提下，获得超过基金业绩比较基准的稳定收益。

2. 投资理念

基金管理人遵循严谨、科学的投资流程，通过专业分工细分研究领域，立足长期基本因素分析，形成投资策略，优化组合，获取可持续的稳定投资收益。

3. 投资范围

基金主要投资于以下金融工具，包括：

（1）现金；

（2）通知存款；

（3）1年以内（含1年）的银行定期存款、大额存单；

（4）剩余期限在397天以内（含397天）的债券；

（5）期限在1年以内（含1年）的债券回购；

（6）期限在1年以内（含1年）的中央银行票据；

（7）中国证监会、中国人民银行认可并允许货币市场基金投资的其他具有良好流动性的货币市场工具。

4. 业绩比较基准

基金的业绩比较基准为税后6个月银行定期储蓄存款利率，即（1－利息税率）×6个月银行定期储蓄存款利率。

5. 风险收益特征

基金为货币市场基金，在所有证券投资基金中，是风险相对较低的基金产品。在一般情况下，其风险与预期收益均低于一般债券基金，也低于混合型基金与股票型基金。

第六节 混合基金

一、混合基金的定义

混合基金是指同时投资于股票、债券、货币市场工具或其他金融产品的基金。在我国，投资于股票、债券和货币市场工具，但股票投资和债券投资的比例不符合股票基金、债券基金规定的基金为混合基金。

混合基金的风险低于股票基金,预期收益则要高于债券基金。它为投资者提供了一种在不同资产类别之间进行分散投资的工具,比较适合较为保守的投资者。

二、混合基金的类型

混合基金尽管会同时投资于股票、债券和货币市场工具等,但却常常会依据基金投资目标的不同而对投资对象进行不同配比。因此,通常可以依据资产配置的不同将混合基金分为偏股型基金、偏债型基金、股债平衡型基金、灵活配置型基金等。

偏股型基金中股票的配置比例较高,债券的配置比例相对较低。通常,股票的配置比例在50%—70%,债券的配置比例在20%—40%。

偏债型基金与偏股型基金正好相反,债券的配置比例较高,股票的配置比例则相对较低。

股债平衡型基金股票与债券的配置比例较为均衡,比例大约均在40%—60%左右。

灵活配置型基金在股票、债券上的配置比例则会根据市场状况进行调整,有时股票的比例较高,有时债券的比例较高。

案例

交银施罗德保本混合型证券投资基金

(一)基金概览
1. 基金名称:交银施罗德保本混合型证券投资基金。
2. 基金类型:混合型基金。
3. 基金运作方式:契约型、开放式。
4. 基金管理人:交银施罗德基金管理有限公司。
5. 基金托管人:中国工商银行股份有限公司。
(二)基金的投资
1. 投资目标
根据宏观经济周期和市场环境的变化,自上而下灵活配置资产,积极把握行业发展趋势和行业景气轮换中蕴含的投资机会,在控制风险并保持基金资产良好的流动性的前提下,力求实现基金资产的长期稳定增值。

2. 投资范围

基金的投资范围为具有良好流动性的金融工具,包括国内依法发行上市的股票、债券、货币市场工具、权证、资产支持证券以及法律法规或中国证监会允许基金投资的其他金融工具。

如法律法规或监管机构以后允许基金投资的其他品种,基金管理人在履行适当程序后,可以将其纳入投资范围。

3. 投资对象

基金的投资组合比例为:股票资产占基金资产的30%—80%;债券、货币市场工具、权证、资产支持证券以及法律法规或中国证监会允许基金投资的其他证券品种占基金资产的20%—70%,其中基金保留的现金以及投资于到期日在一年以内的政府债券的比例合计不低于基金资产净值的5%。

在基金实际管理过程中,管理人将根据中国宏观经济情况和证券市场的阶段性变化,在上述投资组合比例范围内,适时调整基金资产在股票、债券及货币市场工具间的配置比例。

4. 业绩比较基准

基金的整体业绩比较基准采用:

$$60\% \times 沪深300指数 + 40\% \times 中信全债指数$$

5. 风险收益特征

基金是一只灵活配置的混合型基金,属于基金中的中高风险品种,风险与预期收益介于股票型基金和债券型基金之间。

思考题

1. 证券投资基金的当事人和市场服务机构有哪些?
2. 比较契约型基金和公司型基金。
3. 比较封闭式基金和开放式基金。
4. 试述证券投资基金的运作管理。
5. 股票基金有哪些常见类型?
6. 试述股票基金的投资分析。
7. 债券基金有哪些常见类型?

8. 试述债券基金的投资分析。
9. 什么是货币市场基金？
10. 试述货币市场基金的投资分析。
11. 什么是混合基金？它有哪些常见类型？

第四章

股权投资基金市场

🎓 本章概要

本章介绍股权投资基金市场。第一节介绍股票投资基金的定义、特征和种类;第二节介绍股权投资基金的募集与设立;第三节介绍股权投资基金的投资运作;第四节介绍股权投资基金的投资后管理;第五节介绍股权投资基金的退出。

🎓 学习目的

了解股权投资基金的概念;理解股权投资基金的种类;掌握股权投资基金的运作。

第一节　股权投资基金的概念

一、股权投资基金的定义

股权投资基金(private equity,PE)是指以非公开发行股权为投资对象的私募基金。

股权投资基金的运作流程可以用四个字概括:募、投、管、退,即募集和设立、投资、投资后管理、退出。

股权投资基金通过私募形式募集设立,然后投资于非公开发行股权,参与被投资企业的管理并提供增值服务,最后通过上市、并购等方式退出并获利。

二、股权投资基金的特征

股权投资基金有以下几个特征:

第一,在资金募集上,PE 采取私募的形式,募集对象为特定的机构和个人,募集方式为非公开,不通过公开市场进行销售,而是基金发起人通过与投资者私下协商、召开专门的路演会等方式进行。

第二,在投资方式上,PE 采取股权性投资方式,主要为普通股、优先股或可转债等,投资对象主要为未上市、高成长的企业,投资期限一般为 3 到 8 年。

第三,在投资管理上,PE 参与被投资企业的经营管理并提供增值服务。

第四,在退出机制上,PE 基本上是"以退为进、为卖而买",因此,PE 在投资之前就设置了退出机制,约定上市、并购等退出渠道,如果找不到退出渠道,就不会投资。

三、股权投资基金的种类

股权投资基金起源于创业投资基金(venture capital,VC),投资对象主要为创业阶段的企业。此后随着市场的发展,投资对象扩展到其他发展阶段的企业,投资方式也日益丰富,形成了一个种类众多的投资工具。

股权投资基金最常见的分类,是按照所投资企业不同发展阶段的融资需求来划分的。

(一)企业不同发展阶段的融资需求

企业在不同的发展阶段,有以下融资需求:

1. 种子期融资

此阶段,企业的商业概念已经形成,融资用于研究、评估和开发商业概念。PE 一般不投资种子期企业,种子期企业的融资主要来源于家人、朋友和"傻瓜"[①](friends、family、"fools",3F 或 FFF)。另外,也有专业的个人投资者投资种子期企业,这些专业的个人投资者经常被称为天使投资者(angel investors)。

2. 启动期融资

融资用于产品的研发和最初的市场营销。有的公司会在此过程中逐步建立起来或者经营一段时间,但是尚未将他们的产品进行商业化销售。

3. 其他早期融资

融资用于完成产品的研发阶段并且需要进一步的资金用来进行商业化的生产和销售。此时,公司还未创造利润。

4. 扩张期融资

融资用于收支平衡或已盈利企业的成长和扩张,如提高产量、扩大市场、升级产品或增加营运资金。

5. 过桥融资

过桥融资用于公司从准备上市到成功上市的转型阶段。

6. 重振资本

重振资本用于为正处于困境的公司的融资。

7. 杠杆收购

融资用于投资者收购企业或资产。

8. 管理层收购

融资用于目标企业现在的管理层和投资者收购目标企业。

---

① 称其为"傻瓜"是因为投资于此阶段的公司,具有很高的风险。

9. 管理层买入

融资用于目标企业的外部管理人员或管理团队收购目标企业。

10. 上市公司收购

收购上市公司的股票并将上市公司退市。

(二) 股权投资基金的分类

根据上述企业不同发展阶段的融资需求,股权投资基金可以分为:风险投资基金、扩张基金和收购基金。

1. 风险投资基金

风险投资基金(venture capital)是指对起步期和其他早期阶段的企业进行投资的PE。

2. 扩张基金

扩张基金(expansion capital)是指对扩张期企业进行投资、提供过桥融资和重振资本的PE。

3. 收购基金

收购基金(buyout fund)是指从事杠杆收购、管理层收购、管理层买入和上市公司收购的PE。

PE与企业不同阶段融资需求的关系,通常用图解的方式来解释,见图4.1。

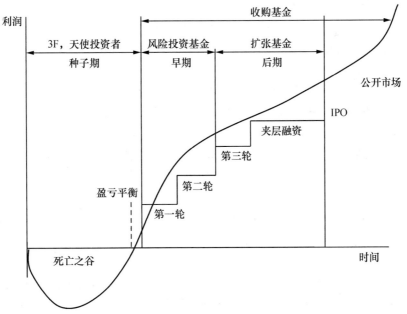

图4.1 企业不同阶段融资需求与股权投资基金的种类

案例

股权投资基金与中国动向的传奇

2007年10月10日,内地运动服饰企业中国动向(3818.HK)正式登陆香港联交所,这是继李宁体育(2331.HK)、安踏体育(2020.HK)之后在港上市的第三家内地运动服饰企业。

表4.1为中国动向与李宁体育上市之时的比较。

表4.1 中国动向与李宁体育上市之时的比较

	中国动向(3818.HK)	李宁体育(2331.HK)
创业时间	2005年6月	1991年1月
上市日期	2007年10月	2004年6月
上市融资额	54亿港元	5.3亿港元
上市后流通市值	226亿港元	22亿港元
上市后创业者身家	180亿港元	8亿港元

我们发现,中国动向以不到李宁体育1/5的创业时间,创造了李宁体育10倍多的IPO后流通市值,中国动向创业者陈义红家族的身家更是李宁体育创业者李宁家族的20多倍。

如果我再告诉你,陈义红曾经是李宁体育的总经理,中国动向的核心业务是陈义红于2005年6月通过出售李宁体育股票所得的4 000万人民币,从李宁体育购买过来的,而在两年多后上市之时的2007年10月,中国动向的流通市值达到了226亿港元,陈义红的身家达到了180亿港元,你是不是会觉得这简直就是一个传奇?

(一)陈义红创业

1. 北京动向成为Kappa品牌特许使用商

2001年,陈义红从李宁体育总经理的位置下来,转任法人代表,这对于43岁的陈义红而言,意味着事业的低谷。

2002年,北京动向成立,并与国际著名专业运动品牌Kappa的拥有者意大利BasicNet公司签订特许使用协议,在2007年12月31日前,北京动向每年向BasicNet公司支付一定的特许权使用费,北京动向拥有Kappa品牌在中国内地及澳门的独家使用和经营权,可以自行开发、制造、销售以Kappa品牌命名的运动服饰。此时的陈义红有了一项新的工作任务,那就是负责管理 Kappa 品牌的营运。

北京动向成立之初的股权结构见图 4.2。

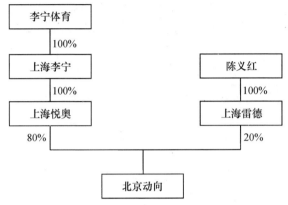

图 4.2 北京动向成立之初的股权结构

在陈义红的领导下,北京动向取得了良好的业绩,2002 年至 2004 年销售收入的复合增长率高达 276%,2004 年北京动向扭亏为盈,当年销售额 1.05 亿元,纯利润 570 万元。这对于一个刚刚进入中国市场的新品牌来说,应该说是非常出色的业绩。

2. 陈义红控股北京动向

2005 年 3 月 14 日,上海泰坦成立,陈义红家族持有 93% 股权,另外 7% 的股权则由当时北京动向的总经理秦大中持有,见图 4.3。

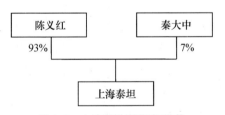

图 4.3 上海泰坦的股权结构

2005 年 6 月 30 日,上海悦奥及上海李宁与上海泰坦分别订立股权转让协议及债权转让协议。根据股权转让协议,上海悦奥同意转让其北京动向 80% 股权予上海泰坦,对价为人民币 861.4 万元。在进行股权转让的同时,上海李宁同意根据债权转让协议转让北京动向欠其未偿还债务的权利予上海泰坦,对价为人民币 3 620 万元。两项交易总计 4 481.4 万元,在协议生效后 14 日内,由上海泰坦以现金一次性支付。为支付上述款项,陈义红不惜卖掉了所持有的李宁体育所有的股票。

上述交易完成后,陈义红成为北京动向的绝对大股东,从而真正拥有了属于自己的创业平台,见图4.4。

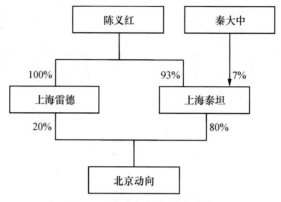

图4.4　陈义红控股北京动向

之后,北京动向继续保持稳定增长,2005年的销售收入为1.48亿元,净利润为3 781万元。

3. 购买Kappa品牌

尽管收购后的北京动向发展稳定,但终究还只是Kappa品牌的地区特许使用商,并且这一特许权协议将于2007年12月31日到期,这样的身份面临困境:把Kappa品牌做大,其实是在培养Kappa品牌的拥有者BasicNet在中国市场的潜力,一旦BasicNet在特许权协议期满后拒绝继续合作,则北京动向就是在给他人做嫁衣。

2006年初,BasicNet陷入了资金危机,急缺现金,这为北京动向改变上述困境提供了转机。2006年3月26日,陈义红全资拥有的公司Diamond King与BasicNet订立协议,以3 500万美元购买Kappa品牌在中国内地及澳门的全部权益,成为Kappa品牌在上述两个地区的拥有者。

但是对当时的陈义红来说,3 500万美元显然不是一个小数目,其拥有的李宁体育股票早已出售并用于收购北京动向,那么陈义红到哪里去筹集到这么多的资金呢?

正是国际著名投资银行摩根士丹利管理的两个股权投资基金为陈义红提供了收购资金,可以说,如果没有摩根士丹利管理的股权投资基金(以下简称为摩根士丹利)的投资,就没有陈义红和中国动向之后的传奇故事。

(二)"动向系"如何吸引PE的投资

PE投资一个企业,重点考虑的因素有三个:市场、商业模式和管理团队。

我们将在本章后面内容中详细分析这个问题。

那么"动向系"及其Kappa品牌在市场、商业模式和管理团队方面是怎么打动摩根士丹利的PE呢？

1. 中国运动服装市场快速增长

2000年以来，中国运动服装市场出现双位数增长，到2006年，中国运动服装市场的销售额达38亿美元。

未来，中国运动服装市场将继续保持快速增长态势，预计到2009年，销售额将在2006年的基础上接近翻番，达到72亿美元，复合年增长率为23.3%。

促进中国服装市场快速增长的因素主要包括：GDP的增长、居民收入水平上升、分销渠道渗透程度增加、不断增加的富裕城市消费者的消费模式转变。

2. 商业模式的独特竞争力

在整个中国运动服装市场中，国际品牌和国内品牌共同角逐、竞争激烈。Kappa品牌从2002年进入中国，到2006年就取得了占有2.8%的市场份额、市场销售排名第5的不俗成绩。

那么Kappa靠什么取得如此不俗的成绩呢？我们通过"动向系"与李宁体育、安踏体育的商业模式比较来分析，见表4.2。

表4.2 "动向系"与李宁体育、安踏体育的商业模式比较

	动向系	李宁体育	安踏体育
经营模式	轻资产运营	轻资产运营	垂直整合
市场定位	运动时尚	高端专业运动	中低端专业运动
营销方式	流行服饰模式	耐克模式	耐克模式

第一，从经营模式比较，"动向系"和李宁体育都采取轻资产运营模式，通过品牌的号召力来调度生产、整合渠道，进而获得市场。轻资产运营已成为运动服饰行业普遍的经营模式，各大品牌均已采用，李宁体育和"动向系"也是坚定的跟随者。而安踏体育从制造起家，拥有一定的生产能力，通过垂直整合模式，凭借低成本优势获得市场。与李宁体育、"动向系"资产结构不同的是，安踏体育在生产设备方面占用了企业部分财务资源，非流动资产比例明显高于前者。

第二，从市场定位比较，"动向系"尽管沿袭了轻资产运营模式，但在产品的市场定位方面却走出了一条有别于李宁体育的差异化路线，即在保留Kappa品牌体育运动内涵的同时，融入时尚化、休闲化元素，将Kappa品牌定位于"运动时尚"，避开国内外体育巨头短兵相接的"专业运动"用品市场。这也是"动向系"得以成功的关键所在。

第三，从营销方式比较，李宁和安踏的市场推广策略都沿袭了耐克的模式，

即主要是通过赞助体育赛事、体育代表队以及用体育明星代言进行品牌推广。与李宁体育和安踏体育不同的是,"动向系"采用的是流行服饰品牌常用的营销方式,从来不做电视广告,也退出了运动赞助商的队伍,主要赞助主持人和明星,走纯粹流行时尚的营销路线,"动向系"这种营销模式是根据其产品"运动时尚"定位而制定的,由此也大大降低了营销费用,国际运动品牌营销费用在营业额中所占的比重一般约为13%—16%,而"动向系"仅占8%左右,有利于提升盈利能力。

3. 出色的管理团队

公司的管理团队具有丰富的从业经验和出色的工作业绩,并且以在北京动向经营Kappa品牌的优良成绩证明了其能力。

公司创始人、董事长陈义红在体育用品业有丰富的经验和出色的业绩。陈义红1980年开始从事运动服饰行业,1991年加盟李宁体育,先后出任广东李宁鞋部经理、北京李宁副总经理、总经理及行政总裁,1997年出任李宁体育总经理,2001年辞去李宁体育总经理职务,2002年负责北京动向的Kappa品牌的营运。

公司总经理秦大中,有10年的体育用品业从业经验。1997—2002年任职于李宁体育,出任多个职位,负责李宁体育规划、国际业务与财务监控。2002年起担任北京动向总经理。

4. 对赌协议

无论从市场、产品还是管理团队而言,"动向系"对于PE都是很有吸引力的,但是为了进一步吸引摩根士丹利,同时也是基于摩根士丹利对于风险的考虑,"动向系"还与摩根士丹利签署了对赌协议。

对赌协议内容如下:如果2006年和2008年,"动向系"最终上市主体的净利润达不到2 240万美元及4 970万美元的目标,"动向系"的现有股东同意以1美元的象征性代价转让动向股份给摩根士丹利,具体比例根据实际净利润与目标值之间的差额确定,但最高比例不得超过IPO前2007年6月29日动向总股本的20%。最高比例20%实际上意味着即便出现最坏的情形,陈义红依旧能够保持控股权,显然,在这个重大问题上,陈义红保留了自己的底线。此外,如果动向2008年净利润超过5 590万美元,摩根士丹利将按2007年6月29日动向总股本的1%奖励给"动向系"的现有股东。为确保"动向系"的现有股东履行协议,现有股东将所持的全部股份交给摩根士丹利做抵押品直至IPO完成。

(三)架构重组

1. "动向系"的架构不符合PE的投资要求

摩根士丹利投资前,"动向系"的股权结构见前面的图4.4。从图4.4可以看到,在整个公司架构体系中,缺乏一个控股型母公司,因此,摩根士丹利的投资不知从何入手,亦不知如何能退出,也就是说既没有"投"的主体,也没有

"退"的通道。

因此,必须通过重组,解决两个问题:第一,投资主体问题;第二,投资退出通道问题。为此,"动向系"进行了一系列的重组。

2. 海外造壳并注入资产

2006年4月10日,香港动向和Gaes Sports在香港成立,两家公司的股本都为1股,每股面值都为1港元,最终控制人为Liu Yueh-Er女士,见图4.5。

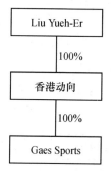

图4.5 香港动向和Gaes Sports成立

2006年4月10日,陈义红、秦大中将所持有的上海雷德和上海泰坦的全部股份,转让给Gaea Sports,转让价格根据上海雷德和上海泰坦的资产净值确定,分别为280万元和3 410万元。

2006年4月20日,Achilles在新加坡注册成立,向香港动向发行10股每股面值1美元的股份。见图4.6。

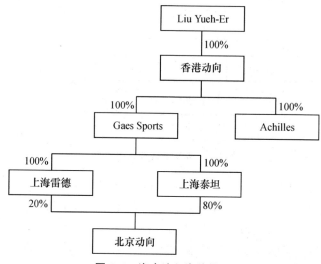

图4.6 资产注入海外公司

3. 陈义红控股香港动向

2006年4月24日,Poseidon在开曼群岛注册成立,陈义红持股92.83%,秦大中持股7.17%,见图4.7。

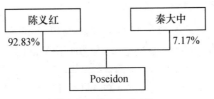

图 4.7 成立 Poseidon

2006年5月9日,Liu Yueh-Er将持有的1股香港动向的股份转让给Poseidon,从而陈义红控股香港动向,并重新控制事先注入香港动向的"动向系"资产,见图4.8。

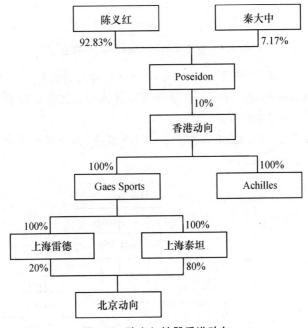

图 4.8 陈义红控股香港动向

2006年5月10日,Diamond King、Achilles、BasicNet订立了一份转让及豁免协议,根据该协议,Diamond King以1美元的代价向Achilles转让了其之前与BasicNet签订的有关Kappa品牌买卖协议的所有权利及责任。通过此项转让协议,"动向系"所有的核心资产都被纳入了香港动向这一海外壳公司的架构当中。

通过上述一系列重组,"动向系"解决了投资主体和投资退出通道问题,满足了摩根士丹利的投资要求。

(四)摩根士丹利投资"动向系"

1."动向系"向摩根士丹利发行票据

在"动向系"完成资产重组当天,即 2006 年 5 月 10 日,摩根士丹利与"动向系"正式签订了投资协议,根据该协议,Achilles 分两期向摩根士丹利发行 2 900 万美元及 300 万美元的票据及商标登记票据,所得款项用于拨付购买 Kappa 品牌的部分对价(其余 300 万美元由陈义红以自有资金支付);同时香港动向向摩根士丹利发行 600 万美元的过桥票据,以拨付内部重组及营运资金所需。协议中约定,如果没有达成包括成功收购和登记 Kappa 品牌在内的若干条件,所有票据将于 2007 年 5 月 30 日到期,"动向系"须向摩根士丹利以 15% 的内部回报率支付本金及回报。此外,于票据年期内,若"动向系"向股东分派股息或其他,还须向摩根士丹利支付相当于应付予股东的总股息或其他分派 25% 的总利息。同时,香港动向与摩根士丹利在当天还订立了一份担保及抵押契据,据此,香港动向将 Achilles 的所有已发行及未发行普通股和来自该等股份所有权的一切所得款项作为抵押品抵押给了摩根士丹利。

同时,摩根士丹利还有权将上述票据转为"动向系"的选择权。

可以看出,摩根士丹利所投入的 3 800 万美元初期只是以债务的形式出现,属于一种类似于可转债的金融工具,有充分的回旋余地。如果"动向系"发展良好,票据可以直接转换为股权来实现收益的最大化,而如果"动向系"效益达不到期望值,那么转换则可以不发生,此外,将"动向系"公司当中最具价值的、拥有 Kappa 品牌在中国内地及澳门永久权益的公司 Achilles 的股权作为抵押品,保证了"动向系"一旦出现偿债困难摩根士丹利能够全身而退,"动向系"与摩根士丹利之间做这样的协议安排实际上满足了摩根士丹利对投资安全性的考虑。

2. 业务重组

"动向系"在进行资产重组和融资的同时,也进行了业务重组。

2007 年 1 月 26 日,上海泰坦的全资子公司上海卡帕成立,2007 年 3 月,北京动向和上海泰坦将 Kappa 品牌的销售及生产业务转让给了上海卡帕,而北京动向负责经营国际采购业务及新代理的另一品牌 Rukka 的经营,上海泰坦则主要发挥投资控股的职能,持有北京动向和上海卡帕的股权。见图 4.9。

通过上述业务重组,有利于集团成员公司集中资源在各自专注的业务,避免了资源的重复建设及浪费,不过更重要的是,业务重组后将会直接导致"动向系"的实际税率下降。由于上海卡帕注册地同样也是位于可以享有优惠税务待

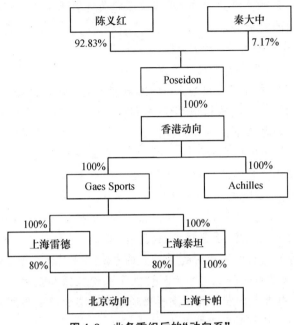

图4.9 业务重组后的"动向系"

遇的上海浦东新区,成立当年可以免缴企业所得税,因此将Kappa品牌的销售及生产业务从税负较高的北京动向及上海泰坦重组到上海卡帕无疑将大幅降低合并后的实际所得税率。"动向系"的财务报表显示,2006年合并后的企业所得税率为17.6%,2007年则迅速下降到4.9%,主要的原因就是上海卡帕首年免征企业所得税。

3. 摩根士丹利债转股

2007年4月20日,鉴于陈义红团队2006年取得了辉煌战果,并上市有望,同时Kappa商标已于2007年3月底前完成向中国内地、澳门的商标部门及世界知识产权组织注册转让的手续,摩根士丹利决定立即将债权转换成股权。为此,香港动向向摩根士丹利发行2 000股股份,同时,摩根士丹利转让票据及商标登记票据权利给香港动向,并且香港动向注销过桥票据。此次交易后,摩根士丹利成为香港动向持股20%的股东,见图4.10。

(五)中国动向香港上市

1. 构建上市主体中国动向

2007年3月23日,中国动向在开曼群岛注册成立。2007年6月29日,通过换股,香港动向成为中国动向的全资子公司。

2007年8月24日,上海泰坦进一步向北京动向注资人民币920万元,北京

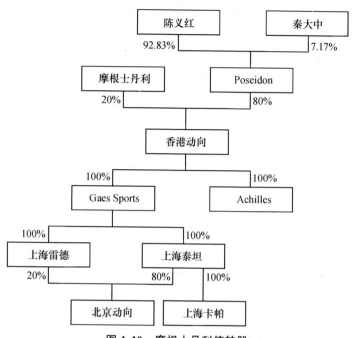

图 4.10 摩根士丹利债转股

动向的注册资本由 80 万元增加至 1 000 万元,而上海泰坦于北京动向的股权则由 80%增加至 98.4%,上海雷德则由 20%减至 1.6%。经过这一番调整,突出了上海泰坦在国内的控股母公司地位。

至此,上市架构完全搭建完成,见图 4.11。

2. 中国动向香港上市

2007 年 9 月,中国动向正式拉开香港上市的大幕,通过 IPO 配售给公众 13.75 亿股(其中含摩根士丹利的 1.94 亿股旧股),中国动向的股份扩大为 55 亿股。随着中国动向的上市,摩根士丹利花 3 800 万美元买来的这些股权换成了 8.64 亿股中国动向股票,约合每股 0.34 港元。事实上,摩根士丹利前前后后总共投入 3 800 万美元,约合 3 亿港元,通过 2007 年 5 月后中国动向的两次股息分派就收回了约 7 600 万港元,成本降到 2.24 亿港元。而且,摩根士丹利在中国动向上市以及超额配售时出手了 2.231 亿股,回笼了约 8.88 亿港元,已经赚得了 6.44 亿港元。出售之后摩根士丹利仍然持有 6.41 亿股,按照 2007 年末中国动向 5.8 港元的股价计算,这部分股票的市值高达 37.2 亿港元,摩根士丹利对中国动向的投资获利超过 10 倍。

同时,在不到两年半时间里,陈义红家族的身价从 4 000 万人民币狂升到 180 亿港币。

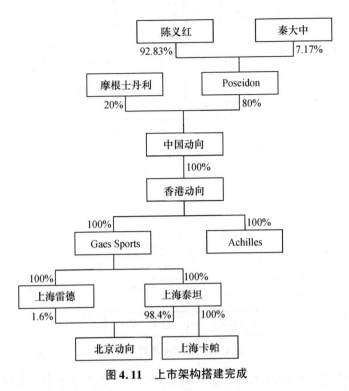

图 4.11　上市架构搭建完成

此案例堪称股权投资基金与企业家的完美传奇。

第二节　股权投资基金的募集与设立

一、股权投资基金的组织形式

PE 的组织形式主要有：公司制、信托制和有限合伙制。目前，PE 发达国家的组织形式普遍是有限合伙制。中国的 PE 起源于公司制，随着市场的发展和法律法规的完善，出现了信托制和有限合伙制，目前中国这三种组织形式的 PE 都存在，但是新成立的 PE 首选有限合伙制，有限合伙制 PE 逐渐成为中国 PE 的主流。

（一）公司制股权投资基金

公司制股权投资基金是一种法人型基金，采取股份有限制或者有限责任制的投资公司形式。

在公司制股权投资基金中,投资者是公司股东,依法享有股东权利,并以其出资为限对公司债务承担有限责任。基金管理人通常以两种形式参与投资管理:一种是以公司常设董事身份作为公司高级管理人员直接参与投资管理;另一种是以外部管理公司的身份接受股权投资基金的委托进行投资管理。

公司制股权投资基金的优点在于:第一,公司制在很多国家比合伙制、信托制有着更悠久的历史和更为健全的法律环境,进而使得这些国家的公司制有着更完整的组织结构和更规范的管理系统,可以有效降低运作风险。第二,公司制的注册资本金制度,使得公司股东的退出只能通过转让股份而不能抽回投资,因此能够维持公司的资金稳定。第三,公司制基金是独立的企业法人,因此,可以通过借款来筹集资金,这在合伙制和信托制中则不可行。第四,公司制的有限责任,意味着全体股东以其出资额为限承担有限责任。

但公司制股权投资基金也存在以下不足:第一,公司制存在双重纳税问题,即公司制股权投资基金本身要缴纳所得税,投资者获得分红后,还得缴纳所得税。第二,公司制的注册资本金制度,在维持资金稳定的同时,也可能产生资金闲置的问题,即从投资者出资到位至资金投资到位可能存在一个时间差。第三,公司制与合伙制和信托制相比,在管理人激励机制方面,存在较大限制。第四,公司制设置股东会、董事会、监事会和管理层,多重机构的协调和制衡可能导致决策效率较低。

在20世纪40年代,股权投资基金在美国诞生之初,即采用公司制,但在20世纪70年代逐步转向有限合伙制,一个主要原因是美国的有限合伙制能够避免公司制的双重纳税问题。但在欧洲和我国台湾地区,因为公司制股权投资基金能够在不同程度上享受一些优惠政策,因此,股权投资基金仍然主要采用公司制。

(二)信托制股权投资基金

信托制股权投资基金是由管理人与信托公司合作,通过发行集合资金信托募集资金,然后进行股权投资运作。

在信托制股权投资基金中,投资者的身份是委托人兼受益人,将资金委托给受托人,受托人以自己的名义进行股权投资运作。信托制股权投资基金可以利用一家信托投资公司作为受托人发行信托进行融资,基金管理人则作为受托人雇佣的投资顾问公司参与投资管理,也可以由基金管理人直接作为受托人。

信托制股权投资基金有如下优点:第一,信托本身不是应税主体,不需要缴纳所得税,只有投资者需要对取得的信托收益缴纳所得税,因此,信托制避免了双重纳税。第二,信托制中,投资者只以信托资金为限承担责任,因此,投资者承担有限责任。第三,信托制实质上是一种契约式法律关系,因此,信托各方可以通过契约进行相关约定,在管理人激励机制方面比较灵活。第四,信托制中,资金一步到位,因此,保证了资金的稳定。

但信托制股权投资基金也存在以下不足:第一,资金一步到位,同样存在资金闲置问题。第二,信托制不具备法人资格,因此无法通过借款筹集资金。第三,信托制中,投资者基本处于被动状态,难以干预到受托人和基金管理人的决策。

(三) 有限合伙制股权投资基金

有限合伙制股权投资基金中,投资者作为合伙人参与投资,依法享有合伙企业财产权。基金发起人作为普通合伙人代表基金对外行使民事权利,并对基金债务承担无限责任,其他投资者作为有限合伙人以其认缴的出资额为限对基金承担有限责任。

有限合伙制股权投资基金的一个简单结构见图4.12。

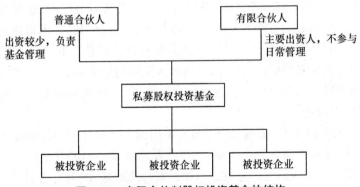

图4.12 有限合伙制股权投资基金的结构

目前,有限合伙制是股权投资基金的主流模式,这主要是由有限合伙制股权投资基金的如下优势所决定的:

第一,各合伙人权利义务分明。有限合伙制股权投资基金中,有限合伙人与普通合伙人承担的责任不同,这也就决定了他们对有限合伙企业的权利各不相同,有限合伙人承担有限责任,因此仅需按照有限合伙协议约定按期、足额缴纳认缴出资,普通合伙人承担无限责任,主要负责基金投资等重大事项的管理与决策,对合伙企业的最主要责任是尽职地执行基金事务。

第二,有效的激励机制。一般情况下,有限合伙人的投入往往占基金资金总额的99%,而普通合伙人的资金只占1%。普通合伙人作为基金的管理者,其报酬包括两个部分:一是管理费,通常占已投资金额的1%—3%;二是投资收益的提成,该部分通常占基金投资收益的10%—30%。在有限合伙制下,基金能够通过契约关系实现上述激励机制安排。

第三,避免资金闲置问题。有限合伙企业没有公司注册资本的约束,只需要在设立时约定投资者的投资规模,因此,能够根据基金的投资进程逐步出资,避免资金闲置问题。

第四,避免双重纳税。有限合伙企业并不是独立的法人,不能独立于合伙人而存在,必须依附于各合伙人的契约关系,因此,有限合伙企业不是纳税主体,只需在合伙人环节缴税,这就避免了双重征税问题。

二、三种组织形式的比较

不同的组织形式在资金募集上有不同的特点,在设立的时候,应该综合考虑三种组织形式的利弊,从而选择一种最优的组织形式。

下面我们进一步分析在中国的实践中,不同组织形式 PE 的利弊。

(一) 资金募集的难易程度

公司制 PE 往往先有投资者的投资意向,再确定组织形式,因此不存在资金募集问题。

信托制 PE 通过专业信托公司推介和募集,其融资渠道比较成熟,投资者对信托公司也相对信任,相对比较容易募集资金,但关键在于基金发起人的投资能力能否获得信托公司的信任。

有限合伙制 PE 主要依靠普通合伙人的业绩和品牌,如果普通合伙人缺乏业绩和品牌,资金募集就比较困难。

(二) 资金利用效率

公司制 PE 要求在设立时资金首期到位 20%,其余资金在 3 年内逐步到位。

信托制 PE 要求资金一次性到位,因此资金利用效率最低。

有限合伙制 PE 采取承诺出资制,投资者根据投资进度逐步拨付资金,因此资金利用效率最高。

(三) 管理人的权责利

公司制 PE 中,管理人本身就是投资者自身,在其出资范围内承担有限责任,投资决策权属于股东会或董事会,高管仅有提供决策建议的权利。在公司制 PE 中,高管的激励机制非常不充分。

信托制 PE 中,作为管理人的信托公司所承担的责任比较低,无需对信托运作所产生的债务承担责任,由其聘请的投资顾问也无须承担相应的法律责任,除非信托公司或投资顾问在投资过程中存在违反信托契约的行为。信托制 PE 通过约定确定决策委员会,虽然主要成员是投资顾问和信托公司,但也允许部分投资者参与决策。在激励机制上,信托制 PE 可以通过契约约定对管理人进行充分的激励。

有限合伙制PE中,管理人的投资决策权最大,一般基金的投资决策权仅属于普通合伙人。在激励机制上,有限合伙制PE和信托制PE可以通过契约约定对管理人进行充分的激励。

(四)税收

公司制PE双重纳税,不仅公司需要缴纳企业所得税,投资者分配收益时还要缴纳所得税,因此税收成本最高。

信托制PE对信托本身不征税,仅在投资人分配收益时征收所得税,避免了双重纳税。

有限合伙制PE对有限合伙企业本身也不征税,仅在投资人分配收益时征收所得税,避免了双重纳税。

(五)上市退出的便利程度

公司制PE在上市退出方面最便利,在法律上不存在任何障碍。

信托制PE中,目前我国法律对信托公司作为上市公司的股东这一问题存在法律限制,因此上市退出存在障碍。

有限合伙制PE中,我国目前法律已经允许有限合伙企业作为上市公司的股东,因此可以通过上市退出。

三、不同类型管理人的股权投资基金

根据基金管理人的独立性不同,股权投资基金可以分为:独立型基金、附属基金和半附属基金。

(一)独立型基金

独立型基金是PE中最为普遍的一种形式,这类基金以富有经验的基金管理人凭借信誉和业绩从各种渠道筹集资本,包括养老基金、教师退休基金、保险公司、富裕家族和大型公司等渠道。基金管理人具体负责基金的管理,并取得相应的报酬。它们是最专业的PE管理机构,全球最著名的几大PE,如KKR、凯雷、百仕通和红杉资本都属于此类。

(二)附属基金

附属基金与独立型基金不同,附属基金是一些有实力投资独立性基金的大型投资机构,如大财团、商业银行、年金基金、保险公司和捐赠基金等,为了获取更高的收益,不投资到独立型基金,而是自己成立独立的基金来进行投资,他们多数作为大型机构的分支机构,一般不需要对外募集资金,而只管理母机构的资金。此类机构的代表为淡马锡、英特尔投资、IBM VC、迪斯尼思伟投资等。

(三) 半附属基金

半附属基金处于独立型基金和附属基金之间,它们不仅管理母公司的资金,而且将基金管理作为母公司一项业务和重要收入来源,通过对外募集来成立更大规模的基金。半附属基金虽然在机构上仍然隶属于母机构,但是其所管理基金的资金来源中,来自母公司的仅占一部分。典型的如花旗、高盛、摩根士丹利、美林等旗下的直接投资基金。

四、股权投资基金的融资渠道

股权投资基金的融资渠道主要有:政府和其他公共机构、养老金、金融机构、基金会和富有个人。

(一) 政府和其他公共机构

政府机构对于 PE 的投资,在 PE 的融资总额中并不占有主要地位。在欧美,这个比例通常为7%—8%。我国的中国投资公司对百仕通集团30亿美元的投资就属于这一类。尽管这一类投资者的出资比例并不大,但由于其具有的公共权力,对于 PE 而言往往有指标性的意义。

(二) 养老金

养老金包括企业养老金和政府养老金两类,但实质上差不多。这一部分的资金在 PE 的融资中占有大宗。在欧洲,养老金占有 PE 融资总额的20%以上,而在美国更是占有50%以上的份额。养老基金的资金数量庞大,投资期限长,要求的回报率也不高,因此也是 PE 们最喜欢争取的资金来源。我国的社保基金投资于鼎晖和弘毅就是属于这一类融资行为。

(三) 金融机构

金融机构主要包括商业银行、保险公司和其他金融机构。这些机构现金充裕,可以为 PE 提供大笔的资金。在美国,金融机构为 PE 提供了20%以上的资金;而在欧洲,金融机构提供了近50%的资金。目前,我国的商业银行不能直接投资 PE,但银行理财资金可以投资 PE。保险公司对 PE 的投资也正在逐步放开。

(四) 基金会

通过投资 PE,很多基金会获得了丰厚的回报。在美国,这类资金占 PE 融资额的不到10%,在欧洲大概在15%左右。

(五) 富有个人

富有个人投资占 PE 的资金的比例一般只有6%—7%,主要原因是 PE 的融资规模很大,但融资对象较少,单笔融资额很高,很多富人并不足以富到可以成为 PE 的出资人。富有个人也是我国 PE 的资金来源之一。

五、不同资金来源的股权投资基金

中国的股权投资基金根据资金来源的不同,又可以分为:国有资本为主的基金、民间资本为主的基金和国外资本为主的基金。

(一) 国有资本为主的基金

国有资本为主的基金,主要是政府或国有企业主办的产业投资基金和创业投资公司,其特点是资金规模较大,组织结构及投资决策程序复杂,多专注于基础设施、大型水电工程等重大项目。这类基金的典型代表 IDG 创投、软银赛富、弘毅投资、鼎晖投资等。

(二) 民间资本为主的基金

民间资本为主的基金主要是一些民营创业投资公司、有限合伙制和信托制 PE。早期的此类基金一般采取公司制,规模都比较小,管理和运作相对灵活,创新活跃,资金多来源于国内的个人、民营企业等。新的合伙企业法和信托法出台后,这类基金较多地采用合伙制或信托制形式。随着多年的发展,这些以民间资本为主的 PE 在中国逐渐成长壮大,业务领域和实力也大大拓展。这类基金的典型代表如南海成长创业投资合伙企业、温州东海创业投资有限合伙企业、太平洋深蓝一号股权投资集合资金信托计划等。

(三) 国外资本为主的基金

国外资本为主的基金至今仍然是中国 PE 的主角。不同于国有资本和民间资本为主的基金,在国内他们大多是只是成立管理公司进行运作,但是基金都成立在海外,完全按照国外成熟的 PE 运作模式进行运作,加之基金管理人普遍具有国内外的双重背景和丰富的实际运作经验,因此,迅速地占领了大部分的中国 PE 市场。这类基金的典型代表如 IDG 创投、软银赛富、弘毅投资、鼎晖投资等。

第三节 股权投资基金的投资

股权投资基金投资一个企业,一般流程包括五个主要步骤:项目初审、签署投资意向书、尽职调查、签署正式投资协议、完成投资。

一、项目初审

项目初审是股权投资基金投资流程的第一步,包括书面初审和现场初审两个部分。

(一)书面初审

PE 对拟投资企业的书面初审,主要方式是审阅企业的商业计划书。PE 通过商业计划书了解企业的相关情况,包括企业定性和定量两个方面的情况。

定性方面,PE 重点关注企业的市场、商业模式和管理团队。

定量方面,PE 关注企业的融资要求、预期回报率和现金流预测等数字内容。

(二)现场初审

现场初审,也叫初步的尽职调查。PE 在仔细审查过商业计划书后,如果认为初步符合投资要求,一般会到企业现场实地走访。在这一过程中,PE 的主要目的是将书面初审得到的信息与现场调查得到的信息进行相互印证。

二、签署投资意向书

通过项目初审,如果符合基本的投资要求,PE 一般会与企业进行谈判。这轮谈判的目的在于签署投资意向书。

在整个股权投资基金的投资过程中,最重要的部分是投资意向书(Term Sheet)。投资意向书囊括了与投资有关的所有关键内容,是股权投资基金与企业就可能达成的投资交易所作的原则性约定,也是双方未来将签订的正式投资协议的主要条款。

从理论上讲,投资意向书并没有法律约束力,但一般从信誉角度考虑,股权投资基金和企业双方都会遵守诺言。股权投资基金和企业签署了投资意向书,就意味着双方已经对投资条件的框架达成一致意见,如果接下来的尽职调查结果满意,正式投资协议只是对投资意向书的条款做进一步的细化,不会对这些条款做重大调整,否则也就失去了投资意向书的意义。

因此,我们这里对投资意向书中的重要条款进行分析。

(一)投资工具

尽管股权投资基金投资对象是股权,但投资工具并不单单就是普通股,有时候也会采取优先股或者可转债的形式。

普通股投资是一种最简单的方式,也就是 PE 向企业投资并持有相应股权。

优先股投资也就是 PE 向企业投资并持有相应股权,但 PE 所持有的股权含有一定优先权,即创始股东是企业的普通股股东,而 PE 是企业的优先股股东。这里的优先权常见的有两种:优先分红权和清算优先权。

可转债(convertible loan)是股权投资基金的一种常见投资工具,是指 PE 认购公司发行的一种可转换为股票的债权,首先通过债务的方式向公司投资,在适当的时机,或基于一定的条件和程序,PE 有权但无义务选择转换为公司的股票。PE 之所以选择可转债,而不是直接选择股权,主要是从防范风险的角度考虑的。因为,从级别上来讲,可转债属于债权,在公司经营状况不理想的情况下,优先于股权得到偿付。同时,PE 采取可转债,就有了一个可进可退的空间,入股的投资人不想继续投资,要求公司偿还本金即可,如果想成为公司的股东,可行使转换权。

(二) 清算优先权

清算优先权(liquidation preference)是指 PE 在公司清算时,有权优先于普通股股东获得约定金额的优先偿付。这里所说的清算,不单单指破产清算,以下情况也被视为清算:公司合并、被收购、出售控股股权以及出售主要资产,从而导致公司现有股东占有存续公司已发行股份的比例不高于 50%。

PE 之所以要求清算优先权,首要的原因是在投资不成功走到清算的地步的时候,至少有一个回报的保障。其次,在公司合并、被收购、出售控股股权以及出售主要资产等也被视清算的情况下,能够有一个比较理想的回报。

(三) 优先分红权

优先分红权(dividends preference)是指作为 PE 的优先股股东享有的在公司宣告分派股息时,有权优先取得约定比例的股息。

PE 之所以要求优先分红权,其目的并不在于通过股息收回投资及取得投资回报,而首先在于大小创始股东限制分红的动力:限制公司分红,从而把更多的资本留存到企业中,用于企业的后续发展。

(四) 对赌协议

对赌协议,也叫做基于业绩的调整协议(adjustment based on performance),是一种基于公司业绩而在 PE 和创始股东(或管理层股东)之间进行股权调整的约定。

一般来说,对赌协议是一种双向的约定:如果达到预先设定的业绩指标,则 PE 向创始股东无偿转让一定股份;相反,如果达不到预先设定的业绩指标,则创始股东向 PE 无偿转让一定股份。

PE 之所以与创始人股东签订对赌协议,其主要目的是通过一种直接跟利益挂钩的激励与惩罚机制,刺激创始股东或管理层为公司创造出更好的业绩从而也为 PE 带来更大的回报,同时还是锁定投资风险的一种手段。

对赌协议既可能激发公司超常规的快速增长,如蒙牛的案例,同时也可能使企业迫于业绩压力而陷入困境,如永乐电器的案例。

案例

蒙牛的对赌协议

2002 年 12 月,摩根士丹利、鼎晖、英联三家 PE 向蒙牛投资的同时,签订了一份对赌协议,协议约定:如果在 2004—2006 年三年内,蒙牛的每股赢利复合年增长率超过 50%,三家 PE 就会将最多 7 830 万股股权转让给以牛根生为首的管理层股东;反之,如果年复合增长率未达到 50%,管理层股东就要将最多 7 830 万股股权转让给 PE。

由于蒙牛业绩表现很好,2004 年 6 月就提前达到了预期增长目标。2005 年 4 月,三家 PE 以向管理层股东支付本金为 598.76 万美元的可换股票据的方式提前终止了双方协议。

案例

永乐电器的对赌协议

2005 年 1 月,摩根士丹利和鼎晖两家 PE 向永乐电器投资的同时,签订了一份对赌协议,协议约定:永乐电器在 2007 年(如遇不可抗力,可延至 2008 年或 2009 年)扣除非核心业务(如房地产)利润后盈利如果高于 7.5 亿元,两家 PE 向管理层割让 4 697 万股;利润介于 6.75 亿元和 7.5 亿元之间不需进行估值调整;利润介于 6 亿元和 6.75 亿元之间,管理层向投资人割让 4 697 万股;利润低于 6 亿元,则管理层割让的股份达到 9 395 万股。

以永乐电器 2004 年末(对赌协议签署于 2005 年 1 月)的净利润水平估算,

永乐电器管理层如果想从 PE 手里拿回 4 697 万股股份,则 2005—2007 年的三年间,永乐电器的年净利润增长率至少要达到 52%,而净利润要达到不割出股份的 6.75 亿元,增长率要达到 47%。

在 PE 投资永乐电器之前,除去 2003 年永乐电器高达 423% 的大幅增长,2003—2005 年永乐电器的年复合增长率仅为 40%。也就是说,按照永乐电器 2003—2005 年以前的发展轨迹,永乐电器要想不输掉对赌协议,其 2005—2007 年的净利润增长水平至少要大幅度提高 17% 才行。

为了赌赢对赌协议,永乐电器只有一个选择——并购扩张。为此,永乐电器一改"重利润轻扩张"的稳健策略,采用过度扩张的策略。从 2005 年开始,该公司进行了一系列的收购,并把被收购企业的盈利注入其利润表中,以期达到对赌协议中的净利润要求。但事与愿违,急剧的扩张显然超出了长期以来擅长于"慢工出细活"的永乐电器管理层的能力范围。2005 年,永乐电器的利润为 2.89 亿元,而 2006 年上半年净利润仅为 1 551.7 万元。

2006 年 7 月 25 日,永乐电器以被国美电器收购的方式,解决了对赌协议的困境。苏宁电器总裁孙为民认为,永乐电器落入这个地步,和 PE 签订的对赌协议是首要原因。

三、尽职调查

PE 在与企业达成初步投资意向后,经协商一致并签署保密协议后,PE 对企业进行尽职调查(due diligence)。

PE 通过尽职调查主要达到两个目的:第一,价值发现,PE 只有在全面了解企业的各种情况后才能真正了解和发现企业的价值;第二,风险发现,PE 只有全面了解企业,才能更好地化解目前存在或未来可能出现的各种风险。

尽职调查所涉及的主要内容包括:财务、法律、业务和管理团队。

(一) 财务调查

财务调查主要是调查企业提供的财务数据是否真实。如果财务数据和财务报表相一致,那么当然没有问题,如果财务数据和最开始双方交流时的数据不一致,就需要进一步分析其中的原因,是由于双方的理解问题,还是别的如财务造假等其他更加严重的问题。

有些项目,PE 选择自己内部的财务专家进行调查,有些项目,PE 会聘请专门的会计师进行调查,这取决于项目需要。

（二）法律调查

法律调查主要包括如下内容：

第一，股权合法性，以股权为脉络对企业的历史沿革进行调查，看股权是否存在瑕疵。

第二，资产完整性，以业务流程为主线对企业的资产进行调查，看资产的所有权是否存在问题。

第三，环保问题，即企业有没有获得相应的环保批准，或者在未来能不能拿到这些批准。

第四，法律诉讼，即调查企业是否存在诉讼或潜在诉讼。

（三）业务调查

业务调查不像财务调查和法律调查那样有共性，因为每个公司的业务都比较有个性。

业务调查不但要通过公司的人进行调查，还要向企业的客户和合作伙伴进行调查，有时甚至要向行业专家、竞争对手进行调查。

（四）管理团队调查

管理团队是 PE 是否投资企业的一个关键因素，从某种程度上来说，PE 投资就是投"人"，因此，管理团队调查非常重要。

PE 会从综合素质、行业经验、管理能力、团队合作等方方面面对管理团队进行调查。

四、签署正式投资协议

正式投资协议往往比较复杂，除了商业条款外还有复杂的法律条款。正式投资协议的商业条款，当然是以投资意向书为基础确定的。正式投资协议和投资意向书最大的不同在于，正式投资协议具有正式的法律效力，PE 和企业必须遵守。

在收购协议中，PE 和企业会确定投资模式。PE 投资中国企业，主要有三种投资模式：公司架构、中外合资架构、红筹架构。

（一）公司架构

所谓公司架构，就是 PE 直接投资于实际进行业务运营的国内公司。这种投资模式适用于人民币 PE。

（二）中外合资架构

所谓中外合资架构，就是外资 PE 直接投资于实际进行业务运营的国内公司，投资后，国内公司变成中外合资企业，应遵守中外合资企业法。这种投资模式适用于外币 PE。

(三) 红筹架构

所谓红筹架构,即先由企业的创始股东在开曼群岛等地注册一家离岸公司,然后利用这家离岸公司控制实际进行业务运营的国内公司,国内公司成为外商独资企业,然后 PE 再投资于这家离岸公司,离岸公司再将钱转投入国内公司。这种投资模式适用于外币 PE。

五、完成投资

签署正式投资协议后,就需要完成与投资相关的一系列工作,包括:签署董事会及股东会的决议、签署新公司章程、变更董事会组成、PE 出资、工商变更等。

第四节 股权投资基金的投资后管理

股权投资基金从投资到退出尚有一段距离,因此,投资后管理对 PE 而言至关重要。一般来说,PE 的投资后管理包括两个内容:一是参与被投资企业的管理;二是为被投资企业提供增值服务。

一、参与企业管理

股权投资基金作为金融投资者,一般不会直接参与被投资企业的具体经营管理,但往往会通过以下途径获得对企业的部分管理参与权:参加董事会和监事会、推荐高级管理人员、财务监控等。

(一) 参加董事会

PE 在投资后,一般会要求在企业董事会中至少占一个董事席位,以保证其有效参与公司的经营决策,及时了解公司的经营情况。PE 通过董事会,积极参与企业发展战略、年度经营目标、对外投资、资产重组、重大资产收购、企业经营层选择及薪酬制度等重大事项的决策。

(二) 参加监事会

监事会作为公司专门行使监督权的内部监督机构,是公司治理结构的重要组成部分。一些 PE 要求在公司监事会中占有主导地位,比如成为公司的监事会主席,对公司的经营管理进行监督。

(三) 财务监控

PE 在投资以后,作为外部投资者,由于信息的不对称以及资本的高风险性,其在财务方面面临较大的风险,因此一般会要求被投资企业定期提供财务报表以供其进行审查,监控企业的财务情况。

（四）推荐高级管理人员

经理层是企业具体经营事务的执行者,对公司的发展起着重要作用。PE在投资后,往往会根据自己掌握的资源,向被投资企业推荐合适的高级管理人员,帮助被投资企业提高管理水平。

二、提供增值服务

PE 不是单纯的资金投资者,并不是简单在向企业提供资金以后,简单等待回报。PE 在提供资金的同时,往往会利用自身优势为企业提供增值服务,从而为企业创造价值。

PE 能够为企业提供很多的增值服务,以下介绍一些主要的增值服务:

（一）帮助企业制定发展战略

很多被投资企业,特别是初创企业,往往不会制定中长期发展战略。

PE 有着自身的优势,对于企业的发展有着深刻认识、拥有具有企业管理经验的专业高端人才,因此能够为被投资企业制定各方面的中长期发展战略,帮助企业对自身的市场定位、资源整合等都有一个清晰的认识。

（二）完善公司管理

很多被投资企业往往是家族式管理甚至是江湖式管理,缺乏一套规范的、适合自身运营特点的公司治理结构和管理制度。

在 PE 投资时,往往非常注意企业的公司治理结构和管理制度,因此 PE 在投资时会向企业提供公司治理结构和管理制度方面的建议与意见,并帮助其逐步完善。

（三）再融资服务

一般来说,被投资企业会经历不止一轮的融资,而每一次融资都需要专业化的团队进行运作。

PE 投资企业后,一般都会帮助企业进行接下来的融资。由于投融资本来就是 PE 的本行,因此,为企业提供再融资服务对于 PE 来说是驾轻就熟的事。股权投资基金利用自己的经验和市场资源,帮助被投资企业筛选并找到合适的投资者。有些 PE 甚至在投资以后,要求被投资企业只能聘请其担任再融资顾问。

（四）并购顾问服务

企业获得投资以后,除了内部发展之外,往往还通过并购实现企业发展。

企业主要专注于自身业务经营,在并购等资本市场上的能力比较薄弱,而PE由于长期在资本市场打拼,并购是其专长能力。因此,为被投资企业提供并购顾问协议对于PE而言义不容辞。

(五) 帮助上市

上市是PE退出的首选方案,由此,熟悉上市运作是PE必备的能力。而对于企业来说,上市是一件复杂而困难的事情,因此,PE往往在上市方面给企业提供大量帮助。

PE提供的上市帮助,有些是间接的,如向企业提供一些增强自身规范运作的服务,其目的是让企业符合上市的标准,有些是直接的,如制定上市机会、选择中介机构、协调上市前各方的工作等。

案例

深圳高新投投资大族激光后的增值服务

深圳市大族激光科技有限公司,主要从事激光雕刻机、激光焊接机等激光产品及相关机电一体化设备的研究、开发、生产和销售。1996年底成立之初,大族激光只是一家规模较小的公司,但其拥有自己的核心技术,只是苦于没有资金支持而难以快速发展,为此,公司急切希望能够引入投资。

1999年,深圳市高新技术产业投资服务有限公司向大族激光投资438万元,占股51%,但不干预公司的日常经营管理。

深圳高新投投资大族激光后,为大族激光提供了增值服务,给予大族激光很多的实质性帮助。增值服务主要包括以下四方面:

第一,融资担保服务。依靠自身的资金优势,深圳高新投为大族激光提供了大量的借款及经费申请担保,包括银行贷款担保、科技基金担保、政府三项经费担保等。担保金额累计超过了4 000万元,使公司获得了充足的发展资金。

第二,融资顾问服务。深圳高新投利用自身的资源,帮助大族激光不断引进新的投资者,新的资金使得大族激光迅速扩大规模。其所帮助引进的投资者包括华洋科技、红塔集团、大连正源、东盛投资等。

第三,管理咨询服务。在公司内部管理方面,深圳高新投协助大族激光规范公司管理,完善公司治理结构、完善管理架构、帮助建设管理团队、规范财务管理、帮助制订市场策略,还专门提供了200万借款用于规范公司的管理。

第四,上市顾问服务。深圳高新投凭借自身对资本市场的熟悉,帮助大族激光对上市进行详细的策划,并推荐优秀的上市保荐机构确保上市的顺利进行,最终,大族激光于 2004 年 6 月在深圳中小企业板上市,成为第一批在深圳中小企业板成功上市的八家企业之一。

第五节　股权投资基金的退出

股权投资基金是"以退为进、为卖而买"的金融投资者,因此,PE 在投资之前就设置了退出机制,如果找不到退出渠道,就不会投资。

PE 的退出方式主要有:上市、出售、回购、清算。

一、上市

上市是股权投资基金退出的首选方案。上市可以获得高对价,这意味着 PE 的投资获得了高回报,并且上市也说明被投资企业在 PE 的投资下已经成长为比较成熟的公众公司,有利于 PE 知名度的提高,从而也有利于以后新基金的融资和投资。

PE 上市退出有国内 A 股上市和境外上市两类选择:

第一,国内 A 股上市有上海证券交易所主板和深圳证券交易所创业板两种选择。

第二,境外上市有境外直接上市和红筹上市两种模式。境外直接上市一般只适用于战略性的大型国有企业,红筹上市由于目前受到法律的限制并不可行,直接影响了 PE 的退出。

案例

同洲电子上市退出

深圳市同洲电子股份有限公司主要从事数字电视接收设备、数字电视前端设备及其系统集成以及 LED 电子显示屏的研发、生产和销售。

2000年底2001年初,同洲电子向深圳市达晨创业投资有限公司、深圳市创新集团投资有限公司、深圳市深港产学研创业投资有限公司和深圳市高新技术投资担保有限公司进行私募融资。

2000年12月28日,达晨创投向同洲电子投资960万元,创新投资向同洲电子投资384万元。2001年2月7日,股东袁明、袁华、潘玉龙、高长令与创新投资、深港产学研、高新投资签订《股权转让协议》,股东袁明以96万元转让1%的股权给创新投资、以40万元转让5%的股权给深港产学研、以192万元转让2%的股权给高新投资;股东袁华以96万元转让1%的股权给创新投资;股东潘玉龙以96万元转让1%的股权给创新投资;股东高长令以96万元转让1%的股权给创新投资。上述股权转让价格均为协议价格,由于深港产学研在同洲有限公司规范管理及发展规划方面提供了大量建设性意见,并在同洲有限公司增资扩股过程中,作为融资顾问成功引进了达晨创投、高新投资、创新投资三家风险投资公司,故袁明个人以40万元向深港产学研转让同洲有限公司5%的股权。股权转让完成后,股东的持股比例分别为:袁明56.59%、达晨创投10.00%、创新投资8.00%、刘长华6.36%、深港产学研5.00%、王绍荷4.30%、袁华3.30%、高新投资2.00%、高长令1.58%、潘玉龙1.58%、何兴超1.29%。

2006年6月27日,同洲电子在深证中小企业板成功上市。以发行价16元计算,同洲电子的市盈率高达24.32倍,为当时中小板上市公司发行市盈率之最。

投资成功的股权投资基金也完成了使命,开始有计划地退出。以达晨创投为例,向同洲电子的实际投资总额为960万元,其所持有的股份以上市价计算,账面价值就达2亿多元,根据之后逐渐出售的价格计算,其收益率接近30倍。

二、出售

出售是指PE将所持有的企业股份出售给其他投资者,这种方式能使风险投资基金迅速获得现金,完全退出,因此对风险投资基金有一定的吸引力。但是创业者一般不欢迎这种做法,因为这通常意味着企业被他人收购而失去独立性。

出售退出与上市退出相比,有以下几个不同:

第一,收益不同。一般来说,出售退出的收益要低于上市退出的收益。

第二,难度不同。上市都有严格的条件,因此,并不是所有的企业都能够符合上市条件而顺利上市,但出售是由企业的买卖双方决定的,因此交易比较容易。

第三,速度不同。与上市相比,出售比上市程序简单,因此能够快速收回现金和投资回报。

第四,整合。上市退出,企业继续保持独立,因此不存在整合问题,但是出售退出,企业需要与收购方进行整合,这是一项复杂的工作,而且好多并购都是因为未能成功整合而失败。

案例

聚众出售退出

聚众被分众收购,是 PE 以出售方式退出的典型案例。

聚众在被分众收购前,曾有过两次融资:2003 年底,向上海信息投资有限公司融资 6 000 万元;2004 年 9 月,聚众向凯雷融资 1 500 万美元。

2006 年 1 月 9 日,聚众在纳斯达克上市的最后关头,放弃上市,选择被分众收购。分众以 3.25 亿美元获得聚众 100% 的股权,其中 9 400 万美元以现金支付,余下部分以分众股票支付。

聚众传媒 CEO 虞锋承认合并主要还是资本的力量。

尽管凯雷也羡慕投资分众的软银、高盛、鼎晖等 PE 在分众上市后的丰厚回报,但同时也认识到聚众上市未必就能受到同样的追捧。凯雷投资集团董事总经理祖文萃很清楚在一个产业中第一个上市企业带来的效应,"第一个上市的企业抢占了先机,在资本市场会聚集更多的资金和人气,这对于拥有相同模式的竞争对手来说不是个利好消息"。

事实是,在行业中市场地位较高的公司由于较快的增长一般率先进行 IPO。而且同一行业中,先 IPO 的企业总体回报率往往高于后来者,在时间和投资回报率权衡中,风险投资当然是会选择最优回报率的投资项目,即便是没有选择到最优的,也会权衡考虑最稳妥的获得资金回报的方案。此次并购无疑是凯雷最好的一种退出方式。

三、回购

回购是指在投资期届满时,如果被投资企业未能达到某约定条件,如未能上市或未能达到某项财务指标,股权投资基金有权要求被投资企业的创始股东回购 PE 所持有的股权,并支付一定的补偿金。

PE 当然希望选择上市或者出售退出,但并不是所有的被投资企业都能够上市或出售。回购虽然属于保守的退出方式,但从客观上讲,也是保证 PE 投资收益的一种方式,而且,回购给 PE 带来的收益也未必低,一般而言,PE 要求的回购的补偿金比例会在每年 15%—25% 之间。

四、清算

当公司经营状况不好且难以扭转时,清算可能是最好的减少损失的办法。PE 投资于一个糟糕的项目并不可怕,可怕的是知道糟糕后仍执迷不悟,越陷越深。

清算包括破产清算和解散清算两种。PE 退出的清算,更多的是解散清算,PE 一旦认定被投资企业陷入经营困难、财务恶化的状况,不能达到预期的回报,即果断地解散企业进行清算,从而达到撤资止损的目的。

思考题

1. 什么是股权投资基金?
2. 从企业融资的角度试述股权投资基金的种类。
3. 比较公司制、信托制和有限合伙制股权投资基金。
4. 股权投资基金主要有哪些融资渠道?
5. 试述股权投资基金的投资运作。
6. 试述股权投资基金的投资后管理。
7. 股权投资基金有哪些常见的退出方式?

第五章

并购市场

本章概要

本章介绍并购市场。第一节介绍并购的含义、动因和分类;第二节介绍并购的操作流程;第三节介绍杠杆收购和管理层收购。

学习目的

了解并购的含义和分类、杠杆收购和管理层收购的概念;理解并购的动因;掌握并购的操作流程、杠杆收购和管理层收购的运作。

第一节 并购概述

一、并购的含义

并购(M&A),即兼并与收购(merger&acquisition)的简称,是企业的兼并、合并和收购的总称。

兼并,是指一家企业吸收另外一家或几家企业的行为,被吸收企业的法人地位消失(称为被兼并公司),吸收的企业则存续(称为兼并公司)。兼并经常发生在实力比较悬殊的企业之间,兼并公司通常是优势企业。在中国,兼并又称为吸收合并。

合并,是指两家或两家以上企业结合后全部不存在,而在原来企业资产的基础上创立一家新企业。在中国,合并又称为新设合并。

收购,是指一家企业通过某种方式主动购买另一家企业的股权或资产的行为,其目的是获得该企业或资产的所有权。

二、并购的动因

在不同时期和不同市场条件下,并购的动因是不同的,理论界从不同角度来解释并购的动因,提出了许多理论。

(一)经营协同效应

所谓经营协同效应,是指通过并购使企业生产经营活动效率提高所产生的效应,整个经济的效率将由于这样的扩张性活动而提高。经营协同效应的产生主要有以下几个原因:

第一,通过并购,使企业经营达到规模经济。并购使几个规模小的公司组合成大型公司,从而有效地通过大规模生产降低单位产品的成本。规模经济还体现在通过并购扩大规模后市场控制能力的提高,包括对价格、生产技术、资金筹集、顾客行为等各方面的控制能力的提高以及同政府部门关系的改善。追求规模经济在横向兼并中体现得最为充分。

第二,并购可以帮助企业实现经营优势互补。通过并购能够把当事公司的优势融合在一起,这些有时既包括原来各公司在技术、市场、专利、产品管理等方面的特长,也包括它们中较为优秀的企业文化。

第三,可能获得经营效应的另一个领域是纵向一体化。将同一行业处于不同发展阶段的企业合并在一起,可以获得各种不同发展水平的更有效的协同。其原因是通过纵向联合可以避免联络费用、各种形式的讨价还价和机会主义行为。

(二) 财务协同效应

财务协同效应是指在税法、证券市场投资理念和证券分析人士偏好等作用下,并购产生的一种好处。它主要表现在以下三个方面:

第一,通过并购可以实现合理避税的目的。企业可以利用税法中亏损递延条款来达到避税目的,减少纳税业务。因此,如果某企业在一年中严重亏损,或该企业连续几年亏损,拥有相当数量的累积亏损时,这家企业往往会被其他企业作为并购对象来考虑,同时该亏损企业也会希望出售给一个盈利企业来充分利用它在纳税方面的优势。因为通过亏损企业和盈利企业之间的并购,盈利企业的利润就可以在两个企业之间分享,这样就可以大量减少纳税义务。

第二,通过并购来达到提高证券价格的目的。如果 A 公司的市盈率较高,B 公司的市盈率较低,则 A 公司和 B 公司合并以后,证券投资者通常会以 A 公司的市盈率来确定合并后新公司的市盈率。这样,合并以后企业的证券价格就会上涨。

第三,通过并购能提高公司的知名度。公司的扩张行为能更好地吸引证券分析界和新闻界对它的关注、分析和报道,从而提高公司的知名度和影响力。同时,扩张之后企业规模的扩大也更容易引起市场的关注。

(三) 企业快速发展理论

企业发展主要有两种基本方式,一是通过企业内部积累来进行投资,扩大经营规模和市场能力;二是通过并购其他企业来迅速扩张企业规模。在现实生活中,通过企业并购其他企业来迅速发展壮大是一种非常普遍的现象。比较而言,通过并购来实现企业发展有如下几个优点:

第一,并购可以减少企业发展的投资风险和成本,缩短投入产出时间。在并购情况下,可以通过利用原有企业的原料来源、生产能力、销售渠道和已占领的市场,大幅度降低发展过程中的不确定性,降低投资风险和成本。同时,也大大缩短了投入产出的时间差。

第二，并购有效地降低了进入新行业的障碍。公司在进入新行业寻求发展的时候，往往会面临很多障碍，如达到有效经营规模所需要的足额资金、技术、信息和专利，有效占领消费市场所需要的销售渠道等等，这些障碍很难由直接投资在短期内克服，但却能通过并购来有效地突破。再者，并购方式还能避免直接投资带来的因市场生产能力增加而引起的行业内部供需关系失衡问题，从而减少了价格战的可能性。

第三，并购可以充分利用经验曲线效应。所谓经验曲线效应，是指企业的生产单位成本随着生产经验的增多而有不断下降的趋势。由于经验是在企业的长期生产过程中形成和积累下来的，企业与经验形成了一种固有联系，企业无法通过复制、聘请其他企业雇员、购置新技术和新设备等手段来取得这种经验。如果企业通过并购方式扩张，不仅获得了原有企业的生产能力，还将获得原有企业的经验。

（四）代理问题理论

当管理者只拥有公司股份的一小部分时，便会产生代理问题。由于拥有绝大多数股份的所有者将承担大部分的成本，因此部分所有权可能会导致管理者工作缺乏动力并且(或者)进行额外的消费(如奢华的办公室、公司汽车、俱乐部的会员资格等)。他们还认为在所有权广泛分散的大公司中，个别所有者没有足够的动力花费大量的财力和物力去监控管理者的行为。许多报酬协议和管理者市场可能会使代理问题得到缓解。

解决代理问题的另一种市场机制是被并购的危险，被并购的危险可能会代替个别股东的努力来对管理者进行监控。并购通过要约收购或代理权之争，可以使外部管理者战胜现有的管理者和董事会，从而取得对目标企业的决策控制权。

代理问题理论的一个变形是自由现金流量理论，这种理论认为有些并购活动的发生是由于管理者和股东之间在自由现金流量的支出方面存在冲突。所谓自由现金流量是指超过公司净现值为正的投资需求以外的资金，自由现金流量必须支付给股东，以削弱管理层的力量并且使管理者能够更经常地接受公共资本市场的监督。

（五）市场占有理论

市场占有理论认为，并购的主要原因是提高企业产品的市场占有率，从而提高企业对市场的控制能力。因为企业对市场控制能力的提高，可以提高其产品对市场的垄断程度，从而获得更多的垄断利润。就并购的形式来说，不论是横向并购还是纵向并购都会增强企业对市场的控制能力，从而获得更多的垄断利润。在横向并购中,因为同行业的两个企业之间的并购,必然会导致竞争对手的减少,从而扩大市场占有率。而纵向并购,由于控制了原料供应和产品销售渠道,能够有力地控制竞争对手的活动。

三、并购的分类

(一) 横向并购、纵向并购和混合并购

根据并购双方所属行业划分,并购可以分为横向并购、纵向并购和混合并购。

横向并购是指具有竞争关系的、经营领域相同或产品相同的同一行业企业之间的并购。横向并购事实上也就是竞争对手之间的并购。

纵向并购是指在生产和销售的连续性阶段中互为购买者或销售者的企业之间的并购,即生产和经营上互为上下游关系的企业之间的并购。并购双方处于生产同一产品、不同生产阶段的企业,往往是原材料供应者或产成品购买者。

混合并购是指既非竞争对手,也非客户或供应商,在生产和职能上无任何联系的两家或多家企业之间的并购。混合并购一般是企业通过并购实现多元化发展战略,因此也称为多元并购。

(二) 善意并购和敌意并购

根据并购公司与被并购公司(目标公司)的合作态度,并购可以分为善意并购和敌意并购。

善意并购是指并购公司与目标公司实际控制人或控股股东就取得目标公司控制权达成共识的收购行为。

敌意并购是指收购人与目标公司实际控制人或控股股东未就取得目标公司控制权达成共识而强行收购的行为。

(三) 协议并购和要约并购

根据并购所采用的形式不同,并购可以分为协议并购和要约并购。

协议并购是指并购公司与目标公司的股东或实际控制人订立协议取得目标公司实际控制权的行为。

要约并购是指收购人按照同等价格和同意比例等相同要约条件向目标公司股东公开发出的收购其所持有的公司股份的行为。

(四) 现金换资产式并购、现金换股份式并购、股份换资产式并购和股份换股份式并购

根据并购支付方式的不同,并购可以分为现金换资产式并购、现金换股份式并购、股份换资产式并购和股份换股份式并购。

现金换资产式并购是指并购公司用现金购买目标公司资产的并购。

现金换股份式并购是指并购公司用现金购买目标公司股份的并购。如果目标公司是上市公司,并购公司收购的就是目标公司的股票。

股份换资产式并购是指并购公司用股份交换目标公司资产的并购。如果并购公司是非上市公司,一般表现为目标公司用资产对并购公司进行增资扩股。如果并购公司是上市公司,一般表现并购公司向目标公司定向发行股票,目标公司用资产支付股票对价。

股份换股份式并购是指并购公司用股份交换目标公司股份的并购。这类并购一般至少有一家是上市公司。

第二节 并购的操作流程

为了提高并购效率,需要细化并购的过程,评价并购过程中的每一个环节或步骤,在此基础上决定是否进行并购以及如何进行并购。

并购的操作流程一般包括七个步骤,见图5.1。

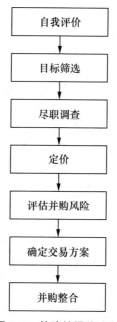

图 5.1 并购的操作流程

一、自我评价

　　自我评价是并购的第一步。企业自我评价的目的在于结合企业的战略安排和财务状况,分析企业的并购需求、目标和能力。换言之,自我评价需要回答的问题主要是:企业经营处于哪个发展阶段？企业的发展潜力如何？企业竞争地位及变化趋势如何？企业将面临哪些机遇和挑战？企业的发展是否需要扩展到新的经营领域中去？有没有并购其他企业的必要？并购能不能增强企业的业务能力和竞争优势？企业有没有财力和管理能力并购其他企业？会不会因为并购而成为反并购的目标？

　　自我评价起着非常重要的作用,许多并购的经济效果差强人意,许多国际知名的大型公司因为不恰当的并购导致元气大伤,大大削弱了抵抗风险的能力和发展后劲,最终导致破产,都是由于最初自我评价不到位。并购一般需要花费很大的代价,因为并购需要占用大量的资金,从而使并购方的抗风险能力明显减弱。如果并购的目标企业不能产生利润,不能增加现金流,那么企业的资金周转就会遇到问题,最终陷入财务困境。许多企业因为并购而失败,这与事前缺乏正确的自我评价不无关系。

二、目标筛选

　　并购的第二步是筛选目标企业。在目标企业筛选中,首先要考虑的是目标企业是否符合并购方的战略需要,考察的内容主要包括:

　　第一,目标企业所属的产业和产品的竞争力是否与并购方存在战略上的协同效应。

　　第二,目标企业的资产规模、销售量和市场份额是否适合并购方。分析的目的是,一方面了解目标企业的实力和并购以后对并购方在扩大市场份额和提升公司竞争力方面的贡献;另一方面分析目标企业的规模是否超出了并购方的支付能力。

　　第三,目标企业是否具有反并购的章程,目标企业进行反并购的可能性有多大。因为反并购可能会大大增加并购的成本,提高并购难度,增加并购失败机会。

　　一般而言,理想的目标企业应具备以下条件:

　　第一,具有某种可以利用的资源。并购是为获得某种资源或达到战略目标服务的,为了达到这一目的,目标企业必须具备某种并购方面的核心资源。例如目标企业具有一定的土地或自然资源(如矿山、油田等)、具有较好的融资能力、具有先进的技术和生产设备、具有良好的产品和销售渠道等。

第二,目标企业的规模大小适中。如果目标企业规模太大,对于并购方的资金需求太大,可能增加并购方的风险和并购后资源整合的难度,反而会使并购方遭受损失。如果目标企业规模太小,可能难以达到预期目标。

第三,行业具有较高的关联度。大量的研究表明,存在高度关联性的目标企业更可能提供并购方需要的资源,产生协同效应。高度关联性的目标企业是指和并购方处于相同或相近行业的企业,或处于上下游的企业。

第四,目标企业的股价较低或适中。目标企业较低的股价有利于降低并购成本,为并购后股票的升值预留一定的空间。

三、尽职调查

信息不对称是并购中最重要的风险之一。尽职调查是降低并购过程中信息不对称的最主要手段。所谓尽职调查,就是从资产、负债、财务、经营、战略和法律角度对目标企业进行的一系列深入的调查、核查与分析,了解目标企业真实的经营业绩和财务状况以及目标企业面临的机会和潜在的风险,以对目标企业做出客观评价,帮助并购方做出正确的并购决策。

并购尽职调查通常分为以下几个方面:

第一,业务和市场调查。主要了解目标企业的行业状况、产品竞争力、市场现状、市场前景等。

第二,资产情况调查。主要了解目标企业的资产是否账实相符,了解无形资产的大小、产权质押及是否存在产权归属不清的情况。

第三,财务方面的调查。主要了解目标企业的收支状况、内部控制、或有负债、关联交易、财务前景等。

第四,税务方面的调查。主要了解目标企业的纳税情况,了解是否存在拖欠税款的情形。

第五,法律事务调查。了解目标企业一切可能涉及法律纠纷的方面,包括目标企业的组织结构、产权纠纷、正在进行的诉讼事项、潜在的法律隐患等。

从历史经验来看,有相当多的并购方不能充分重视尽职调查,尽职调查流于形式的情况时有发生。埃森哲的一项非正式调查表明,只有10%的企业在尽职调查中利用了企业外部4个或更多的信息来源。对于并购金额动辄超过亿元的并购项目,仅仅把调查的范围局限于小范围内,是不能称为尽职调查的。失败的并购案例多数是因为对目标企业的财务、资产和经营情况知之甚少,以及对并购的复杂性预计不足。

并购方在并购前的尽职调查中应特别注意：

第一，选择有实力的中介机构，包括律师事务所和会计师事务所等进行尽职调查。

第二，明确尽职调查的范围和完成时间。

第三，在尽职调查中，除了分析报表之外，还需要格外关注报表之外的信息，特别是可能存在的陷阱。

四、并购定价

在进行并购定价前，首先要解决的问题是确定并购协同效应的大小。在此基础上，确定目标公司的价格。

假定两个公司 A 和 B 准备并购，A 公司在并购前（未宣告并购前）的价值为 P_A，B 公司在并购前（未宣告并购前）的价值为 P_B，并购后的价值为 P_{AB}，则并购的协同效应是：

$$协同效应 = P_{AB} - (P_A + P_B)$$

当协同效应为正时，并购产生正的协同效应，创造财富；反之，则损毁财富。当然，即使并购产生正的协同效应，创造的财富也不完全归并购公司（A 公司）所有，原因在于并购公司（A 公司）需要向被并购公司（B 公司）支付超出其价值 P_B 的溢价。

对于现金支付方式的并购，并购成本等于支付给被并购对象 B 公司的现金总额减去未宣告并购前 B 公司的价值 P_B，也即 B 公司在被并购过程中获得的溢价。

现金支付溢价公式：

A 公司并购成本 = B 公司所获溢价 = 支付 B 公司现金 $- P_B$

对于股票支付方式的并购，A 公司并购 B 公司的成败需要视并购之后的公司股票价值而定，假设 B 公司股东取得 X 比例的并购后公司的股票，则 A 公司实际的并购成本或 B 公司所获溢价为 $XP_{AB} - P_B$。

股票支付溢价公式：

A 公司并购成本 = B 公司所获溢价 = 支付 B 公司股票价值 $- P_B = XP_{AB} - P_B$

无论是现金并购还是股票并购，并购公司的价值增值即 A 公司并购收益均可表示为：

A 公司并购收益 = 协同效应 $-$ B 公司所获溢价

并购究竟能为股东带来什么样的回报呢？能不能创造价值？换言之，并购能否产生正的协同效应？理论上的并购动因表明并购能够产生正的协同效应，原因在于：

第一，规模经济效益。通过并购进行资产的补充和调整，达到最佳经济规模，降低企业的生产成本，提高生产效益和盈利水平。

第二，降低交易费用。企业理论表明，市场的复杂性会导致市场交易付出高昂的交易成本，通过并购改变企业边界，使某些具有高昂成本的交易变为企业的内部经营，节省成本，提高效率。

第三，提高市场份额和市场竞争力。企业通过并购减少竞争对手，提高市场占有率，可以增加对市场的控制能力和垄断能力，从而获得超额利润。

第四，财富转移效应。并购由于种种原因被价值低估的目标公司，可能为并购方的股东带来额外的利益。

第五，并购效益差的目标企业以创造价值。如果一家公司的经营管理效率低于另外一家公司，则由高效率公司并购低效率公司，可使低效率公司的经营管理效益得到提高，从而创造价值。

需要注意的是，对目标企业的定价不一定能够保证并购方获得正的并购收益，即 A 公司的并购收益 >0，那么，在并购过程中，目标企业价格（支付 B 公司股东的价值，而不是 P_B）如何确定呢？

① 折现现金流分析方法

折现现金流分析方法是一种最基本的价值评估方法。这一方法具有良好的理论基础，但由于未来的现金流很难准确预测（现金流预测的时间越长，准确性越差），且折现率难以估计，因此在使用时必须十分小心。

② 可比公司法

可比公司法是通过与同行业相似公司比较来估算目标公司的价值。在同类企业的比较中，要考虑企业所在的行业、企业规模、企业财务结构、并购的时间等方面的情况，对可比较的部分进行合理的组合，然后判断目标公司的相对价格。作为比较的基础，可以考虑每股盈利（乘以用作比较公司的市盈率）、每股净资产（乘以用作比较公司的市净率，即每股市场价格与每股净资产的比率）、每股现金流、每股销售收入等。

③ 账面价值方法

账面价值方法是指利用传统的会计方式确定净资产以决定并购价格的方法。当然，一个企业在正常运营时，账面价值和真实价值有很大差异。不过，仍然有许多人将此作为并购时的重要的定价参考指标，特别是公司处在难以正常经营的情况下。

一般来说，在为目标企业定价时，除了考虑目标企业的财务、经营状况之

外,还应考虑以下因素:

第一,并购协同效应的大小。协同效应越大,并购方的收购愿望越强,当然可在并购价格方面作一定的让步,以保障并购的顺利实施。

第二,并购对卖方和其他竞争者的价值。并购对卖方和其他竞争者的价值越高,并购方的出价越高。

第三,并购方和其他并购公司可能的策略与动机。"知彼知己,百战不殆。"充分了解对方的信息,可以在价格谈判中更好地掌握主动权。

第四,并购对反并购行动的潜在影响。反并购行动会增加并购的成本。并购价格越低,进行反并购的可能性就越大。

总而言之,在目标企业的定价方面,既要仔细严格地进行定量分析,也要考虑具体并购的内在环境;既要考虑并购方利益,也要重视对方的具体情况和讨价还价的能力。然后,在与目标企业协商的基础上,寻求双方都能接受的价格。

五、评估并购风险

由于并购双方信息的严重不对称,并购隐含着各种风险。

(一)财务风险

财务风险是指并购方对被并购方财务状况缺乏足够的了解,从而导致并购方错误地估计目标企业的价值和并购的协同效应。财务报表是并购中进行评估和确定交易价格的重要依据,其真实性对整个并购交易至关重要,但目标企业有可能为了自己的利益,利用虚假的报表美化其财务、经营状况,欺骗并购方,从而导致并购方蒙受利益损失。

(二)资产风险

资产风险是指被并购方的资产低于其实际价值或并购后这些资产未能发挥目标作用而形成的风险。并购的本质是产权交易,并由此导致所有权和控制权的转移,所有权的问题看似简单,实际上隐藏着巨大的风险。例如,目标企业资产评估是否准确可靠、无形资产(商标、品牌、技术专利、土地使用权等)的权属是否存在争议、资产真实价值是否低于报表显示的账面价值等,都不会一目了然。同时,并购资产的不确定性也可能影响并购后企业的经营。

(三)负债风险

在多数情况下(收购资产等除外),并购行为完成以后,并购方需要承担目标企业的债务。这里有三个问题值得注意。第一,因目标企业为其他企业提供担保等行为产生的或有负债。或有负债符合一定的条件便会产生,给企业未来的财务安排带来不确定性。第二,被并购方是否隐瞒负债。第三,目标企业负债是否过高,会不会在将来存在还本付息的压力。

(四)法律风险

企业在并购过程中可能会发生民事纠纷,或者并购本身不符合相关的法律规定,例如政府反垄断的规定。此外,目标企业的未决诉讼等或有事项也可能引发法律风险。

(五)融资风险

融资风险是指并购方能否按时、足额地募集到资金以保证并购的顺利进行。以现金方式支付的企业并购往往需要大量资金,如何利用内部和外部的融资渠道在短期内募集到所需的资金是并购能否成功的关键。即便企业能够募集到足够资金进行并购,但是,融资方式或资本结构安排不当同样会增加企业还本付息的负担,增加融资风险。

(六)流动性风险

流动性风险是指企业并购后由于债务负担过重、缺乏短期融资渠道而导致无法短期支付的可能性。目标企业的高负债(特别是短期负债)比率也可能给承担债务的并购方带来流动性风险,影响其短期偿债能力。

(七)扩展过速的风险

扩展太快未必是好事,其弊端包括三个方面:

第一,可能带来管理的难度和风险。规模增加自然带来管理难度的增加。

第二,并购产生的企业规模增大可能导致规模不经济,体现为随着企业生产能力的扩大而形成的单位成本提高和收益递减的现象。

第三,可能分散企业的资源,造成资金周转的困难甚至资金链的断裂。

(八)多元化经营的风险

混合并购导致企业多元化经营。多元化经营虽不总是坏事,但是足够的事例表明,多元化经营的企业比专业化经营的企业难以管理,换句话说,许多时候业务专一的企业比业务分散的企业更容易创造价值。

(九)并购后资源整合的风险

并购后的资源整合包括生产技术的整合、产品的整合、流程的整合、标准的整合、品牌的整合、营销的整合、人力资源的整合、组织构架的整合和企业文化的整合等,这不是一件易事。波士顿咨询公司的一份调查报告发现,美国的企业并购中只有两例是对并购后的具体业务整合进行了事先规划,而其他大多数企业在并购后达不到预定目标,因资源整合不成功而导致并购失败的案例比比皆是。

(十)反并购风险

并购有时会遭到目标企业董事会和股东的抵抗,他们采取各种反并购手段,设置各种抵御并购的障碍,既增加了并购难度,也增加了并购成本。

六、确定交易方案

在交易价格确定之后,交易双方还必须议定具体的交易方案,签署有关交易文件,履行相关法律手续。

七、并购整合

并购的正确动机是创造财富,但在相当多的并购中,价值破坏则经常发生。究其原因,除了代理问题等因素外,并购整合的失败是一个非常重要的原因。

具体来说,并购整合大体上可以分为七个方面。

(一) 公司的战略定位、远景安排和相关的沟通工作

友好的沟通对并购整合非常关键。明确并购后公司的长远规划和发展方向,一来可以更好地为相关的资源整合做好思想和认识上的准备;二来可以减少并购后管理者和员工的不安定心理,减少整合过程中的误解、不满和摩擦。

(二) 管理制度的整合

在并购之后,各种管理制度包括工资制度、奖惩制度、质量控制制度、财务会计制度、内部控制制度等应当予以统一,以利于业务的融合。由于每个公司的工资制度不同,因此在进行管理制度的整合时,工资制度的整合是非常敏感的问题,需要仔细评估,合理安排,以免影响员工士气和内部团结。在并购之后,如果并购方将目标企业视为一个独立的个体,则某些制度(例如工资制度)可暂缓整合。

(三) 经营政策和方向的整合

并购后,被并购方的经营政策和方向往往需要进行调整,例如,某些业务不符合并购后公司的整体发展战略,或某些功能和设备与并购方重叠,为此需要对这些资产和业务进行调整和剥离。此外,企业被并购后,其原来的销售体系亦常因并购方对整体利益的考虑而进行整合。

(四) 文化方面的整合

文化是企业的灵魂,一个组织的文化体现在其价值体系、行为准则和理想理念之中,它可以激发员工,使之成为企业不竭的价值源泉。表 5.1 是四种不同类型的组织文化,这是由 Cartwright 和 Cooper 于 1992 年提出来的,分别是权力型、作用型、使命型和个性型。

表 5.1　组织文化的类型

类型	主要特点
权力型	对挑战进行独裁和压制;突出个人决策而不是组织决策
作用型	官僚主义和等级制度;突出刻板的教条和程序;高效和标准的客户服务
使命型	突出团队义务;使命决定工作组织;灵活性和自主性;要求创造性环境
个性型	突出质量;追求成员的个性发展

为达到并购的预期目标,并购后的企业整体在文化上必须具有高度的凝聚力,文化上的差异会妨碍两家企业之间的有效整合。在对并购方案进行可行性评估时,除了考虑战略方面的问题外,还要考虑文化整合的风险。文化适应性不好或文化上的水火不容必然产生很大的分歧,使组织内成员无所适从。文化类型差异太大的企业之间的并购是不可行的。

(五) 组织结构的整合

被并购方的业务是否完全融入现行的组织结构中(例如成为母公司的一个部门)或让其独立运营?是否裁拆被并购方的某些部门或将其纳入并购方的相关部门?被并购方的生产线需要哪些技术改造?被并购方的现有产品和母公司的现有产品存在何种差异?被并购方的产品能否通过并购方的现有渠道在市场上销售?这些问题必须结合被并购方的产品结构、规模、文化等因素进行综合考虑。

(六) 人事整合

人事整合是并购整合中最敏感的问题,主要有以下两个方面:

第一,并购方是否派任以及如何派任并购方的主管人员。并购后,并购方对被并购方最直接、最有效的控制方法是派遣人员担任被并购方的主管。不过,派任被并购方的主管并非易事。相关人选既要有足够的能力和知识,对被并购方的业务相当了解,又要能为被并购方接受;否则,结果可能适得其反。

第二,如何稳定人才队伍和设计激励措施。并购后,如何稳住被并购方的核心人才是关乎并购成败的重大问题。留住关键人才,一要提高被并购方员工的归属感、认同感和安全感,使他们适应新的环境,二要依靠正确的激励措施,例如期权计划等。

(七) 利益相关者的整合

并购一个企业不仅仅涉及两个企业之间的整合,还会不可避免地涉及企业外部关系的管理。并购方同时应当关注对企业外部关系的管理,主要包括以下三个方面:

第一,政府关系的管理。

第二,供应链的管理。一是保持供应商的稳定性和竞争力,二是对供应商进行系统的评审,由此改进供应商的结构和效率。

第三,客户关系的管理。这要求并购方制定强有力的策略,保持或重建被并购方客户的信任和关系。

案例

科达机电吸收合并恒力泰

2010年5月7日,广东科达机电股份有限公司(以下简称"科达机电")董事会通过了吸收合并佛山市恒力泰机械有限公司(以下简称"恒力泰")的方案。科达机电拟通过向恒力泰公司全部股东以发行股份与支付现金相结合的方式吸收合并恒力泰公司,科达机电为拟吸收合并方和吸收合并完成后的存续方,恒力泰公司为被吸收合并方,吸收合并完成后,恒力泰公司全部资产、负债、业务、人员并入科达机电,恒力泰公司予以注销。

(一)合并双方情况

1. 科达机电简介

科达机电(600499)前身为顺德市科达陶瓷机械有限公司,成立于1996年12月11日。2002年10月10日在上海证券交易所成功上市。

公司是以陶瓷机械、石材机械、墙材机械的研制开发、制造、销售为主的企业,专注于陶瓷机械业务的发展。

公司控股股东为卢勤先生,公司股权结构见图5.2。

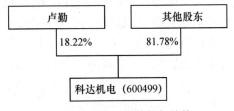

图5.2 科达机电的股权结构

2. 恒力泰简介

恒力泰成立于1999年5月7日,是一家从事陶瓷机械设备制造的高新技术企业。公司研发制造的YP系列液压自动压砖机被评为"广东省名牌产品"、"中国陶瓷行业名牌产品",并获得国家专利。

公司股东为罗明照等 33 位自然人,公司的股权结构见图 5.3。

图 5.3 恒力泰的股权结构

本次合并的标的资产为恒力泰的全部资产、负债及其相关业务。

(二) 合并的背景和目的

1. 合并背景

科达机电与恒力泰的主营业务均为建筑陶瓷机械制造与销售,属于建筑陶瓷机械装备行业。

2009 年,国务院发布了《装备制造业调整和振兴规划》,支持装备制造骨干企业通过兼并重组发展大型综合性企业集团,鼓励主机生产企业由单机制造为主向系统集成为主转变;重点支持装备制造骨干企业跨行业、跨地区、跨所有制重组,逐步形成具有工程总承包、系统集成、国际贸易和融资能力的大型企业集团。

科达机电的主要产品为以压砖机、窑炉、抛光线为代表的建筑陶瓷机械,同时生产、销售墙材机械、石材机械,是国内唯一可提供整线陶瓷机械装备的企业。科达机电自 2002 年上市以来,营业收入和经营业绩都呈稳定增长的态势。

恒力泰经过近十年的潜心研发和经验积累,其 YP 系列压砖机技术不断进步,品质不断提高,在国内市场有一定占用率,并先后出口到亚洲、非洲和南美洲等 17 个国家和地区,在国际上享有较高的知名度。

2. 合并目的

本次合并有利于提高科达机电的综合竞争力,加快实现"做世界建材技术装备行业的强者"发展目标的步伐。

具体来说,科达机电合并恒力泰的目的有以下四点:

(1) 拓展科达机电海外销售渠道

恒力泰在压机的国际品牌形象和市场影响力方面具有一定优势,而科达机电的优势在于拥有制造陶机整线设备的能力。合并前科达机电公司产品主要销往印度、伊朗、越南等国家和地区,海外销售能力不足。恒力泰自 2003 年开始开拓国际市场,其压机累计出口超过 150 台,市场遍布亚洲、非洲和南美,已相继出口到 17 个国家和地区,包括印度、越南、伊朗等。

通过本次合并,科达机电将借助恒力泰拓展其海外销售渠道,同时通过恒力泰在压机方面的优势,提高公司建筑陶机整线设备的竞争力,拉动国产建筑陶机整线装备出口贸易的发展。

（2）加强科达机电研发实力与自主创新能力,推进公司产品技术升级

科达机电和恒力泰都是我国集"机、电、液、气"一体化的液压机械前沿技术的领跑者,但双方在一些具体的技术领域各有侧重、各有优势。吸收合并后,能够形成优势互补,提高公司产品的竞争力,为液压机械更好更快地在其他领域拓展延伸及应用打造更为坚实的平台。

通过本次合并,科达机电的研发实力与自主创新能力将得到显著增强,也将有利于推进我国在尖端液压机械领域的技术革新。

（3）进一步提高科达机电单机产品竞争力与整线装备配套能力

恒力泰主要研发制造的YP系列液压自动压砖机,是集机械、液压、电气新技术于一体的高科技含量产品,具有自动化程度高、性能稳定、操作简单、维护方便、结构紧凑、制造精良等特点。恒力泰的多个压砖机产品经国内权威专家鉴定为达到同类产品国际先进水平,其系列压砖机产品已成为中国陶瓷压砖机的"第一品牌"。

压砖机为建筑陶瓷机械整线装备的核心装备。通过本次合并,将在很大程度上提高科达机电压砖机产品的竞争力。本次交易完成后,科达机电将以高品质的压砖机为突破口,配以新型高效节能窑炉、性能优异的抛光线,提高公司陶瓷机械整线装备配套能力,增强公司的核心竞争力。

（4）提高科达机电对销售渠道的控制力,降低销售和采购成本

科达机电与恒力泰的客户都是以陶瓷生产企业为主,在销售渠道和销售客户方面有较大的重叠和互补。

本次吸收合并完成后,可以进一步加强科达机电对销售渠道的控制力,在重叠领域可采取适当方式节省销售渠道费用,在互补领域可以进一步提高公司的产品销售能力,实现在销售环节的优势互补,消除不必要的销售渠道开拓成本。

科达机电与恒力泰压机产品的采购原材料基本相同。本次交易完成后,科达机电对原材料的采购可以采用集成采购的方式,增强对原材料的议价能力,有效降低采购成本。

（三）标的资产的估值

本次吸收合并交易的标的资产为恒力泰的全部资产、负债及其相关业务。

标的资产经审计后账面净资产合计为30 910.74万元,资产基础法净资产评估价值为36 468.06万元,增值额为5 557.32万元,增值率为17.98%;收益法评估值为95 838.07万元,评估增值额为64 927.33万元,增值率为210.05%。

本次评估以收益法的评估值95 838.07万元作为恒力泰公司价值的评估

结果。

1. 资产基础法

第一,资产基础法估值。

资产基础法指通过对目标企业的资产进行估价来评估其价值的方法。确定目标企业资产的价值,关键是选择合适的资产评估价值标准。

资产基础法净资产评估价值为36 468.06万元,具体估值结果见表5.2。

表5.2　资产基础法估值　　　　　　(单位:万元)

项目	账面价值	评估价值	增减值	增值率(%)
流动资产	66 513.74	68 391.31	1 877.58	2.82
非流动资产	9 752.80	13 432.54	3 679.75	37.73
长期股权投资	51.00	105.14	54.14	106.15
固定资产	7 616.73	9 823.37	2 206.64	28.97
在建工程	569.30	569.30	0.00	0.00
无形资产	1 449.60	2 868.57	1 418.97	97.89
递延所得税资产	66.17	66.17	0.00	0.00
资产总计	76 266.54	81 823.86	5 557.32	7.29
流动负债	45 355.80	45 355.80	0.00	0.00
非流动负债	0.00	0.00	0.00	0.00
负债合计	45 355.80	45 355.80	0.00	0.00
净资产	30 910.74	36 468.06	5 557.32	17.98

第二,评估增值原因分析。

流动资产评估增值,主要是存货,由于产成品售价较高,经评估后出现增值。

房屋类资产评估原值增值,主要由于重置全价中的工程造价与原结算的工程造价差异不大,但账面分摊其他费用比率较低。

设备类资产评估增值,主要由于设备资产购置日与评估基准日的时间跨度大,企业历史成本与当前设备价格差异较大,企业购置大型二手设备入账价格也较低,因此基准日该类设备的重置成本远远大于企业的历史购价。

无形资产(主要指土地使用权)增值,主要原因是恒力泰取得土地使用权的成本较低,而评估基准日土地取得成本较高。

股权投资评估增值,主要由于点石机械公司的机器设备购置价较低。

2. 收益法

第一,收益法评估的基本模型。

收益法通过对企业整体价值的评估来间接获得股东的全部权益价值,即以未来若干年度内的企业自由现金流量作为依据,采用适当折现率折现后加总计算得出营业性资产价值,然后再加上溢余资产价值、非经营性资产价值减去付息债务得出股东全部权益价值。

根据本次选定的评估模型,确定计算公式如下:

$$经营性资产价值 = \sum_{t=1}^{n} \frac{自由现金流量_t}{(1 + 加权平均资本成本)^t}$$

股权价值 = 经营性资产价值 + 溢余资产价值 + 非经营性资产价值 − 非经营性负债价值 − 付息负债价值。

第二,预测期。

企业的寿命是不确定的,通常采用持续经营假设,即假设企业将无限期地持续经营下去,将预测的时间分为两个阶段:明确的预测期和后续期(或称永续期)。其中,对明确的预测期的确定,需综合考虑行业产品的特点和企业自身发展的周期性来决定。恒力泰新厂区尚未达到设计目标状态,旧厂区将于未来2年内完成主要设备搬迁,搬迁过程中,总体产能基本保持不变。搬迁完成后,其产能有所提升。

预计2015年恒力泰整体运营将进入稳定期,因此本次以评估基准日至2015年为预测期;当企业产能、盈利状况达到稳定时,即2016年开始时为永续期。

第三,自由现金流量。

自由现金流量的计算公式为:

(预测期内每年)自由现金流量
= 净利润 + 折旧及摊销 + 利息支出 × (1 − 所得税率)
− 资本性支出 − 营运资金追加额

恒力泰未来的自由现金流量预测见表5.3。

表5.3 自由现金流量预测 (单位:万元)

项目	2010年4—12月	2011年	2012年	2013年	2014年	2015年
一、营业收入	47 577.70	68 657.21	71 972.56	75 134.12	77 670.08	77 670.08
减:营业成本	36 892.02	53 572.42	55 983.45	58 210.88	60 275.58	60 275.58
税金及附加	210.10	273.11	308.98	320.51	323.55	323.55
营业费用	1 280.55	1 818.79	1 879.30	1 939.78	1 996.99	1 996.99
管理费用	2 399.33	3 528.04	3 504.28	3 474.21	3 685.33	3 685.33
财务费用	7.47	34.58	51.38	70.83	66.00	66.00
二、营业利润	6 788.23	9 430.27	10 245.17	11 117.91	11 322.63	11 322.63
三、利润总额	6 788.23	9 430.27	10 245.17	11 117.91	11 322.63	11 322.63
所得税	1 018.23	1 414.54	1 536.78	1 667.69	1 698.39	1 698.39

(续表)

项目	2010年4—12月	2011年	2012年	2013年	2014年	2015年
四、净利润	5 770.00	8 015.73	8 708.40	9 450.23	9 624.23	9 624.23
加:折旧及摊销	464.60	818.76	937.47	935.35	935.35	935.35
税后利息支出	135.41	180.54	180.54	180.54	180.54	180.54
减:资本性支出	376.32	1 863.83	1 524.65	197.35	197.35	197.35
营运资本追加	−737.15	−804.46	−581.66	−727.78	403.99	0.00
五、自由现金流量	6 730.82	7 955.66	8 883.43	11 096.54	10 138.78	10 542.77

第四,加权平均资本成本。

加权平均资本成本的计算公式如下所示:

加权平均资本成本

= 权益资本报酬率 × 权益资本/(权益资本 + 付息债务资本)

+ 债务资本成本 × 付息债务资本 × (1 − 所得税率)

/(权益资本 + 付息债务资本)

第一,确定"付息债务资本/权益资本"和所得税率。

根据企业经营状况及贷款情况、管理层未来的筹资策略等,"付息债务资本/权益资本"确定为13%。

所得税率为15%。

第二,计算权益资本报酬率。

借助资本资产定价模型(CAPM)对权益资本报酬率进行估算,其计算公式如下所示:

权益资本报酬率

= 无风险报酬率 + β 系数 × (市场平均报酬率 − 无风险报酬率)

无风险报酬率:参阅国债交易行情,选择剩余期限大于10年的中长期国债,以中长期国债到期收益率平均值作为无风险利率,取值为3.81%。

市场平均报酬率:参阅上证指数收盘价格,以2001—2005年连续五年同一时间点为基期至基准日的不同时长几何收益率平均,取值为12.22%。

β 系数:选择科达机电、太原重工、厦工股份、常林股份四只股票无财务杠杆 β 系数为参照样本,其无杠杆 β 系数平均值为0.9968,β 系数 = (1 + (1 − 所得税率) × 权益资本/付息债务资本) × 无杠杆 β 系数,计算得恒力泰的 β 系数为1.107。

代入CAPM模型,计算可得权益资本报酬率为13.12%。

第三,确定债务资本成本。

以恒力泰执行的实际平均贷款利率为基础进行测算,债务资本成本确定为5.31%。

第四,计算加权平均资本成本。

将上述数据代入加权平均资本成本计算公式,可得恒力泰的加权平均资本成本为12.13%。

第五,溢余资产。

企业基准日的银行存款为271 907 199.69元,由于货币资金并非全部为生产经营所必需,企业在正常经营过程中可以获得一定的所需货币资金,不必为日常经营而保持巨额现金,故溢余现金量为基准日货币资金与日常经营所必需的现金持有量之间的差额。现金持有量依据企业实际经营管理状况、企业现金周转能力来进行预测。恒力泰公司保持正常运营需要的正常现金保有量分为两类:一是日常经营活动引起的付现成本;二是采用买方信贷方式销售时存放于银行的保证金。

溢余现金的计算见表5.4。

表5.4 溢余现金的计算 （单位:万元）

序号	项目	金额
1	基准日银行存款账面余额	27 190.72
2	正常运营资金保有量	6 657.65
3	买方信贷保证金占用量	8 903.38
4 = 1 - 2 - 3	溢余银行存款额	11 629.68

第六,收益法的估值结果。

在持续经营假设前提下,根据上面的结果,计算可得恒力泰净资产(股东全部权益)以收益法评估结果为95 838.07万元,评估增值额为64 927.33万元,增值率为210.05%。

3. 评估结果的分析和采用

资产基础法从静态的角度确定企业价值,反映企业的历史成本和各项资产现实市场价值总和,是单个资产价值的简单加和,而无法体现各单项资产带来的协同效应价值。其评估结果中没有包括企业未在账面列示的商标、专利、专有技术、管理水平、人员素质、营销网络、稳定的客户群及良好售后服务等无形资产的整体价值。

收益法恰恰弥补了上述缺陷,其评估结果反映了企业未来的收益能力。投资者更倾向于关注注入上市公司的资产未来的盈利能力,盈利能力强则表明股票的内在价值高,这正好与收益法的思路吻合。因此收益法更符合市场要求及国际惯例,同时也有利于评估目的的实现。

恒力泰在持续经营假设前提下具有独立获利能力,科达机电拟以新增股份与支付现金相结合的方式吸收合并恒力泰。科达机电注重的是恒力泰未来的获利能力,以收益法评估结果作为最终评估结论,能够更加客观地反映恒力泰的企业价值。

综上所述,本次吸收合并交易,以收益法的评估结果作为最终的评估结论,恒力泰股东全部权益的评估结果为 95 838.07 万元。

4. 可比交易的估值分析

将本次吸收合并交易与三一重工发行股份购买资产的交易作价情况进行对比分析,本次交易发行市盈率略低于可比交易,表明本次交易的估值处于合理水平,见表 5.5。

表 5.5 可比交易的估值分析

指标	三一重工	本次交易
标的资产的账面价值(万元)	68 093.92	30 910.74
标的资产的交易价格(万元)	198 000	98 838.07
交易增值率(%)	190.77%	210.05%
标的资产重组前一年度净利润(万元)	14 727.03	7 261.77
以重组前一年度净利润计算的市盈率	13.44	13.2
标的资产重组当年盈利预测(万元)	13 515.54	7 760.3
以重组当年盈利预测计算的市盈率	14.65	12.35

(四)合并方案

1. 方案概要

科达机电通过向恒力泰全部股东发行股份与支付现金相结合的方式吸收合并恒力泰,科达机电为吸收合并方和吸收合并完成后的存续方,恒力泰为被吸收合并方。吸收合并完成后,恒力泰的全部资产、负债、业务、人员并入科达机电,恒力泰予以注销。

恒力泰净资产评估值为 95 838.07 万元,科达机电向恒力泰全体股东支付对价的方式为:其中 10 000 万元由科达机电以现金方式支付;其中 85 838.07 万元由科达机电以发行股份的方式支付。

根据《重组办法》等有关规定,"上市公司发行股份的价格不得低于本次发行股份购买资产的董事会决议公告日前 20 个交易日公司股票交易均价"。

交易均价的计算公式为:董事会决议公告日前 20 个交易日公司股票交易均价 = 决议公告日前 20 个交易日公司股票交易总额/决议公告日前 20 个交易日公司股票交易总量。

按上述公式得出除权除息后的本次吸收合并首次董事会决议公告日前 20 个交易日股票交易均价为 18.97 元/股。

据此计算,发行股票数量为4 524.94万股。

吸收合并方案见图5.4。

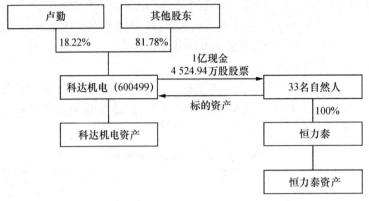

图5.4 吸收合并的交易方案

本次合并前后,公司第一大股东都为自然人卢勤先生,公司的控股股东不发生变化,合并后的股权结构见图5.5。

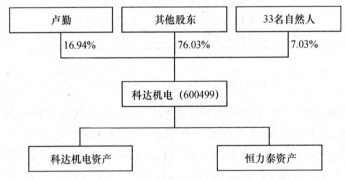

图5.5 吸收合并后的股权结构

2. 盈利承诺及补偿

恒力泰的33名自然人股东承诺在吸收合并方案实施完毕当年度起三年内(2010年、2011年、2012年),标的资产三年实际扣除非经常损益净利润合计额不低于评估报告预测的三年扣除非经常损益的净利润合计额24 537.23万元。如标的资产三年实际扣除非经常损益净利润合计额不足评估报告预测的三年扣除非经常损益净利润合计额的,则33名自然人负责向科达机电进行补偿,具体补偿方式为:

33名自然人将于2012年审计报告出具后30日内按下面公式计算股份补偿数,由科达机电以1元的价格进行回购,罗明照等33名自然人按照其各自在恒力泰公司被吸收合并前所持恒力泰公司股权比例分别计算该部分补偿股份。回购股份数不超过罗明照等 33 名自然人"本次交易对价折股数"。回购股份数的计算公式为：

$$回购股份数 = \frac{本次吸收合并交易价格}{每股发行价格} \times \frac{三年预测净利润总额 - 三年实际净利润总额}{三年预测净利润总额}$$

另外，本次向 33 名自然人发行的股份自完成股权登记之日起 12 个月内不转让。33 名自然人特别承诺自前述限售期满之日起 24 个月内，减持股份比例不超过其因本次交易而获得的科达机电股份的 80%。

3. 交易标的自评估基准日至交割完成日期间损益的归属及滚存利润的分享

自评估基准日起至交割日为过渡期。科达机电与 33 名自然人协商确定，标的资产在过渡期的利润由科达机电享有；标的资产在过渡期的亏损，由 33 名自然人股东按照其在恒力泰的持股比例向科达机电补偿同等金额的现金。具体补偿金额将以资产交割日为基准日的相关专项审计结果为基础计算。

本次发行股份完成后，科达机电本次发行前的滚存未分配利润将由科达机电新老股东按照发行后的股权比例共享。

4. 债权人的利益保护机制

科达机电与恒力泰将于本次吸收合并方案分别获得双方股东大会通过后，按照相关法律的规定履行债权人的通知和公告程序，并且将根据各自债权人于法定期限内提出的要求向各自债权人提前清偿债务或为其另行提供担保。在前述法定期限内，相关债权人未能向科达机电或恒力泰主张提前清偿的，相应债权将自吸收合并完成日起由吸收合并后的科达机电承担。

5. 科达机电异议股东的利益保护机制

为充分保护科达机电异议股东的利益，在本次吸收合并过程中将由科达机电（或科达机电指定的第三方）向科达机电的异议股东提供收购请求权。科达机电的异议股东在科达机电股东大会表决本次吸收合并方案时持有并且持续持有至收购请求权实施日的股票属于有权行使收购请求权的股份，异议股东在科达机电股东大会股权登记日后买入的或先卖出后又买入的科达机电股份不属于有权行使收购请求权的股份，不得行使收购请求权。

6. 合并后的整合

合并完成后，恒力泰全部资产、负债及其相关业务并入科达机电，公司拟设分公司用于接收恒力泰现有资产、负债及其相关业务，并由恒力泰现有董事、监事、高级管理人员负责其具体经营。

合并完成后,恒力泰母公司人员由科达机电全部接收并与科达机电签订正式的劳动合同。恒力泰下属子公司点石机械的员工劳动关系不变。

除此之外,无针对标的资产的其他资产、业务整合及人员调整计划。

(五) 合并的影响分析

合并完成后,标的资产的产品质量与销售优势将融入科达机电,科达机电的核心竞争力将得到显著提高。同时,资产的并入也将有助于改善科达机电的资产质量,其偿债能力、营运能力和盈利能力等都将得到显著提高。

1. 提高核心竞争力

科达机电将借助恒力泰压砖机产品的市场认知度提高其压砖机产品的市场竞争力,以高品质的压砖机为突破口,配以新型高效节能窑炉、性能优异的抛光线,提高陶瓷机械整线装备的配套生产能力和核心竞争力。

同时,科达机电将借助恒力泰的销售网络,巩固其产品的国内市场的占有率,并依托恒力泰的海外销售渠道,打开国际市场,扩大出口量,拉动国产陶瓷机械整线装备出口贸易的发展。

2. 财务的静态影响分析

第一,资产与负债规模及结构的影响。

科达机电的资产总额由本次交易前的 226 998.89 万元增加至 371 106.95 万元,资产总额增加了 144 108.06 万元,增长幅度为 63.48%。其资产规模大幅度上升,抗风险能力显著增强。

科达机电的负债总额由本次交易前的 97 560.35 万元增加至 157 022.88 万元,负债总额增加了 59 462.53 万元,增长幅度为 60.95%。负债的增长幅度小于资产的增长幅度,公司的资产负债率有所降低。

总体而言,科达机电负债结构基本未发生变化,保持了较合理的结构,资产负债率也略有降低,其财务安全性有保障。

第二,偿债能力的影响。

合并完成后,科达机电的资产负债率为 42.31%,比交易前 42.98% 略有降低,资产负债率降低,资产流动性较强,现金流较充足,无偿债压力,抵御风险的能力较强。

第三,营运能力的影响。

科达机电 2009 年度合并前的应收账款周转率和存货周转率分别为 8.3 次/年和 3.09 次/年。合并完成后,应收账款周转率和存货周转率分别提高至 9.88 次/年和 3.69 次/年,表明交易完成后公司资金周转能力整体有所上升。

第四,盈利能力的影响。

合并完成后,科达机电的营业收入及利润规模均有较大幅度上升。2009年度的营业收入由合并前的142 565.69万元增加到207 323.06万元,增长幅度为45.42%。2009年度归属于母公司所有者的净利润由交易前的17 994.51万元增加到24 881.91万元,增加了38.27%。

第三节 杠杆收购

一、杠杆收购的含义

杠杆收购(leveraged buy-out,LBO)是指收购方以目标公司的资产和未来现金流为担保进行融资以取得大部分收购资金,再加上自有资金,收购目标公司。如果目标公司是上市公司,一般在被收购后退市。在典型的杠杆收购中,一般所融资金占70%—80%。

二、杠杆收购的运作流程

(一) 选择目标公司

尽管不同企业出于各自的考虑,会选择不同的目标公司,但在杠杆收购中,目标公司一般具有以下条件:

第一,稳定而充足的现金流。目标公司具有稳定而充足的现金流是杠杆收购成功的必要前提。只有企业产生稳定而充足的现金流,企业的现金链才不会断裂,收购方才有可能偿还因杠杆收购而筹措债务的本息。

第二,良好的价值提升空间。杠杆收购的价值提升空间主要源于:目标企业价值被低估、能够降低代理成本、能够迅速提升企业的管理效率。因此,杠杆收购中,价值越被低估的企业、代理成本越大的企业、管理效率越低下的企业,越容易成为目标公司。

第三,较低的资产负债率。如果一个企业具有较低的资产负债比率,实施杠杆收购就可以以企业的资产进行担保融资,如果一个企业已经具有较高的资产负债率,在实施杠杆收购时就不能以企业的资产进行担保融资,从而制约了杠杆收购的融资,不适合成为杠杆收购的对象。

第四,非核心资产易于变卖。如果目标企业拥有较易出售的非核心部门或资产,那么在必要时可以通过出售这样的部门或资产,迅速获得资金以偿还一部分债务。

第五,收购人具有良好的管理能力和信誉。资金提供方对于收购者的管理能力和信誉要求往往比较苛刻,因为只有管理人员尽心尽力且诚实守信,才能保证本金和利息的如期偿还。

(二) 收购资金来源

杠杆收购的资金来源主要分为三部分:

第一,自有资金。通常情况下,收购集团自己需提供20%—30%的资金,作为新公司的股权资本,即作为新公司的优先股和普通股。

第二,优先债。在杠杆收购中,收购资金绝大部分是以公司资产为抵押向贷款机构申请有抵押的收购贷款,约占50%—60%。该贷款可以由数家商业银行组成辛迪加来提供,也可以由保险公司或专门从事杠杆收购的机构来提供。

第三,次级债。收购所需的其余资金通过发行高风险、高收益的次级债券筹集,这些次级债券通常通过私募(针对养老基金、保险公司、风险投资基金等机构投资者)或公开发行垃圾债券(junk bonds)来筹集,次级债也称作夹层融资,这部分融资约占20%—30%。

(3) 收购目标公司

收购集团在筹集到收购资金后,开始购买目标公司所有发行在外的股票使其转为非上市公司(收购股票形式),或购买目标公司的所有资产(收购资产形式)。

在收购股票形式下,目标公司的股东只要将他们持有的目标公司的股票和其他所有者权益卖给收购集团,两个公司的合并就完成了。在收购资产的形式下,目标公司将资产卖给收购集团,目标公司的原有股东仍然持有目标公司的股票,但除了大量的现金之外,目标公司已没有任何有形资产,目标公司可以对股东发放红利,或变成投资公司,用这些现金进行投资。

(4) 公司重组和经营

收购完成后,由于资本结构中债务占了相当大的比重,所以财务风险巨大,若收购者经营不善,则收购者极有可能被债务压垮,因此,加强收购后的重组和经营非常关键。

重组的核心思想是卖掉市盈率或价格/现金流比率大于收购整个目标公司所形成的市盈率或价格/现金流比率的各项资产、部门或子公司,保留那些获取现金能力大于收购价格的资产、部门或子公司。

经营的核心思想是采取各种措施迅速提高企业的销售收入、净收入,加大公司的现金流,从而保证债务的偿还速度。

(5) 退出

如果公司在经过一段时间后,生产经营状况得到了明显的改善,公司价值因此升高,达到了收购者的初步目的,股权投资就可退出了。通常,退出有如下两条途径:上市和出售。

三、管理层收购

(一) 管理层收购的定义

管理层收购(management buy-out,MBO)是一种特殊的杠杆收购,是指收购方为目标公司管理层的杠杆收购。这是西方国家对管理层收购的定义。

但是从中国目前的实际情况来说,管理层收购更为合适的定义应该是:目标公司管理层参与的收购。也就是说,一项收购,只要收购方有目标公司管理层的,就是管理层收购。

中国管理层收购的独特定义,是由中国管理层收购的特点决定的。

(二) 中国管理层收购的特点

与西方的 MBO 不同,中国的 MBO 具有如下特点:

1. 独特的形成背景

MBO 在西方形成的背景是:20 世纪 60 年代的多元并购浪潮造成了无数业务多元化的企业集团,但到了 20 世纪 70 年代中后期,由于股票市场价值评估理念的变化,市场和投资者不再青睐业务多元化的企业集团。在这样背景下,那些从事 LBO 的投资银行家与公司管理层联手,通过 MBO 方式对企业集团下属企业进行收购。

而中国 MBO 的形成尤具独特背景:

第一,出于历史原因,许多民营企业挂靠在国有或集体单位下面,随着改革开放的进一步深入,这种产权不清的问题极大地束缚了企业的发展,MBO 是解决此类产权问题的一个有效方式。

第二,国有企业改革,国有产权可以出售给民营资本、外资和管理层,如果出售给管理层,就是 MBO。

2. 收购的价格优惠

中国 MBO 的上述形成背景,决定了 MBO 具有价格优惠的特点。

第一,企业的所有权实际上属于创业的管理层,因此,民营企业 MBO,管理层支付的价格有优惠,实际支付价格是对挂靠单位作用的承认,而优惠部分是对创业管理层所有权的承认。

第二，在国有企业改革中，一些国企管理层在企业长期发展中做出了巨大贡献，地方政府通过 MBO 方式将国有产权卖给管理层，会给予一定的价格优惠。

3. 收购主体的多元化

西方的 MBO 中，收购的主体就是目标公司的管理层。

在中国，因为 MBO 具有价格优惠，而除了公司管理层之外，企业的其他人员因为各种原因也有资格享受这些价格优惠，因此，管理层在发起 MBO 时，纳入收购主体的人员往往从管理层扩展到中层、大股东管理层、子公司管理层、公司的业务骨干甚至一般员工。

4. 相对性收购

西方的 MBO 中，收购股份一般达到公司总股份的 90%（上市公司则完成下市）。

中国 MBO 中，特别是国有企业的 MBO 中，管理层通常只是持有目标公司股份的较少部分。

5. 杠杆的外部性

西方通行的 MBO 是在收购后对目标公司的财务结构进行调整的，会形成高财务杠杆的资本结构。一般来说，在 MBO 融资中，债务融资占整个收购资金的 70%—80%。

对比中国 MBO，所谓的杠杆效应却体现在收购主体或管理层个人上，而不是目标公司上，即通过收购主体或管理层负债融资来收购目标公司。

(三) 中国管理层收购的资金来源

目前，在中国进行 MBO 面临的一个最大难题是融资。

在国外的 MBO 操作中，管理层主要通过银行贷款、发行垃圾债券、收购基金投资等方式来进行融资，自有资金一般只占 20%—30%。

但在国内，这些融资方式几乎没有可操作性。首先，由于受《贷款通则》的限制，商业银行不能对股本权益性投资行为提供贷款，而 MBO 是管理层收购目标企业股权的行为，所以不可能通过银行贷款进行 MBO 融资。其次，国内对债券发行实行审批制，目前并不容许通过发行债券进行 MBO。最后，国内目前基本没有专门针对 MBO 的收购基金。融资渠道的限制，使得收购资金来源成为企业进行 MBO 的最大难题。

针对上述融资难题，中国 MBO 的实践中出现了各种解决办法，概括起来，大致有如下五种常见模式：自有资金模式、银行贷款模式、信托贷款模式、合作企业借款模式、股权奖励模式。

1. 自有资金模式

这种模式下,管理层以自有资金收购目标公司股份。这种模式适合于目标企业规模较小,而管理层又有足够自有资金的情况。

2. 银行贷款模式

前面讲到,《贷款通则》禁止商业银行对股本权益性投资行为提供贷款,而MBO是管理层收购目标企业股权的行为,所以不可能通过银行贷款进行MBO,那么这里说银行贷款模式是怎么回事呢?

事实上,银行贷款模式是指在国有企业改制过程中的MBO中,管理层利用银行贷款不是收购目标企业的股权,而是收购目标企业的资产,从而回避了股本权益性投资。

案例

江苏吴中管理层收购

2003年12月,江苏吴中集团公司的改制重组协议书已签署,15名管理人员取得改制后的集团公司51%的股权。

MBO前,吴中集团的股权结构见图5.6。

图5.6　MBO前吴中集团的股权结构

MBO后,新吴中集团的股权结构见图5.7。

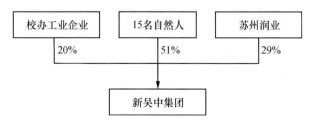

图5.7　MBO后吴中集团的股权结构

15位自然人本次收购的资金主要为现金、银行抵押贷款和银行担保贷款。15位自然人向银行借款多数是用房产作为抵押,并未用未来可持有的吴中集团股权作股权质押。

《贷款通则》禁止商业银行对股本权益性投资行为提供贷款,而MBO是管理层收购目标企业股权的行为,江苏吴中管理层在相关金融机构的支持下,借国有企业改制之机,采取管理层(自然人)贷款以资产买卖的方式受让"改制前吴中集团"扣除职工安置费后51%净资产所对应的"资产权益",并将该等受让资产作为出资,与其他投资者一道设立新的"吴中集团",持有新公司51%出资。

"资产权益"与"股本权益"显然是存在区别的,先"买资产"后"投资"的操作方式规避了贷款从事股本权益性投资的限制。

3. 信托贷款模式

这种模式操作的要点是,信托投资公司通过向投资者(也可包括管理层)发行资金信托计划募集资金,然后将所募集资金通过贷款的方式给管理层(或专门为收购成立的壳公司),用于收购目标公司的股份。

在具体操作中,为了降低信托投资公司的风险,管理层(或壳公司)会把所受让股份质押给信托投资公司,有时还会寻找外部担保。

案例

苏州精细化工管理层收购

(一) 选定改制方案

苏州精细化工集团有限公司是国有大型化工骨干企业,国家规划重点发展的精细化工基地之一。

根据2002年9月苏州市委、市政府发布的《关于加快市属国有(集体)企业产权制度改革的决定》(苏府[2002]81号),苏州市属国有(集体)企业都将加快企业改制,精细集团成为首批进行整体改制的企业。

精细集团改制前,有三种改制方案供集团职工代表大会表决:一是将企业卖给外来投资者,二是集团职工出资收购,三是管理层收购。职工代表大会最后选择了管理层收购的改制方案,由集团董事长徐建荣和总经理顾一平两人100%收购,前者占90%的股份,后者占10%的股份,精细集团同时改制为苏州精细化工有限公司。

(二)信托解决收购资金难题

在剥离不良资产、非经营性资产以及费用以后,精细集团的净资产为近1.9亿元,尽管按照苏州市政府文件的精神,经营者个人出资认购可享受一定比例的折让和奖励,但折价仍高达1.25亿元,即徐建荣和顾一平分别需要出资1.125亿元和0.125亿元,才能完成MBO。收购资金如何解决,成了令徐建荣和顾一平头疼的问题。

苏州信托的出现无疑是及时雨。2003年5月7日到14日,苏州信托通过发行"苏州精细集团管理层收购融资项目集合资金信托计划",募集信托资金人民币1.25亿元,以指定用途贷款方式发放给徐建荣和顾一平,用于精细集团企业改制收购,贷款期限为3年,贷款利率为6%。其中徐建荣借款1.125亿元,总经理顾一平借款0.125亿元。见图5.8。

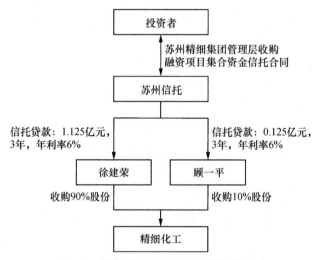

图5.8 精细化工MBO的信托融资方案

现在的问题是还款从何来?徐顾二人还款资金将主要是股权利润分红,在未来三年内,徐建荣和顾一平通过精细集团股权分红来偿还1.25亿元信托贷款本息。按照计算,苏州精细集团每年的分红利润至少要达到4916.7万元,这已经超出其2002年3780万元的利润额。而根据苏州信托和精细集团的预测,精细集团未来三年的分红合计可达1.48亿元左右,有助于还贷的实施。

为此,苏州信托采取了多层风险防控体系,首先要求借款人以所持改制后的苏州精细化工有限公司100%股权为贷款提供质押担保,该公司按评估的净资产值计,超过信托融资金额40%以上,即使不考虑三年中的增值,按现有净资产转让部分股权也足以支付全部信托财产和信托收益;同时要求徐顾二人自筹资金投资本信托计划并占1%以上比例,而且这部分资金本息在信托全部结束后才能返还。徐顾二人还要将个人名下未设定第三方权利的不动产作为贷款抵押担保,信托期限内不得再向外举债。根据协议,苏州信托将派出外部监事监督公司的经营管理,公司的重大投资、举债、股权转让、重大资产处理需经外部监事同意方可实施;公司董事会中1/3以上为苏州信托认可的独立董事,重大事项均须通过公司董事会决议通过方能实行。

4. 合作企业借款模式

这种模式下,管理层的收购资金来自于目标公司合作企业的借款。合作企业一般都是目标公司的上下游企业,比较了解目标公司和管理层的经营状况,对公司MBO后的情况也能够做出相对客观的判断,对用于MBO的借款能否收回也比较有底。因此,合作企业借款成为管理层收购资金的来源之一。

案例

恒源祥管理层收购

恒源祥是近代中国的一个老字号羊毛品牌,但是,随着新中国成立后的公司合营的推进和计划经济对于品牌的忽视,人们日渐淡忘了这个曾经辉煌一时的品牌。

1991年,刘瑞旗花了900元去工商局注册了被人们遗忘的恒源祥商标。

1992年,刘瑞旗以"恒源祥羊羊羊"简单而生动的5秒钟广告使得恒源祥迅速成为国内毛线产业的第一品牌。

1993年,黄浦区百货公司重组为万象股份(600823)上市,刘瑞旗执掌的南京路这家小商店自然也经过评估重组进入了上市公司的资产,当时的评估值是243万元。

在上市公司中,刘瑞旗没有任何特殊的地位,但他每年上交的利润成倍地递增,到1995年以后,已经上升到1000万以上。此时,刘瑞旗成为上海滩价值被严重低估的企业家之一。

2000年8月,上海世茂投资发展有限公司以1.44亿元的价格成为万象股份的第一大股东。以此为契机,刘瑞旗开始了MBO进程。

第一步,以新世界集团为中转,将恒源祥从万象股份手中收购过来。2000年10月,刘瑞旗委托黄浦区国资办下属的新世界集团与万象股份、世茂公司洽谈收购恒源祥。2001年1月9日,万象股份与新世界集团签署了协议转让恒源祥品牌和七家相关子公司的备忘录。

第二步,成立收购主体。作为恒源祥产品特许生产商的江浙部分乡镇企业为刘瑞旗提供了融资,并携手组建了上海恒源祥投资发展有限公司,其中刘瑞旗占股51%。

第三步,完成MBO计划。2001年3月,上海恒源祥投资发展有限公司斥资9200万元,从新世界集团手里收购了恒源祥品牌和七家相关子公司,MBO计划完成。

具体操作方案见图5.9。

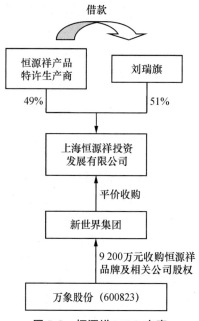

图5.9 恒源祥MBO方案

5. 股权奖励模式

在这种模式下,管理层并不实际出资收购目标公司的股份,而是通过与目标公司股东签订协议,约定达到一定业绩就给予一定的股权奖励,从而实现管理层持股。

案例

TCL 集团的管理层收购

回顾中国上市公司管理层收购(MBO)的历史,再也找不到一家公司这样深谋远虑和富有耐心,一个 MBO 计划从开始到成功竟然用了整整八年这一漫长的时间。

TCL 集团创办于 1981 年,是一家从事家电、信息、通讯产品等研发、生产及销售的特大型国有控股企业。

早在 1996 年,TCL 总经理李东生已经开始思考公司的改制问题。因为 TCL 名为国有企业,但国家实际投入却很少,完全是靠政府政策和创业者的智慧发展起来的。对于国有控股的 TCL 集团而言,尽快解决产权问题是公司发展的当务之急。

2004 年 1 月,TCL 集团(000100)董事长李东生宣布:"所谓的阿波罗计划现在已经完成了。"

李东生此言的背景是,TCL 集团刚刚通过"IPO + 吸收合并"方式成功完成整体上市。李东生持有 TCL 集团 144 521 730 股股票,若按发行价 4.26 元计算,李东生身家达 6.16 亿元,若按首日收盘价 7.59 元计算,李东生身家更是高达 11 亿元。而且,随着这次上市而出现的亿万富翁并非李东生一人,紧随其后的还有数位亿万富翁,他们都是 TCL 集团的管理层。这不仅仅是一个财富符号,更为重要的是,它标志着,一群原先在国有企业打拼的人,凭着自己的智慧、能力和勤奋,以及可以昭示于天下的管理层收购,获得了"阳光财富"。

TCL 集团的 MBO"八年一剑"让人惊艳。

(一) TCL 集团的历史沿革

TCL 集团的前身系成立于 1981 年的全民所有制企业惠阳地区电子工业公司,其主要业务为:经营进口电子产品、相关业务生产资料、机电配套产品等。

TCL 集团从 1981 年发展至今,经历了以下几个阶段:

1. 全民所有制企业阶段

在此期间,公司的名称先后变更为惠阳地区电子工业总公司、惠州市电子工业总公司。1990年,经惠州市政府批准,该公司与惠州市通讯设备工业总公司合并成为惠州市电子通讯工业总公司。1994年7月,惠州市电子通讯工业总公司变更为TCL集团公司,注册资本为5 731万元,公司股东仍然为惠州市人民政府。

2. 有限责任公司阶段

1997年7月10日,TCL集团公司变更设立为TCL集团有限公司,注册资本2.36亿元,公司性质为国有独资有限责任公司,股东仍为惠州市人民政府。

之后,通过管理层收购、引进战略投资者等操作,TCL集团有限公司从国有独资有限责任公司变成股东多元化的有限责任公司。

3. 股份制企业阶段

2002年2月20日公司股东会通过决议,决定变更设立广东TCL集团股份有限公司。经国家工商总局名称核准,公司于2002年5月16日在广东省工商行政管理局办理了名称变更登记手续,名称变更为TCL集团股份有限公司。

2004年1月30日,TCL集团首次公开发行的股票在深圳证券交易所挂牌上市。

(二) 授权经营奖励计划

1. 授权经营奖励计划方案

TCL虽然名为国有企业,但国家实际投入却很少,完全是靠政府政策和创业者的智慧发展起来的。对于国有控股的TCL而言,怎么解决股权激励问题是公司发展的必然课题。

总体来说,TCL的管理层收购是以授权经营奖励为主、管理层出资为辅的方式实现的。

1997年4月11日,惠州市人民政府批准TCL公司进行经营性国有资产授权经营试点,实施授权经营的期限为5年,即至2001年12月31日止。1997年5月12日,TCL公司与惠州市人民政府签订《TCL集团公司经营性国有资产授权经营试点责任书》。TCL公司及其责任人李东生与惠州市经营性国有资产管理办公室、惠州市经济委员会签署了《TCL集团经营性国有资产授权经营试点奖惩责任书》和《TCL集团国有资产授权经营试点奖励补充规定》,确定了对TCL公司授权经营、对责任人及经营班子考核与奖惩的具体办法。

惠州市人民政府在确定TCL集团公司国有资产授权考核指标时,考虑了期初不良资产的扣除,并将非经营性国有资产、逾期未收回应收账款、经营性国有资产区分开来,按照不同的方式考核。管理层授权经营奖惩主要是根据经营性国有资产是否达到增值目标,在经营性国有资产增值部分中按照前述两个文件中规定的一定比例提取。

考核与奖惩制度的主要内容包括：若经营性国有资产没有增加，对责任人只发给基本工资的50%；若经营性国有资产增加幅度在0—10%之间，每增加2%，补发基本工资的10%，增加值达到10%时，则补发全部基本工资；若经营性国有资产增加幅度达到10%—25%、25%—40%、40%以上时，分别从增值部分提取15%、30%、45%作为对责任人的奖励。若经营性国有资产减少时，则每减少1%，自责任人预缴的50万元保证金中扣罚10%，直至全部扣完；若经营性国有资产减值达到10%，还应对责任人进行行政处罚直至免除职务。

奖励金额不以现金形式发放，直接转为受奖人员对公司的出资，分别由受奖人员持有出资所形成的公司股权。原则上，奖励当年董事会成员以直接方式对公司增资和持有股权，其他受奖人员通过工会工作委员会以间接方式对公司增资和持有股权。

2. 1997年度授权经营奖励

1997年度TCL公司国有资产保值增值率为63.75%，责任人及经营班子的奖励总额为42 384 530元。

1998年12月，TCL公司实施1997年度经营业绩奖励。根据1997年年末每股经营性净资产值1.8354元，责任人及经营班子以奖励金额按照1∶1.8354的溢价比例对公司进行增资，其中李东生等主要管理人员直接向TCL公司增资，其他管理人员通过TCL公司工会工作委员会间接增资。本次增资后，惠州市人民政府仍为公司最大股东，占有公司91.09%的股权，李东生等14名主要管理人员占有公司7.99%的股权，公司工会工作委员会代47位其他管理人员持有0.92%的股权。

1997年度授权经营奖励完成后，TCL公司的股权结构见图5.10。

图5.10　1997年度授权经营奖励后TCL的股权结构

3. 1998年度授权经营奖励

1998年度TCL公司国有资产保值增值率为80.43%，责任人及经营班子的奖励金额为87 323 094元。

2000年1月，TCL公司实施1998年度经营业绩奖励。根据1998年年末每股经营性净资产值 2.2484 元，责任人及经营班子以奖励金额按照 1∶2.2484 的溢价比例对公司进行增资。其中，李东生等主要管理人员直接向 TCL 公司增资，其他管理人员通过工会工作委员会增资。

经过上述增资和股权转让，惠州市人民政府持有权益比例为 79.22%，李东生等 13 名主要管理人员权益比例为 15.434%，公司工会工作委员会代 444 位其他管理人员持有的权益占比为 5.346%。

1998 年度授权经营奖励完成后，TCL 公司的股权结构见图 5.11。

图 5.11　1998 年度授权经营奖励后 TCL 的股权结构

4. 2000 年的增资

2000 年 9 月，TCL 公司管理人员及技术骨干以现金 134 904 000 元，按照 1∶2.2484 的溢价比例向公司增资，增资 60 000 000 股。其中 26 904 000 元由 TCL 公司的经营管理人员和技术骨干以自有资金出资，108 000 000 元系以工会工作委员会名义所作的借款（该借款已于 2002 年 12 月 17 日清偿完毕。）。

该次增资后，惠州市人民政府的权益占比为 65.94%，李东生等 18 位主要管理人员的占比为 15.46%，工会工作委员会代管理人员及技术骨干持有的权益比例为 18.60%。TCL 公司股权结构见图 5.12。

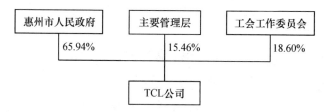

图 5.12　管理人员和技术骨干增资后 TCL 的股权结构

同时，根据惠州市人民政府相关文件精神，TCL 公司的大股东惠州市人民政府承诺按管理人员及技术骨干增资实际交纳出资的 20%，将其持有的原有部分股权作为优惠股配发给本次增资的出资人。

2000 年 10 月，惠州市人民政府根据上述增资的出资情况，向出资认缴前次 60 000 000 股的出资人配发 12 000 000 股。经前述股权转让，TCL 集团有限公司股本总额未发生变化，股权变化如下：惠州市人民政府股权比例为 62.59%，李东生等高级管理人员股权比例为 15.98%，工会工作委员会代 3 125 位员工持有股权比例为 21.43%，见图 5.13。

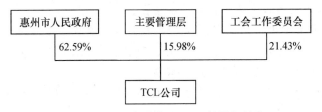

图 5.13　2000 年增资后 TCL 的股权结构

5. 1999 年度授权经营奖励

1999 年度 TCL 公司国有资产增值率为 63.25%，管理人员及技术骨干的奖励金额为 66 621 383 元。

2001 年 1 月，TCL 公司实施 1999 年度经营业绩奖励。根据 1999 年年末每股经营性净资产值 2.4221 元，管理人员及技术骨干以奖励金额按照 1∶2.4221 的溢价比例对公司进行增资。其中，李东生等主要管理人员直接向 TCL 公司增资，其他管理人员和技术骨干通过工会工作委员会增资。经过上述增资后，惠州市人民政府持股比例为 58.13%，李东生等高级管理人员持股比例为 19.91%，工会工作委员会代 3 131 位管理人员与技术骨干持股比例为 21.96%。

1999 年度授权经营奖励完成后，TCL 公司的股权结构见图 5.14。

图 5.14　1999 年度授权经营奖励后 TCL 的股权结构

6. 2000 年度及 2001 年度授权经营奖励

2000 年度 TCL 公司国有资产增值率为 56.24%，管理人员及技术骨干的奖励金额为 65 339 957 元。2001 年度 TCL 公司国有资产增值率为 24.35%，管理人员及技术骨干的奖励金额为 14 313 721 元。

2001 年 12 月，TCL 公司实施 2000 年度及 2001 年度授权经营奖励。根据 2000 年年末每股经营性净资产值 2.817 元，2001 年年末每股经营性净资产值 2.977 元，管理层及技术骨干以 2000 年度及 2001 年度奖励金额，分别按照 1∶2.817 和 1∶2.977 的溢价比例向公司进行增资。其中，李东生等主要管理人员直接向 TCL 公司增资，其他管理人员通过工会工作委员会增资。

2001年12月31日,TCL公司股东会会议决议以2000年度可供分配利润291 648 826.91元(包括2000年度国有资产授权经营对管理人员奖励额65 339 957元)增加注册资本。

经前述增资和转增股本,公司股本结构变为:惠州市人民政府持股比例为53.35%,李东生等20名主要管理人员持股比例为23.51%,工会工作委员会代3 520管理人员和技术骨干持股比例为23.14%。

2000年度和2001年度授权经营奖励完成后,TCL公司的股权结构见图5.15。

图5.15　2000年度和2001年度授权经营奖励后TCL的股权结构

(三) 股份的进一步变动

1. 国有股东规范

鉴于TCL集团有限公司原控股股东为惠州市人民政府,不适宜直接持有股份公司股权,2001年12月29日,以惠州市人民政府持有的TCL集团有限公司股权和部分现金出资成立了惠州市投资控股有限公司,由惠州市投资控股有限公司(以下简称惠州市投资公司)代表惠州市人民政府持有TCL集团有限公司股权,行使出资者权利。

TCL公司的股权结构见图5.16。

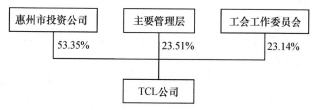

图5.16　国有股东规范后TCL的股权结构

2. 引进战略投资者

2001年12月31日,惠州市投资公司将其所持占TCL公司4%的股权协议转让给Pentel Technologies Limited,转让价格为人民币65 680 000元。

2002年1月25日,惠州市投资公司将其所持占TCL公司6%的股权协议转让给南太电子(深圳)有限公司,转让价格为人民币98 520 000元。

2002年1月,TCL公司工会工作委员会将其所持占TCL公司6%的股权分别协议转让给 Lucky Concept Limited 和 Regal Trinity Limited 各3%,转让价格均为人民币 49 260 000 元。在本次转让中,工会工作委员会确定何等员工的股份参与转让的原则是员工自愿,且持股量小的员工优先、已经离职员工优先。

2002年3月25日,惠州市投资公司将其所持占TCL公司0.38%的股权转让给住友商事株式会社,转让价格为人民币 6 239 600 元。

2002年3月26日,惠州市投资公司将其所持占TCL公司2%的股权转让给东芝株式会社,转让价格为人民币 32 840 000 元。

引进战略投资者后,TCL公司的股权结构如下:惠州市投资公司持股比例为40.97%,李东生等20名主要管理人员持股比例为23.51%,工会工作委员会代3 520管理人员和技术骨干持股比例为17.14%,战略投资者持股比例为18.38%,见图5.17。

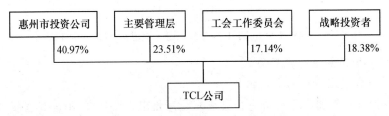

图5.17　引进战略投资者后TCL的股权结构

3. 股权转让及实施信托方案

2002年1月23日,李东生将其所持占TCL公司0.0243%的股权无偿转让给工会工作委员会,该部分股权已在以后年度参照授权经营的奖励原则分配给TCL公司的管理人员和核心技术人员。

2002年2月7日,工会工作委员会将其代陈道亮等24位TCL公司管理人员所持有的占TCL公司注册资本2.30%的股权分别转给陈道亮等24位TCL公司管理人员直接持有。

2002年2月7日,工会工作委员会将其代胡秋生持有的占TCL公司注册资本0.05%的股权、代万明坚持有的占TCL公司注册资本0.02%的股权和代赵忠尧持有的占TCL公司注册资本0.01%的股权,分别转给胡秋生、万明坚和赵忠尧本人直接持有。

鉴于工会工作委员会代表部分员工持股的法律关系模糊,TCL公司决定对原有管理人员及技术骨干以工会工作委员会名义持股的状况进行规范。

2002年2月,由工会工作委员会作为委托人,将其完成上述股权转让后所持TCL公司14.79%的股权为信托财产,以公司员工自然人杨利为受托人,以原有管理人员及技术骨干通过工会工作委员会持股制度的参与者为受益人建立信托。有关管理人员及技术骨干通过原有持股制度应享有的股权份额的权利转为信托中按份享有的受益权。

上述股权变动及实施信托方案后，TCL 公司的股权结构如下：惠州市投资公司持股比例为 40.97%，李东生等主要管理人员持股比例为 25.86%，杨利作为受托人持股比例为 14.79%，战略投资者持股比例为 18.38%，见图 5.18。

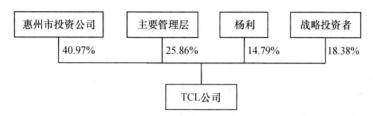

图 5.18 股权变动及实施信托方案后 TCL 的股权结构

（四）整体上市

1. 股份制改造

2002 年 2 月 20 日公司股东会通过决议，决定变更设立广东 TCL 集团股份有限公司。

2002 年 4 月 19 日，公司全体股东作为发起人，以整体变更形式设立股份有限公司。

经国家工商总局核准，公司于 2002 年 5 月 16 日在广东省工商行政管理局办理了名称变更登记手续，名称变更为 TCL 集团股份有限公司。

2. 对信托的进一步调整

前面讲到，2002 年 2 月，由工会工作委员会作为委托人，将其所持 TCL 公司 14.79% 的股权作为信托财产，以公司员工自然人杨利为受托人，以原有管理人员及技术骨干通过工会工作委员会持股制度的参与者为受益人建立信托。有关管理人员及技术骨干通过原有持股制度应享有的股权份额的权利转为信托中按份享有的受益权。

2003 年 10 月 14 日，为进一步规范及完善员工受益制度，切实保障员工受益制度的稳定和信托财产的安全，保护受益员工的合法权益，依据《中华人民共和国信托法》及有关法律、行政法规，公司工会工作委员会做出调整上述信托安排的决议。

根据调整信托安排的决议，公司工会工作委员会终止与杨利间的原有信托关系。同时，工会工作委员会将其持有的公司 14.79% 的股份的所有权转至管理人员及技术骨干，由全体管理人员及技术骨干分别按照信托受益权份额持有的相应股份,以信托方式共同委托公司工会工作委员会持有,全体管理人员及技术骨干作为受益人,按比例享有受益权。

经过上述改造后,TCL集团的股权比例见图5.19。

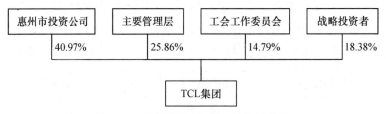

图 5.19　信托调整后 TCL 的股权结构

3. TCL 的整体上市方案:"IPO + 吸收合并"

TCL 集团的整体上市方案可以概括为"IPO + 吸收合并",即方案由两部分组成:一是 TCL 集团的 IPO;二是 TCL 集团吸收合并 TCL 通讯。

第一,TCL 集团的 IPO。TCL 集团此次公开发行的股票分为两部分:一部分为向社会公众投资者公开发行,公众投资者以现金认购;另一部分为向 TCL 通讯全体流通股股东换股发行,TCL 通讯流通股股东以持有的 TCL 通讯的股票按折股比例换取。

第二,TCL 集团吸收合并 TCL 通讯(000542)。TCL 集团向 TCL 通讯全体流通股股东换股发行流通股新股,TCL 通讯全体流通股股东将其所持有的 TCL 通讯全部流通股股份按照折股比例换取 TCL 集团定向发行的流通股新股,TCL 通讯的全部资产、负债及权益并入 TCL 集团,TCL 通讯退市并注销法人资格,变更为 TCL 集团的分公司。

IPO 与吸收合并同时进行,互为前提:IPO 需待吸收合并获得所有相关批准之后才能进行,吸收合并的生效取决于 IPO 的完成。

下面我们详细介绍 IPO 和吸收合并的内容。

4. TCL 集团的 IPO

IPO 前,TCL 集团的股权结构见图 5.20。

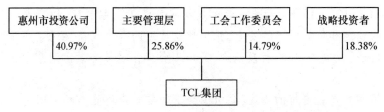

图 5.20　IPO 前 TCL 集团的股权结构

此次 IPO，TCL 集团共发行新股 994 395 944 股，占发行后总股本的 38.45%，其中向社会公众投资者首次公开发行 590 000 000 股，向 TCL 通讯全体流通股股东换股发行 404 395 944 股。

表 5.6 概括了 TCL 集团 IPO 的基本情况。

表 5.6 TCL 集团 IPO 的基本情况

股票种类	人民币普通股（A 股）
每股面值	1.00 元
发行股数	994 395 944 股，占发行后总股本的 38.45%，其中： ① 向社会公众投资者首次公开发行 590 000 000 股 ② 向 TCL 通讯全体流通股股东换股发行 404 395 944 股
每股发行价	4.26 元
发行市盈率	15.97 倍
发行方式	上网定价发行
发行对象	① 持有中国证券登记结算有限责任公司深圳分公司证券账户的境内自然人、法人和证券投资基金等（国家法律、法规禁止购买者除外） ② 在换股股权登记日（2003 年 1 月 6 日）登记在册的 TCL 通讯流通股股东
承销方式	余额包销
预计募集资金总额	2 513 400 000 元
拟上市地	深圳证券交易所

IPO 完成后，TCL 集团的股权结构见图 5.21。

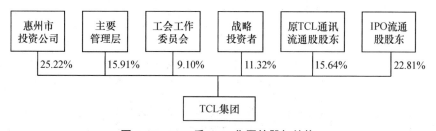

图 5.21 IPO 后 TCL 集团的股权结构

5. TCL 集团吸收合并 TCL 通讯

TCL 集团吸收合并 TCL 通讯与 IPO 同时进行，互为前提。

吸收合并前，TCL 集团及 TCL 通讯的股权结构见图 5.22。

此次吸收合并，通过换股的方式进行，即 TCL 集团向 TCL 通讯全体流通股股东换股发行 TCL 集团流通股新股，TCL 通讯全体流通股股东将其所持有的 TCL 通讯全部流通股股份按照折股比例换取 TCL 集团换股发行的流通股新股，TCL 通讯的全部资产、负债及权益并入 TCL 集团，其现有的法人资格因合并注销。

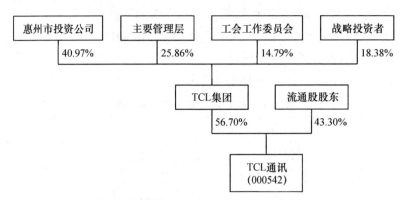

图 5.22　吸收合并前 TCL 集团与 TCL 通讯的股权结构

表 5.7 概括了 TCL 集团吸收合并 TCL 通讯的基本情况。

表 5.7　TCL 集团吸收合并 TCL 通讯的基本情况

被换股对象	TCL 通讯全部流通股
换股对象	TCL 集团发行的流通股新股
折股价格	21.15 元，指 TCL 通讯所有流通股股东将其持有的 TCL 通讯流通股股份折为 TCL 集团流通股新股时所依据的价格 21.15 元为 2002 年 1 月 1 日以来 TCL 通讯历史最高价，从而有力地保证了 TCL 通讯流通股股东的利益，也有利于方案的顺利通过
折股比例	折股比例 = TCL 通讯流通股的折股价格/TCL 集团首次公开发行价格 该折股比例即为在本次吸收合并中每股 TCL 通讯流通股股票可以取得的 TCL 集团流通股股票的数量 根据 TCL 集团首次公开发行价格 4.26 元/股，折股比例为 4.96478873
换股方法	深圳证券交易所将根据换股股权登记日 TCL 通讯的股东名册，按照折股比例将 TCL 通讯流通股股东所持有的 TCL 通讯流通股转换为 TCL 集团的流通股 TCL 集团换股发行的数量按 TCL 通讯全体流通股股东持有 TCL 通讯流通股总数乘以折股比例后的整数计算。对于同一股东所持有的 TCL 通讯股票，如果其所能换取的 TCL 集团股票的数量不是整数，对于不足一股的余股按照小数点后的尾数大小排序，每位股东依次送一股，直至实际换股数与计划发行股数一致，如遇尾数相同者多于余股时，则电脑抽签发放
换股对象的数量	TCL 集团换股发行的数量按 TCL 通讯全体流通股股东持有 TCL 通讯流通股总数乘以折股比例后的整数计算。根据上述折股比例数值，TCL 集团用于换股发行的股票数量为 404 395 944 股
换股对象的上市流通	换股发行股票将与 TCL 集团 IPO 的股票同时于深圳证券交易所挂牌交易

吸收合并完成后，TCL 集团的股权结构见图 5.23。

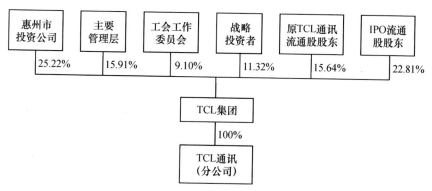

图 5.23　吸收合并后 TCL 集团与 TCL 通讯的股权结构

6. TCL 集团整体上市的管理层收购的意义

对 TCL 集团管理层而言，经整体上市，管理层"阳光财富"得到彻底实现，以李东生为首的管理层也因此成为亿万富翁。

思考题

1. 如何理解并购的动因？
2. 并购有哪些常见的分类？
3. 试述并购的操作流程。
4. 试述杠杆收购的运作流程。
5. 如何理解中国管理层收购的融资难题？

第六章

资产证券化市场

本章概要

本章介绍资产证券化市场。第一节介绍并购的概念;第二节介绍资产证券化的参与主体和运作流程;第三节介绍资产证券化的特征和意义;第四节介绍资产证券化中的破产隔离;第五节介绍住房抵押贷款证券化;第六节介绍资产支持证券化。

学习目的

了解资产证券化、住房抵押贷款证券化、资产支持证券化的概念;理解资产证券化的特征和意义,理解破产隔离;掌握资产证券化、住房抵押贷款证券化、资产支持证券化的运作。

第六章 资产证券化市场

第一节 资产证券化的概念

一、资产证券化的定义

资产证券化是指将资产通过结构性重组转化为证券的金融活动。

要进一步理解这个定义,应注意以下三个要点:第一,资产具体是指哪些资产?第二,什么是结构性重组?第三,转化成什么样的证券?见图6.1。

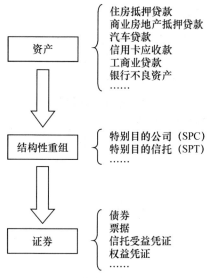

图6.1 资产证券化的定义

二、被证券化资产

被证券化资产也被称做基础资产,那么,什么样的资产才能够被证券化呢? 在资产证券化过程中,最重要的"第一是现金流,第二是现金流,第三还是现金流",资产证券化一个不可或缺的要素就是现金流。从理论上说,任何能够产生现金流的资产都有被证券化的可能。现实中,被证券化的资产往往是缺乏流动性的资产。证券化可将流动性低的资产转化为流动性高的证券。

从资产证券化的可操作性来说,最容易被证券化的资产是住房抵押贷款,第一笔资产证券化,就是从住房抵押贷款证券化(mortgage-backed securitization,MBS)的成功运作起步的,将 MBS 领域内发展起来的金融技术应用到其他资产上,就产生了其他资产证券化(asset-backed securitization,ABS)。ABS 的被证券化资产包括:汽车贷款、信用卡应收款、商业不动产抵押贷款、银行中长期贷款、银行不良资产等,实际上涉及了各种各样的资产。

总结多年来资产证券化的实践经验,可以发现,具有下列特征的资产比较容易实现证券化:

第一,资产可以产生稳定的、可预测的现金流收入。

第二,原始权益人持有该资产已有一段时间,且信用记录良好。

第三,资产应具有标准化的合约文件,即资产具有很高的同质性。

第四,资产抵押物易于变现,且变现价值较高。

第五,债务人的地域和人口统计分布广泛。

第六,资产的历史记录良好,即违约率和损失率较低。

第七,资产的相关数据容易获得。

一般来说,那些现金流不稳定、同质性低、信用质量较差且很难获得相关统计数据的资产不宜于被直接证券化。

目前,在我国已开展的资产证券化项目中,被证券化资产有:住房抵押贷款、银行中长期贷款、汽车贷款、银行不良资产。

三、结构性重组

结构性重组是资产证券化的关键所在。正是通过结构性重组,资产证券化才得以具有某种"神奇性",因此,资产证券化也被称为结构性融资。

所谓结构性重组,就是将基础资产转移给特别目的载体(SPV)以实现破产隔离,然后通过基础资产的现金流重组,以证券的形式出售给投资者的过程。

结构性重组可分为 SPT 和 SPC 两种方式。目前,我国的资产证券化只允许以 SPT 方式进行。

(一) SPT 方式

在 SPT 方式下,资产转移是通过信托实现的,即发起人将基础资产信托给作为受托人的 SPT,建立信托关系,由 SPT 作为资产支持证券的发行人,发行代表对基础资产享有权利的信托受益凭证。在这样一个信托关系中,委托人为发起人,作为受托人的 SPV 是法律规定的营业受托人,即有资格经营信托业务的信托机构;信托财产为基础资产;受益人则为受益凭证的持有人——投资者。

在信托关系的法律构造下,发起人将其基础资产信托给 SPT 后,这一资产的所有权就属于 SPT,发起人的债权人就不能再对不属于发起人的基础资产主张权利,从而实现了基础资产与发起人的破产隔离。

以信托方式实现资产转移,具体的运作如下:

第一,发起人作为信托财产的委托人,与受托人订立信托契约,将资产证券化的基础资产设定为信托财产,信托给受托人(一般为经营信托业务的信托机构),受托人向发起人发放以信托财产的未来现金流为基础的信托受益凭证,即这是一个自益信托。

第二,发起人向投资者出售信托受益凭证,信托受益凭证的购买者成为信托财产的受益人,有权获得信托财产产生的现金流。

第三,发起人作为信托财产的管理服务人,归集现金流,管理、经营、处置证券化基础资产,所获得的现金收入转入受托人指定的账户。

第四,信托财产产生的现金流按信托受益凭证规定的方式分配给投资者(即优先级受益凭证的持有人)。

第五,信托受益凭证可以在约定的交易市场进行流通、交易。

(二) SPC 方式

在 SPC 方式下,专门设立作为资产证券化 SPV 的公司 SPC,发起人将基础资产以出售的形式转移给 SPC,SPC 以基础资产为支持向投资者发行证券。

由于发起人已经将基础资产出售给 SPC,这一资产的所有权就属于 SPV,发起人的债权人就不能再对不属于发起人的基础资产主张权利,从而实现了基础资产与发起人的破产隔离。

四、资产支持证券

资产证券化通过结构性重组将资产转化为证券,这种证券叫做资产支持证券。

资产支持证券是有价证券的一种,也是证明持有人有权取得收入、可自由转让和买卖的所有权或债权凭证。有价证券与其他融资工具相比,除了期限性、收益性、风险性等特征相同之外,最大的不同就是其标准化和高流动性。资产支持证券也具有标准化和高流动性的特征。

目前,我国的资产支持证券在全国银行间债券市场发行与交易。

第二节 资产证券化的运作

一、资产证券化的参与主体

一般而言,资产证券化的参与主体主要包括:发起人、特别目的载体、信用增级机构、信用评级机构、承销商、服务商和受托人。

1. 发起人

资产证券化的发起人是资产证券化的起点,是基础资产的原始权益人,也是基础资产的卖方。发起人的作用首先是发起贷款等基础资产,这是资产证券化的基础和来源,其次是组建资产池,然后将其转移给SPV。因此,可以从两个层面来理解发起人:一是可以将其理解为贷款等基础资产的发起人;二是可以将其理解为证券化交易的发起人。这里的发起人是从第一个层面上来定义的。

一般情况下,基础资产的发起人会自己发起证券化交易,那么这两个层面上的发起人是重合的,但是有时候资产的发起人会将资产出售给专门从事资产证券化的载体,这时两个层面上的发起人就是分离的。因此,澄清发起人的含义还是有一定必要的。

2. 特别目的载体

特别目的载体(special purpose vehicle,SPV)是以资产证券化为目的而特别组建的独立法律主体,其负债主要是发行的资产支持债券,资产则是向发起人购买的基础资产。SPV是介于发起人和投资者之间的中介机构,是资产支持证券的真正发行人。SPV是一个法律上的实体,可以采取信托、公司或者有限合伙的形式。

3. 信用增级机构

信用增级可以通过内部增级和外部增级两种方式,对应这两种方式,信用增级机构分别是发起人和独立的第三方。第三方信用增级机构包括:政府机构、保险公司、金融担保公司、金融机构、大型企业的财务公司等。

国外证券化发展初期,政府机构的担保占据主要地位,后来非政府担保逐渐发展起来,包括银行信用证、保险公司保函等,以后又产生了金融担保公司。

4. 信用评级机构

现在世界上规模最大、最具权威性、最具影响力的三大信用评级机构为:标准普尔、穆迪公司和惠誉公司。有相当部分的资产证券化操作会同时选用两家评级机构来对其证券进行评级,以增强投资者的信心。

5. 承销商

承销商为证券的发行进行促销,以帮助证券成功发行。此外,在证券设计阶段,作为承销商的投资银行一般还扮演融资顾问的角色,运用其经验和技能形成一个既能在最大限度上保护发起人的利益又能为投资者接受的融资方案。

6. 服务商

服务商对资产项目及其所产生的现金流进行监理和保管;负责收取这些资产到期的本金和利息,将其交付给受托人;对过期欠账服务机构进行催收,确保资金及时、足额到位;定期向受托管理人和投资者提供有关特定资产组合的财务报告。服务商通常由发起人担任,通过对上述服务收费,以及通过在定期汇出款项前用所收款项进行短期投资而获益。

7. 受托人

受托人托管资产组合以及与之相关的一切权利,代表投资者行使职能。其职能包括:把服务商存入 SPV 账户中的现金流转付给投资者;对没有立即转付的款项进行再投资;监督证券化中交易各方的行为,定期审查有关资产组合情况的信息,确认服务商提供的各种报告的真实性,并向投资者披露;公布违约事宜,并采取保护投资者利益的法律行为;当服务商不能履行其职责时,代替服务商履行其职责。

二、资产证券化的一般流程

图 6.2 概括了资产证券化的运作流程。

具体来说,完成一次资产证券化交易,需完成如下运作步骤:

1. 确定基础资产并组建资产池

资产证券化的发起人(即资产的原始权益人)在分析自身融资需求的基础上,通过发起程序来确定进行证券化的资产。

2. 设立特别目的载体

特别目的载体(SPV)是专门为资产证券化而设立的一个特别法律实体,它是结构性重组的核心主体。SPV 被称为是没有破产风险的实体,可以从两个方面理解这一点:一是指 SPV 本身的不易破产性;二是指发起人将基础资产转移

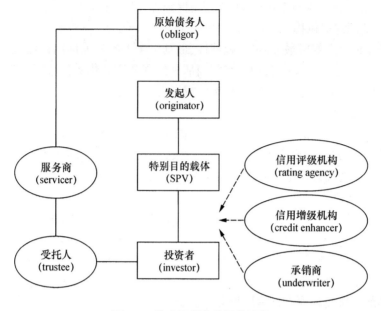

图 6.2 资产证券化的运作流程

给 SPV，必须满足真实出售的要求，从而实现破产隔离。

SPV 可以是由证券化发起人设立的一个附属机构，也可以是专门进行资产证券化的机构。设立的形式可以是特别目的信托、特别目的公司以及有限合伙。从已有的证券化实践来看，为了逃避法律制度的制约，有很多 SPV 是在有"避税天堂"之称的百慕大群岛、开曼群岛等地方注册的。

3. 资产转移

基础资产从发起人处转移给 SPV 是结构性重组中非常重要的一个环节。这个环节会涉及许多法律、税收和会计处理问题。资产转移的一个关键问题是，这种转移必须是真实出售，其目的是为了实现基础资产与发起人之间的破产隔离，即发起人的其他债权人在发起人破产时对基础资产没有追索权。

真实出售的资产转移要求做到以下两个方面：第一，基础资产必须完全转移到 SPV 手中，这既保证了发起人的债权人对已转移的基础资产没有追索权，也保证了 SPV 的债权人对发起人的其他资产没有追索权；第二，由于资产控制权已经从发起人转移到了 SPV，所以应将这些资产从发起人的资产负债表上剔除，使资产证券化成为一种表外融资方式。

4. 信用增级

为吸引投资者并降低融资成本，必须对资产证券化产品进行信用增级，以提高所发行证券的信用级别。信用增级可以使证券在信用质量、偿付的时间性与确定性等方面更好地满足投资者的需要,同时满足发行人在会计、监管和融资目标方面的需求。信用增级可以分为内部信用增级和外部信用增级两类。具体手段有很多种,如内部信用增级的方式有划分优先/次级结构、建立利差账户、开立信用证、进行超额抵押等,外部信用增级主要通过担保来实现。

5. 信用评级

在资产证券化交易中,信用评级机构通常要进行两次评级:初评与发行评级。初评的目的是确定为了达到所需要的信用级别必须进行的信用增级水平。在按评级机构的要求进行完信用增级之后,评级机构将进行正式的发行评级,并向投资者公布最终评级结果。信用评级机构通过审查各种合同和文件的合法性及有效性,给出评级结果。信用等级越高,表明证券的风险越低,从而使发行证券筹集资金的成本越低。

6. 发售证券

信用评级完成并公布结果后,SPV将经过信用评级的资产支持证券交给证券承销商去承销,可以采取公开发售或私募的方式来进行。由于这些证券一般具有高收益、低风险的特征,所以主要由机构投资者(如保险公司、投资基金和银行机构等)来购买。这也从一个角度说明,一个健全发达的资产证券化市场必须要有一个成熟的、达到相当规模的机构投资者队伍。

7. 向发起人支付资产购买价款

SPV从证券承销商那里获得发行现金的收入,然后按事先约定的价格向发起人支付购买基础资产的价款,此时要优先向其聘请的各专业机构支付相关费用。

8. 管理资产池

SPV要聘请专门的服务商来对资产池进行管理。一般地,发起人会担任服务商,这种安排具有很重要的实践意义。因为发起人已经比较熟悉基础资产的情况,并与每个债务人建立了联系。而且,发起人一般都有管理基础资产的专门技术和充足人力。当然,服务商也可以是独立于发起人的第三方。这时,发起人必须把与基础资产相关的全部文件移交给新服务商,以便新服务商掌握资产池的全部资料。

9. 清偿证券

按照证券发行时说明书的约定,在证券偿付日,SPV将委托受托人按时、足额地向投资者偿付本息。利息通常是定期支付的,而本金的偿还日期及顺序则因基础资产和所发行证券的偿还安排的不同而异。当证券全部被偿付完毕后,如果资产池产生的现金流还有剩余,那么这些剩余的现金流将被返还给交易发起人,资产证券化交易的全部过程也随即结束。

需要特别说明的是,这里只阐述了资产证券化运作的最一般或者说最规范的流程,实践中每次运作都会有所不同。尤其是在社会经济环境不同的国家或地区,这种不同会更明显。因此,在设计和运作一个具体的证券化过程时,应以既存的社会经济环境为基础。

案例

上汽金融汽车贷款证券化

(一)交易主体

1. 上汽通用汽车金融有限责任公司(简称"上汽金融"),成立于2004年8月18日,是中国银监会核准开业的第一家汽车金融公司,主要业务包括为个人及公司客户提供购车贷款、为汽车经销商提供采购车辆贷款和营运设备贷款(包括展示厅建设贷款和零配件贷款以及维修设备贷款等)在内的一揽子汽车金融服务。在本项目中,上汽金融担任"发起人"和"服务商"的角色。

2. 华宝信托有限责任公司(简称"华宝信托"),在本项目中,担任"特别目的载体"角色。

3. 中信证券股份有限公司(简称"中信证券"),在本项目中,担任"承销商"角色。

4. 大公国际资信评估有限公司(简称"大公国际"),在本项目中,担任"信用评级机构"角色。

5. 中国工商银行股份有限公司上海市分行(简称"工行上海分行"),在本项目中,担任"受托人"角色。

(二)交易结构

上汽金融汽车贷款证券化项目的交易结构见图6.3。

(三)交易过程

1. 确定基础资产并组建资产池

上汽金融汽车贷款证券化项目的基础资产为上汽金融所有的账面价值约19.93亿元的个人汽车抵押贷款。

基础资产池的基本情况见表6.1。

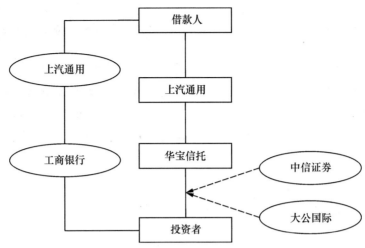

图 6.3 上汽金融汽车贷款证券化的交易结构

表 6.1 上汽金融汽车贷款证券化的基础资产池

入池贷款笔数	32 947 笔
资产池本金余额	1 993 462 461 元
贷款地区分布	贷款分布于 26 个地区,深圳、上海和北京地区贷款余额占比最高,分别为 16.26%、11.78% 和 9.55%
贷款类型	等额本息贷款余额占比 82.28%、智慧还款贷款余额占比 12.27%、等额本金贷款余额占比 5.45%
贷款加权平均账龄	12 个月
贷款加权平均剩余期限	26 个月
贷款现行加权平均利率	9.53%
贷款加权平均初始抵押率	67%
贷款平均余额	60 505 元
借款人加权平均年龄	35 岁

2. 设立信托

上汽金融作为发起机构将基础资产池作为信托财产信托给作为 SPT 的华宝信托,设立信托。

根据法律法规的规定,资产池借助信托模式实现风险隔离。信托财产与上汽金融的其他财产相区别,在上汽金融依法解散、撤销和被宣告破产时,如上汽金融不是信托的唯一受益人,信托存续,信托财产将不作为其清算财产。信托财产亦与属于华宝信托的所有财产相区别,受托机构依法解散、撤销和被宣告破产而终止时,信托财产也不属于其清算财产。

3. 信用增级

上汽金融汽车贷款证券化项目采用了优先级/次级结构分层的方式进行信用增级。

资产支持证券结构分层为 A 级资产支持证券、B 级资产支持证券和次级资产支持证券。A 级资产支持证券利息和本金分别得到偿付后，B 级资产支持证券方可获得分配；在优先级资产支持证券收益未完全实现之前，次级资产支持证券不得参与信托财产收益的分配。优先级/次级结构分层设计，使 A 级资产支持证券获得 B 级资产支持证券和次级资产支持证券 16.42% 的信用支撑，B 级资产支持证券获得次级资产支持证券 4.62% 的信用支撑。资产支持证券结构分层设计起到一定的内部信用增级作用。

4. 信用评级

大公国际对资产支持证券进行了信用评级，确定 A 级资产支持证券和 B 级资产支持证券信用级别分别为"AAA"和"A"，大公国际保留对其跟踪评级的权利。

5. 发售证券

华宝信托向投资者发行资产支持证券，并以信托财产所产生的现金为限支付相应税收、信托费用及本期资产支持证券的本金和收益。

资产支持证券各档证券的基本情况见表 6.2。

表 6.2　上汽金融汽车贷款证券化的资产支持证券

证券分层	A 级资产支持证券	B 级资产支持证券	次级资产支持证券
规模(元)	1 666 135 900	235 228 500	92 098 061
占比(%)	83.58	11.80	4.62
信用等级	AAA	A	不评级
预期到期日	2009 年 11 月 26 日	2010 年 6 月 26 日	—
加权平均期限(年)	0.84	2.14	—
预期到期日(清仓回购)	2009 年 11 月 26 日	2010 年 3 月 26 日	—
预期加权平均期限(清仓回购)(年)	0.84	2.11	—
票面利率	基准利率 + 基本利差	基准利率 + 基本利差	无
基准利率	1 年期定期存款利率，并在人民银行调整该利率生效后的第 3 个支付日进行调整		
基本利差	通过簿记建档结果确定		
支付频率	按月支付	按月支付	—

承销团以簿记建档、集中配售的方式在全国银行间债券市场公开发行优先级资产支持证券。优先级资产支持证券的面额为人民币 100 元。优先级资产

支持证券在获得人民银行批准后,可在全国银行间债券市场上市交易。次级资产支持证券向发起机构上汽金融定向发行,存续期间不得进行转让交易。

6. 向发起人支付资产购买价款

华宝信托将发行以信托财产为支持的优先级资产支持证券,所得认购金额扣除承销报酬和交易文件约定的其他费用后的净额以及次剩余级资产支持证券支付给上汽金融。

7. 管理资产池

华宝信托委托上汽金融对资产池的日常回收进行管理和服务,委托工行上海分行对信托财产产生的现金资产提供保管服务,委托中央国债登记公司对资产支持证券提供登记托管和代理兑付服务。

8. 清偿证券

华宝信托以信托财产所产生的现金为限支付相应税收、信托费用及本期资产支持证券的本金和收益。

A级资产支持证券利息和本金分别得到偿付后,B级资产支持证券方可获得分配;在优先级资产支持证券收益未完全实现之前,次级资产支持证券不得参与信托财产收益的分配。

第三节 资产证券化的特征和意义

一、资产证券化的特征

通过对资产证券化概念和运作的分析,我们可以总结出资产证券化的特征。资产证券化的特征主要有如下几个方面:

(一) 资产证券化是资产支持融资

在银行贷款、发行证券等传统融资方式中,融资者以其整体信用作为偿付基础。而资产证券化支持证券的偿付来源主要是基础资产所产生的现金流,与发起人的整体信用无关。

当构造一个资产证券化交易时,由于资产的原始权益人(发起人)将资产转移给SPV实现真实出售,所以基础资产与发起人之间实现了破产隔离,融资仅以基础资产为支持,而与发起人的其他资产负债无关。投资者在投资时,也不需要对发起人的整体信用水平进行判断,只要判断基础资产的质量就可以了。

(二) 资产证券化是结构融资

资产证券化作为一种结构性融资方式,主要体现在如下几个方面:

1. 成立资产证券化的专门机构 SPV

SPV 是以资产证券化为目的而特别组建的独立法律主体,其负债主要是发行的资产支持债券,资产则是向发起人购买的基础资产。SPV 被称为没有破产风险的实体。SPV 是一个法律上的实体,可以采取信托、公司或者有限合伙的形式。

2. "真实出售"的资产转移

基础资产从发起人处转移给 SPV 是结构性重组中非常重要的一个环节。资产转移的一个关键问题是,这种转移必须是真实出售。其目的是为了实现基础资产与发起人之间的破产隔离,即发起人的其他债权人在发起人破产时对基础资产没有追索权。

3. 对基础资产的现金流进行重组

基础资产的现金流重组,可以分为转手型重组和支付型重组两种。两者的区别在于:支付型重组对基础资产产生的现金流进行重新安排和分配以设计出风险、收益和期限等不同的证券;而转手型重组则没有进行这种处理。

(三) 资产证券化是表外融资

在资产证券化融资过程中,由资产转移而取得的现金收入,列入资产负债表的左边——"资产"栏目中。而由于真实出售的资产转移实现了破产隔离,相应地,基础资产从发起人的资产负债表的左边——"资产"栏目中剔除。这既不同于向银行贷款、发行债券等债权性融资,相应增加资产负债表的右上角——"负债"栏目;也不同于通过发行股票等股权性融资,相应增加资产负债表的右下角——"所有者权益"栏目。

由此可见,资产证券化是表外融资方式,且不会扩大融资人资产负债的规模。

二、资产证券化的意义

资产证券化自 20 世纪 70 年代在美国问世以来,短短三十余年的时间里,获得了迅猛发展。从某种意义上说,证券化已经成为当今全球金融发展的潮流之一。资产证券化之所以取得如此迅速的发展,根本原因在于资产证券化能够为参与各方带来好处。

(一) 从发起人的角度

1. 增加资产的流动性，提高资本使用效率

资产的流动性是指资产变现的能力。我们知道，货币是流动性最高的资产，而贷款、应收款等则是流动性较差的资产。如果将贷款、应收款保留在资产负债表中作为资产，那么能够获得的收益是有限的，而且如果因此而放弃了其他投资机会，那么机会成本可能就会非常大。

资产证券化最基本的功能是提高资产的流动性。发起人可以通过资产证券化将贷款出售获得现金，或者以贷款为支持发行债券进行融资。不管通过哪种方式，资产证券化使得拥有贷款等流动性差的资产的主体可以将这种资产变成具有高流动性的现金，从而找到一条新的解决流动性不足的渠道。

资产流动性的提高，意味着资本利用效率的提高。资产证券化作为一种融资手段，在获得资金的同时并没有增加负债。如果资产所有者出售资产，那么他减少了贷款这一资产，但是由于同时增加了现金这一资产，所以负债并没有增加。因此，资产证券化在不增加负债的前提下，使得发起人获得了资金，促进了资金的周转，从而提高了资本的利用效率。

2. 提升资产负债管理能力，优化财务状况

资产证券化对发起人的资产负债管理的提升作用体现为它可以解决资产和负债的不匹配性问题。以银行为例，银行资产和负债的不匹配性主要表现在两个方面：一是流动性和期限的不匹配，二是利率的不匹配。银行资产和负债的流动性及期限不匹配，主要是因为银行的资产主要是贷款等中长期、流动性较差的资产，而其负债则主要是活期贷款等期限短、流动性较高的资产，所以两者不能很好地匹配起来。如果发生挤兑等特殊情况，银行就无法支付，此时就会发生支付危机。而资产证券化可以将长期的、流动性差的贷款转化为流动性高的现金，从而解决流动性和期限匹配方面的问题。同时，如果银行的贷款为长期固定利率贷款，而存款为短期变动利率，则银行将承受利率风险。每当短期利率相对于长期利率升高时，银行所赚取的利差将会受到侵蚀，导致其利益受损甚至亏损。通过证券化，银行的贷款就会大大减少，从而降低了在利率上升时被迫以高利率负债支持低利率资产的风险。

由于证券化采用了表外融资的处理方法，发起人将被证券化资产转移到资产负债表外，从而达到改善资产负债表结构、优化财务状况的目的。这一点对于银行等金融机构的意义尤其重大。自 1988 年以来，巴塞尔委员会关于银行监管的准则已为越来越多国家的金融管理当局所接受，银行等金融机构的资本充足状况成为各国金融监管的焦点，银行为达到资本充足率要求不得不保有与其所持资产相对应的资本。如果银行开展资产证券化交易，不但可以提前收回

现金,从而相应缩减负债,同时由于将基础资产移到表外,银行可以释放相应的资本,资产证券化的这种双重释放功能是其越来越受到银行青睐的主要原因。此外,资产证券化还可以使公司把未来服务费收入流提前兑现为现期赢利,而如果不进行证券化,这种收入通常要在贷款的整个期限内才能逐步实现。

3. 实现低成本融资

传统的融资方式一般是以融资方的整体信用为支持的,但是资产证券化是一种结构性融资而非产权融资,其信用基础是一组特定资产(抵押类或非抵押类),而非发行人的整个资产。贷款、企业债券、股票等方式都是以发行人的全部资产和信用为支持的,投资者进行投资时必须考虑发行人的整体信用和经营状况,而在资产证券化融资中,投资者则只需考虑基础资产的质量。资产证券化可以通过破产隔离机制的设计,再辅以信用增级等手段,使得发行的证券的信用级别独立于融资方的信用级别,大大提高了证券的信用级别。也就是说,即使融资方的信用级别并不高,资产证券化后的证券也可能有比较高的信用级别。信用级别的提高必然使得投资者的要求回报率降低,由此节约了融资成本。

另外,由于资产证券化可以使得证券的信用级别高于原有融资人的整体信用级别,原来可能因为信用级别不够而无法融资的融资人也可以获得融资的机会,这就拓宽了其融资渠道。信用增级通常还会带来一个差额收益,这个收益一般都是由发起人获得的。这样,发起人既能获得收益,又能留住客户,因此这种方式的吸引力很大。

4. 增加收入来源

在资产证券化中,服务商通常由发起人担任,使得发起人可以通过收付款服务等途径收取费用,增加新的收入来源。

(二) 从投资者的角度

1. 提供多样化的投资品种

资产证券化产品根据投资者对风险、收益和期限等的不同偏好,对基础资产组合产生的现金流进行了重新安排和分配,使本金与利息的偿付机制发生了变化。具体而言,资产证券化交易中的证券一般不是单一品种,而是通过对现金流的分割和组合,设计出具有不同档级的证券。不同档级的证券具有不同的偿付次序,以"熨平"现金流的波动。这就为投资者提供了风险和收益多样化的产品品种,为各种类型投资者分散风险、提高收益、创造新投资组合提供了巨大的空间。同时,对特定领域资产的证券化,其产品的标准化设计为投资者提供了进入原本不可能进入的投资领域的可能性。

2. 提供更多的合规投资

组成资产池的是优质资产,且具有完善的信用增级,因此所发行证券的风险通常很小(多数能获得 AA 以上的评级),而收益却相对比较高,并且在二级市场上具有很高的流动性。资产支持证券可以为那些在投资品种上受到诸多限制的机构投资者(如养老基金、保险公司、货币市场基金)提供新的合意的投资品,成为它们投资组合中的合规投资。

3. 降低资本要求,扩大投资规模

一般而言,资产证券化产品的风险权重比基础资产本身的风险权重低得多。比如,在美国,住房抵押贷款的风险权重为 50%,而由联邦国民住房贷款协会发行的以住房抵押贷款为支持的转手证券却只有 20% 的风险权重,金融机构持有这类投资工具可以大大节省为满足资本充足率要求所需要的资本金,从而可以扩大投资规模,提高资本收益率。

(三) 从金融市场大环境的角度

资产证券化能够让整个金融市场乃至整个经济体的资源实现更有效、更优化的配置。资本的优化配置包括几个方面:一是让资本的需求者在尽可能短的时间内花费尽可能少的成本找到资本,让供给者在短时间内出让资本并获得尽可能高的收益;二是让这个过程有效地进行;三是让这个过程持续地进行。资产证券化很好地满足了资本优化配置的以上三方面要求。

1. 提供新的投融资途径

资产证券化是一种金融创新工具,通过这种新的金融安排,为资金的供需双方建立了新的沟通桥梁,提供了新的选择。对资金的供需双方和整个金融市场和经济体而言,这无疑是一种帕累托改进。资产证券化的这一优点在分析发起人和投资者部分时已有详尽分析,在此不赘述。

2. 提高资本配置的有效性

资本优化配置的一层含义就是能够在整个经济体范围内实现资源的优化配置。很难想象一个缺乏流动性的金融资产能够在大范围内实现优化配置,资产证券化通过自身独特的流动性设计和标准化证券产品设计,使得市场流动性增强,资金来源大大拓展,其集中表现是资产证券化能为社会的各种需求提供源源不断的贷款资金。不论是住房抵押贷款、汽车贷款还是信用卡的借款人,都希望能够获得充裕而低利率的贷款,以维持其消费理财的需要,资产证券化正是解决贷款资金来源不足的最好方法。资产证券化后,发起人可以出售债权以换取现金,并以新取得的现金从事新的业务,如此周而复始,金融机构能不断有资金提供贷款。因此,证券化可以缩短资金周转周期,提高资金利用效率。

除了提高流动性外,资产证券化的另一个优点是促使金融市场的各个参与主体专业化分工，各参与主体可以根据自身的比较优势各司其职。以银行的贷款资产证券化为例，在传统的金融体制下，商业银行、储蓄机构等向社会公众吸收存款并发放贷款，承担贷款的管理和服务工作。但是在当今融资渠道多样化，银行与其他金融机构界限日益模糊的经济背景下，银行的比较优势不再来自于通过持有非流动性的贷款为经济提供流动性，而是来自于对那些无法在公开市场有效传播的有关借款人信息的收集、分析和持续跟踪。因此，银行可通过资产证券化收集借款人信息、评估借款人、发放贷款，但是其并不长期持有而是适时出售贷款。此外，组合证券的承销人、担保人、评级人、贷款抵押的评估人等也都在自己的专业领域内实现专业化的分工，这样资产证券化就可以取得较传统融资方式更高的资源配置效率。

3. 提高金融系统的安全性

通过资产证券化，能够将积压在银行体系的房地产贷款、不良资产等风险合理配置给社会中各个层次的投资者，从而有效地避免经济周期影响房地产贷款质量等风险。

此外，通过资产证券化的流动性设计，解决了金融机构的流动性风险问题。由于金融机构将流动性差的资产证券化，这些金融机构可以很容易地变现资产，在面临挤兑或者经营不善的情况时，金融机构可以维持其需要的流动性。

整个金融系统的安全性有了保障，提供优化配置资本的这些安排也就能够持续不断地进行了。

第四节　资产证券化的核心

一、破产隔离是资产证券化的核心

从资产证券化的概念和运作可以看出，资产证券化实质上是围绕实现破产隔离而展开的金融活动。从资产证券化的特征可以看出，这些特征正是为了实现破产隔离而进行的各种设计和架构所导致的。从资产证券化的意义可以看出，资产证券化之所以能够给参与各方带来好处，关键之处是通过破产隔离实现了风险和收益的重组。

因此，破产隔离是资产证券化的核心。

资产证券化中的破产隔离包括两方面的含义：第一，资产转移必须是真实销售的；第二，SPV本身是破产隔离的。

二、实现破产隔离的两种方式

破产隔离的实现,有特殊目的信托(special purpose trust,SPT)和特殊目的公司(special purpose company,SPC)两种方式。

(一) SPT 方式

在 SPT 方式下,资产转移是通过信托实现的,即发起人将基础资产信托给作为受托人的 SPT,建立信托关系,由 SPT 作为资产支持证券的发行人,发行代表对基础资产享有权利的信托受益凭证。在这样一个信托关系中,委托人为发起人;作为受托人的 SPV 是法律规定的营业受托人,即有资格经营信托业务的信托机构;信托财产为基础资产;受益人则为受益凭证的持有人——投资者。

在信托关系的法律构造下,发起人将其基础资产信托给 SPT 后,这一资产的所有权就属于 SPT,发起人的债权人就不能再对不属于发起人的基础资产主张权利,从而实现了基础资产与发起人的破产隔离。

以信托方式实现资产转移,具体的运作如下:

第一,发起人作为信托财产的委托人,与受托人订立信托契约,将资产证券化的基础资产设定为信托财产,信托给受托人(一般为经营信托业务的信托机构),受托人向发起人发放以信托财产的未来现金流为基础的信托受益凭证,即这是一个自益信托。

第二,发起人向投资者出售信托受益凭证,信托受益凭证的购买者成为信托财产的受益人,有权获得信托财产产生的现金流。

第三,发起人作为信托财产的管理服务人,归集现金流,管理、经营、处置证券化基础资产,所获得的现金收入转入受托人指定的账户。

第四,信托财产产生的现金流按信托受益凭证规定的方式分配给投资者(即优先级受益凭证的持有人)。

第五,信托受益凭证可以在约定的交易市场进行流通、交易。

(二) SPC 方式

在 SPC 方式下,专门设立作为资产证券化 SPV 的公司 SPC,发起人以出售的形式将基础资产转移给 SPC,SPC 以基础资产为支持向投资者发行证券。

由于发起人已经将基础资产出售给 SPC,这一资产的所有权就属于 SPV,发起人的债权人就不能再对不属于发起人的基础资产主张权利,从而实现了基础资产与发起人的破产隔离。

SPC 方式实施资产证券化具体又可以分为"独立公司模式"和"子公司模式"。

在独立公司模式下，发起人把基础资产真实出售给与自己没有控股权关系的 SPC，SPC 购买资产后，重新组合建立资产池，以资产池为支持发行证券。真实出售意味着资产离开发起人的资产负债表，从而实现破产隔离。

在子公司模式下，发起人成立全资或控股子公司作为 SPC，然后把资产出售给子公司（SPC），同时，子公司不但购买母公司的资产，还可以购买其他资产。子公司组成资产池并以此为支持发行证券。因为子公司的利润要上缴给母公司，且报表都要并入母公司资产负债表，所以子公司（SPC）的资产最终要体现在母公司资产负债表上。但是，由于母公司与子公司是两个法人，所以，母公司的破产并不会直接导致子公司的破产，从而实现了破产隔离。

三、真实出售的资产转移

通过资产转移实现基础资产与发起人的破产隔离，一个关键就是这种资产转移必须是真实出售。

对资产转移是否为真实出售的判断，主要包括资产转移时和资产转移后两方面。

（一）资产转移时真实出售的判断

资产转移被判断为真实出售，在资产转移时必须符合如下条件：

1. 发起人在其资产转移合同中表明真实出售资产的意图

应注意的是，当事人关于资产转移的真实意思表示构成了"真实出售"的必要条件而非充分条件，对资产转移的性质判断，还应综合其他因素从交易的实质上加以分析。如在美国，资产转移的法律特征和经济实质而不是当事人表明的意图，将会成为判断资产转移是否为真实出售的主要因素，不能仅仅通过当事人在交易上贴上真实出售的标签就将资产转移断定为真实出售。

2. 资产以确定的、公平的价格出售给 SPV

由于资产证券化包含着操作流程的费用、付给各个服务人的费用及考虑到债务人违约导致的资产损失，因此资产转移给 SPV 的对价往往有一定折扣。这样的折扣应该是确定的，但限于必要的费用和预期的违约损失估计，这种折扣不能涵盖将来资产的实际损失，不然将损害资产真实出售的认定。

3. 资产实现表外

资产转移的完成意味着有关资产的一切权利及其他利益都已转移给了 SPV，基础资产从发起人的资产负债表上剔除。

（二）资产转移后真实出售的判断

资产转移后资产转移性质的判断，是资产转移时的延伸，是判断资产转移

是否真实出售的又一个要点,主要包括如下几点:

1. 对发起人的追索权问题

无疑,在其他条件满足的前提下,没有附加对发起人追索权的资产转移,是真实出售,但是否附加追索权就意味着否定了真实出售?一般来说,追索权的存在并不必然破坏真实出售,只是追索权的多少决定了资产转移的性质。一般认为,对发起人的追索权如果没有高于以资产的历史记录为基础合理预期的资产违约率,那么,这种追索权就是适度的。

2. 基础资产剩余利润抽取的问题

真实出售的一个实质内涵是 SPV 在资产转移后获取资产收益和承担资产损失。如果一开始并没有确定发起人对资产的责任,而是一旦资产发生损失,发起人就予以弥补,资产在偿还投资者权益后有剩余,发起人就予以获取,这样就常被认为 SPV 对发起人有追索权,发起人并没有放弃对资产的控制,真实出售的目的就难以达到。

3. 发起人担任服务商的问题

由于发起人对基础资产情况比较熟悉,所以一般由其担任服务商,对资产项目及其所产生的现金流进行监理和保管。但不可否认,发起人担任服务商,存在着基础资产与发起人其他资产混合的风险,严重的还会被认为发起人并没有放弃对基础资产的控制,从而使破产隔离的目的落空。为了有效解决这一问题,就必须保证 SPV 对收款账户的控制权,为此,SPV 拥有对所购买资产的账簿、会计记录和计算机数据资料的所有权,SPV 有权控制服务商与收款相关的活动并可随时自主更换服务商。同时,作为服务商的发起人,必须像任何其他可能的服务商一样按约定的标准行事,收取在正常情况下提供这些服务的费用,否则随时可被由 SPV 自主任命的另一个服务商取代。

4. 各种期权的影响问题

在资产证券化中常存在着一些期权,这些期权将会影响到对真实出售的判断。一方面,如果存在发起人的回购期权,即发起人有权从 SPV 处重新买回资产,就意味着发起人还保有资产的利益,并没有放弃对资产的控制,因此这样的资产转移被认为不是真实出售。另一方面,如果存在 SPV 的出售期权,即发起人有义务从 SPV 处购回资产,就意味着发起人承担了资产的风险责任,因此这样的资产转移会被认为不是真实出售。

四、破产隔离的 SPV

资产证券化实现破产隔离的另外一个关键是,SPV 本身是破产隔离的。

SPV 的破产风险来自于 SPV 的自愿破产和强制破产,因此,SPV 破产隔离也就是制约 SPV 自愿破产和强制破产。

(一)对 SPV 自愿破产的制约

完全禁止 SPV 自愿破产是不太可能的,原因在于有关禁止自愿破产的事先措施可能会由于法院认为违反了公共政策而无效。

在实践中,对 SPV 自愿破产的制约措施主要表现在 SPV 的治理结构、章程或者其他成立文件中的条款。最常用的措施之一是,规定在 SPV 被发起人控制时,要求 SPV 必须具有一名或者一名以上独立董事。并在 SPV 的章程中规定,除非处于资不抵债的情况,并且经过全体董事或者至少包括一名独立董事的同意,SPV 才可以提出自愿破产申请。

还有一种措施是,SPV 的结构由两类股票组成,规定必须在这两类股票的持有人都同意时才能提出自愿破产申请,而其中一类股票被抵押给 SPV 证券的持有人或者由他们控制。

另一种措施是 SPV 与发起人没有任何关系,发起人既不持有 SPV 的股权也不控制 SPV,SPV 由一个独立的第三方控制。

(二)对 SPV 强制破产的制约

对 SPV 强制破产的制约,就是限制 SPV 的债权人和债权,常见措施有以下两种:

第一,SPV 在章程或其他组织文件中将其经营范围限定于资产证券化业务,规避其他业务活动产生的求偿权导致的 SPV 破产的风险。

第二,限制非资产证券化及其相关的负债和担保。SPV 除了履行证券化交易中确立的债务和担保义务外,一般不应再发生其他债务,也不应为其他机构或个人提供担保。

第五节 住房抵押贷款证券化

住房抵押贷款证券化(mortgage-backed securitization,MBS),其产品即资产支持证券,可以分为住房抵押贷款转手证券(mortgage pass-through securities,MPT)和抵押贷款担保债券(collateralized mortgage obligation,CMO)两大类。

一、住房抵押贷款转手证券

MPT 是最早的资产证券化产品,也是最简单的资产证券化产品。由于作为基础资产的住房抵押贷款的每月还款由借款人经 SPV"转手"给该证券投资者，因此该证券称为转手证券。

在 MPT 交易中，贷款人将作为基础资产的住房抵押贷款池转移给 SPV，SPV 以住房抵押贷款池的利息和本金产生的现金流为支持发行 MPT，并将获得的证券发行收入转付给贷款人，作为基础资产的对价。投资者通过购买转手证券最终获得基础资产的所有权，享有基础资产的受益权。

住房抵押贷款转手证券的现金流结构，见图 6.4。

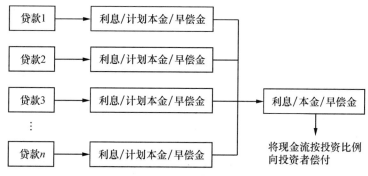

图 6.4　住房抵押贷款转手证券的现金流结构

二、抵押贷款担保债券

CMO 是 MPT 的发展，在 CMO 交易中，SPV 以基础资产为支持发行多档证券。

在实际操作中，为了满足投资者对期限、利率、风险和收益的不同偏好，可以通过将基础资产产生的现金流重组分配给各档证券来实现。也就是说通过 CMO 的分档技术将基础资产产生的现金流按一定顺序重新分配给不同档证券，从而将基础资产所面临的风险和收益在 CMO 的不同档证券之间进行非均衡的再安排，以满足各种投资者的需要。

值得注意的是，CMO 交易的多档证券设计并不能使各档证券所面临的基础资产的风险减少，它只是将风险在 CMO 的各档证券之间进行重新分配。因此，如果 CMO 结构中的某档证券的风险比基础资产低，那么同一个 CMO 结构中肯定存在着风险高于基础资产的证券。

CMO 的优点在于较好地解决了转手证券品种单一、期限较长和提前偿付风险较大的问题。分档技术的采用使 CMO 能够为投资者提供更多不同期限、风险和收益特征的产品，从而更好地满足投资者的需要，可以扩大 MBS 的投资者队伍。因此，当前的 MBS 基本上采取 CMO 形式。

案例

建设银行住房抵押贷款证券化

2005 年 12 月 15 日,"建元 2005-1 个人住房抵押贷款支持证券"通过中央国债登记结算有限责任公司的招标系统正式发行。这是中国第一个住房抵押贷款证券化项目。

(一)基础资产

建设银行住房抵押贷款证券化项目的基础资产是建设银行自身所有的账面价值约 30.16 亿元的个人住房抵押贷款形成的资产池。

1. 基础资产的总体特征

建设银行住房抵押贷款证券化项目基础资产的总体特征见表 6.3。

表 6.3 建设银行住房抵押贷款证券化项目基础资产的总体特征

贷款笔数	15 162
贷款等级	正常
本金余额(万元)	301 668
单笔贷款最高本金余额(万元)	186.82
单笔贷款最低本金余额(万元)	19.8
合同金额(万元)	372 120
单笔贷款最高合同金额(万元)	200
单笔贷款平均合同金额(万元)	24.5
加权平均贷款年利率(%)	5.31
加权平均贷款合同期限(月)	205
加权平均贷款剩余期限(月)	172
加权平均贷款账龄(月)	32
加权平均贷款初始抵押率(%)	67.19
加权平均借款人年龄(岁)	36

从表 6.3 可以大致看出进入资产池的个人住房抵押贷款的信用质量较高,表现在:

第一,进入资产池的每笔贷款都属于中国建设银行按照五级分类发放的正常类贷款;

第二,整个资产池的加权平均贷款账龄为 32 个月,意味着借款人已有还款 2 年多的良好信用记录。通常贷款初期违约的可能性最大,随着还款期限的增

长,违约率是逐步下降的,而且借款人平均年限 36 岁,通常属于事业成功、收入稳定的年龄,所以单笔贷款的质量较高;

第三,贷款初始抵押率为 67.19%,意味着贷款本金有较高的超额抵押覆盖,而且考虑到贷款账龄已有 2 年多,最近 2 年以来整个房产价格上涨幅度较快,意味着抵押物的价值已经升值,对贷款本金的超额抵押应大于目前 67.19% 的比例。

2. 基础资产的地区分布

除了对单笔贷款质量的大致判断以外,还应该看到,这个资产池包括了建行上海、江苏、福建分行持有的优质个人住房抵押贷款资产,笔数高达 15 162 笔,涉及的区域不存在显著的相关性,这意味着不同贷款主体的收入结构、地理分布存在独立性,根据投资组合理论,其信用风险可以通过关联性较低的资产组合进行分散,这进一步降低了整个资产池的信用风险。见表 6.4。

表 6.4 建设银行住房抵押贷款证券化基础资产的地区分布

区域分布	贷款余额（万元）	余额占比（%）	贷款笔数	平均每笔余额（元）	加权平均初始抵押率（%）
上海	169 450	56.17	5 862	289 065	68.03
无锡	14 606	4.84	1 357	107 636	61.56
泉州	44 497	14.75	3 222	138 107	67.13
福州	73 114	24.24	4 721	154 870	66.41
合计	301 668	100.00	15 162	198 963	67.19

（二）交易结构

图 6.5 概括了建设银行住房抵押贷款证券化项目的交易结构。

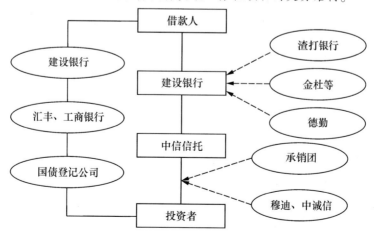

图 6.5 建设银行住房抵押贷款证券化交易结构

在这个交易过程中,建设银行将基础资产(个人住房抵押贷款池)信托给中信信托,中信信托以此基础资产为支持发行证券,投资者购买证券并支付价款,然后中信信托用发行证券所得价款向建设银行支付基础资产的价款,投资者通过基础资产产生的本息分配获得投资收益和本金。

建设银行原来持有的个人住房抵押贷款,加权平均贷款剩余期限为 172 个月,也就是如果不进行资产证券化,建设银行需要 172 个月才能完全收回贷款的本息。而通过资产证券化,建设银行获得基础资产价款,一举提前收回本息,因此本质上是一项融资行为。

(三)交易主体

表 6.5 概括了建设银行住房抵押贷款证券化各个机构在资产证券化项目交易中担当的当事人角色及相应职责。

表 6.5 建设银行住房抵押贷款证券化交易主体

机构名称	交易当事方	主要职责
中国建设银行股份有限公司	发起机构/委托人 贷款服务机构 发行安排人	通过设立特定目的信托转让信贷资产;负责信贷资产的回收、催收、处置等;协助发行人发行证券
中信信托投资有限责任公司	SPT/发行人/受托人	负责管理特定目的信托财产并发行资产支持证券
香港上海汇丰银行有限公司北京分行	交易管理机构	负责计算并指示资金保管机构对支付的金额在资产支持证券持有人、有关信托账户及交易各方之间进行分配
中国工商银行股份有限公司	资金保管机构	负责提供信托财产的资金保管服务
中央国债登记结算有限公司	登记及支付代理机构	负责向投资者支付信托收益
北京穆迪投资者服务有限公司 中诚信国际信用评级有限公司	信用评级机构	负责对证券进行持续信用评级
金杜律师事务所 福而德律师事务所 竞天公诚律师事务所	法律顾问	就交易结构出具法律意见
渣打银行(香港)有限公司	财务顾问	为证券发行提供政策咨询、方案设计、协助实施等服务
德勤·关黄陈方会计师行	会计师事务所	出具交易的税收安排意见书
包括银行、证券公司等	承销团	负责本期证券承销

(四)资产支持证券

基础资产通过上述交易后,被转换成了证券,这种证券称为资产支持证券,投资者购买资产支持证券,并从基础资产产生的现金流中获得相应收入。

中信信托以向其他机构投资者发行 A 级、B 级和 C 级资产支持证券的发行收入,以及定向向中国建设银行发行次级资产支持证券的方式,作为中信信托获得以上信托财产的对价。各级资产支持证券的特征见表 6.6。

表 6.6 建设银行住房抵押贷款证券化资产支持证券品种

	优先级			次级
	A 级资产支持证券	B 级资产支持证券	C 级资产支持证券	次级资产支持证券
发行量	26.7 亿	2.03 亿	0.53 亿	0.9 亿
法定最终到期日	2037 年 11 月 26 日	2037 年 11 月 26 日	2037 年 11 月 26 日	2037 年 11 月 26 日
发行利率	浮动利率	浮动利率	浮动利率	
评级结果	AAA	A	BBB	不评级

A 级、B 级和 C 级资产支持证券主要面向银行间债券市场的机构投资者发行,发行完毕后,A 级、B 级资产支持证券经申请可在银行间债券市场中交易流通,C 级资产支持证券按照中国人民银行的相应规定进行转让。次级资产支持证券由中国建设银行持有,不进行转让交易。

各档证券的利息和本金依下列顺序偿还:A 级利息、B 级利息、C 级利息、A 级本金、B 级本金、C 级本金,最后为次级证券的利息和本金。

第六节 资产支持证券化

一、银行贷款证券化

银行贷款证券化是以住房抵押贷款以外的其他银行贷款为基础资产的证券化,其交易结构跟 CMO 类似。

案例

国家开发银行信贷资产证券化

2005年12月15日,"2005年第一期开元信贷资产支持证券"通过中央国债登记结算有限责任公司的招标系统正式发行。这是中国第一个信贷资产证券化项目。

(一)基础资产

国家开发银行在选择纳入资产池的基础资产时,充分考虑了以下两个因素:第一,入选的基础资产应具有较高的同质性,均为针对基础设施项目所发放的中长期贷款,并且均将于2007年7月1日前到期;第二,基础资产项下的借款合同对于还款时间都做出了明确的规定,基础资产项下能够产生可预测的现金流收入。

由此,国家开发银行从总行各局、营业部和全国31个分行所上报的数百笔优质信贷资产中共挑选出51笔贷款构成资产池,纳入资产池的基础资产的借款人绝大部分为财务实力较强的国有特大型、大型企业或其控股子公司以及国家事业单位,普遍拥有良好的信用记录。全部信贷资产涉及29名借款人向发起机构借用的51笔贷款,截止于2005年12月21日全部未偿债权本金总额为41.7727亿元。

(二)交易主体

1. 国家开发银行,在本项目中,担任"发起人"和"服务商"的角色。

2. 中诚信托投资有限责任公司(简称"中诚信托"),在本项目中,担任"特别目的载体"角色。

3. 承销团,包括相关的银行和证券公司,在本项目中,担任"承销商"角色。

4. 中诚信国际信用评级有限公司(简称"中诚信国际"),在本项目中,担任"信用评级机构"角色。

5. 中国银行股份有限公司(简称"中国银行"),在本项目中,担任"受托人"角色。

(三)交易结构

国家开发银行信贷资产证券化项目的交易结构见图6.6。

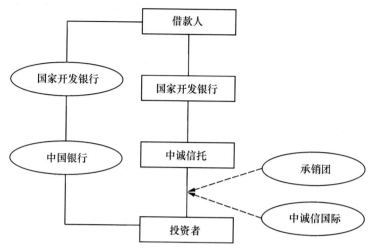

图6.6 国家开发银行信贷资产证券化的交易结构

（四）资产支持证券

国家开发银行信贷资产证券化项目的资产支持证券品种见表6.7。

表6.7 国家开发银行信贷资产证券化资产支持证券品种

	优先级		次级
	A级资产支持证券	B级资产支持证券	次级资产支持证券
发行量	29.24亿	10.03亿	2.51亿
法定最终到期日	2006年12月31日	2007年7月1日	2007年7月1日
发行利率	固定利率	浮动利率	无票面利率
发行方式	公开招标发行	公开招标发行	私募发行
评级结果	AAA	A	不评级

各档证券的利息和本金依下列顺序偿还：优先A档利息、优先B档利息、优先A档本金、优先B档本金，最后为次级档证券的利息和本金。

二、汽车贷款证券化

汽车贷款支持证券化是以汽车贷款为基础资产的证券化。

汽车贷款的特点与住房抵押贷款相似，有固定利率、固定期限和贷款偿还计划，不过汽车贷款的贷款金额远远小于住房抵押贷款，期限也要短得多。汽车贷款是一种非常适合证券化的资产类别，汽车贷款支持证券是主要的ABS产品。

前面我们讲到的上汽金融汽车贷款证券化就是一个典型案例。

三、银行不良资产证券化

银行不良资产证券化是以银行不良资产为基础资产的证券化。中国在银行不良资产证券化方面,也有过成功案例。

案例

信达公司银行不良资产证券化

（一）基础资产

信达公司银行不良资产证券化项目的基础资产为:中国信达资产管理公司根据《可疑类贷款转让框架协议》于2004年6月经公开竞标从中国银行收购的不良贷款(可疑类)中的企业贷款部分。截至"交易基准日"(2004年5月31日),"资产池"共涉及3 111户借款人、7 619笔贷款,全体贷款的未偿本金余额为人民币 21 037 289 482 元,利息余额为 10 390 799 469 元,本息合计为 31 428 088 951 元。

借款人分布在广东省除深圳以外的20个地区,包括潮州、东莞、佛山、广州、河源、惠州、江门、揭阳、茂名、梅州、清远、汕头、汕尾、韶关、阳江、云浮、湛江、肇庆、中山和珠海等,涉及制造、批发和零售、房地产等20个行业。

（二）交易概要

信达公司将基础资产信托给中诚信托,由中诚信托以基础资产为支持发行资产支持证券。资产支持证券本金和收益的偿付均以基础资产未来产生的现金流收入为支持,不代表信达公司和中诚信托的负债。

资产支持证券分成优先级资产支持证券和次级资产支持证券。其中,优先级资产支持证券的规模为30亿元人民币,经人民银行批准在银行间债券市场向投资机构发行并上市交易,在中央国债登记结算公司进行登记托管;次级资产支持证券由信达公司持有,且在优先级资产支持证券本息偿付完毕前不得转让。信达公司将同时获得扣除相关发行费用之后的优先级资产支持证券的发行收入和次级资产支持证券。

次级资产支持证券的偿付顺序在优先级资产支持证券之后,为优先级资产支持证券提供信用增级。基础资产在支付完信托税负和信托相关费用之后，将优先用于偿付优先级资产支持证券的本息，在偿付完优先级资产支持证券全部本息之后，剩余的基础资产将作为次级资产支持证券的收益，归次级资产支持证券持有人信达公司所有。

优先级资产支持证券的本息将每半年偿付一次。

（三）交易结构

信达公司银行不良资产证券化项目的交易结构见图6.7。

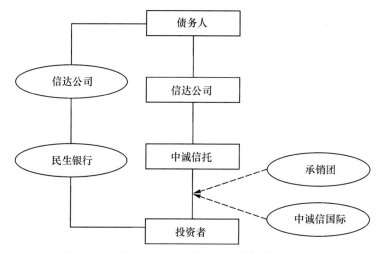

图6.7　信达公司银行不良资产证券化的交易结构

思考题

1. 什么是资产证券化？
2. 试述资产证券化的参与主体和运作流程。
3. 资产证券化有哪些特征？
4. 试述资产证券化的意义。
5. 如何理解破产隔离是资产证券化的核心？
6. 比较住房抵押贷款转手证券和抵押贷款担保债券。
7. 比较银行贷款证券化、汽车贷款证券化和银行不良资产证券化。

参 考 文 献

中文部分

何小锋、黄嵩:《投资银行学》(第二版),北京大学出版社 2008 年版。
何小锋、黄嵩、刘秦:《资本市场运作教程》(第二版),中国发展出版社 2006 年版。
黄嵩:《金融与经济增长:来自中国的解释》,中国发展出版社 2007 年版。
黄嵩、李昕旸:《兼并与收购》,中国发展出版社 2008 年版。
黄嵩、魏恩遒、刘勇:《资产证券化理论与案例》,中国发展出版社 2007 年版。
王益、刘波:《资本市场》,经济科学出版社 2000 年版。
中国证券监督管理委员会:《中国上市公司并购重组发展报告》,中国经济出版社 2009 年版。
中国证券业协会:《证券发行与承销》,中国财政经济出版社 2010 年版。
中国证券业协会:《证券交易》,中国财政经济出版社 2010 年版。
中国证券业协会:《证券市场基础知识》,中国财政经济出版社 2010 年版。
中国证券业协会:《证券投资分析》,中国财政经济出版社 2010 年版。
中国证券业协会:《证券投资基金》,中国财政经济出版社 2010 年版。
中央国债登记结算公司:《债券交易与结算》,中国金融出版社 2008 年版。
中央国债登记结算公司:《债券市场》,中国金融出版社 2008 年版。
中央国债登记结算公司:《债券投资基础》,中国金融出版社 2008 年版。
周春生:《融资、并购与公司控制》(第二版),北京大学出版社 2007 年版。
周正庆:《证券知识读本》(修订本),中国金融出版社 2006 年版。

英文部分

Andrew Chisholm, 2002, *An Introduction to Capital Markets: Products, Strategies, Participants*, John Wiley & Sons, Inc.

Andrew M. Chisholm, 2009, *An Introduction to International Capital Markets: Products, Strategies, Participants*, John Wiley & Sons, Inc.

Frank J. Fabozzi and Franco Modigliani, 2008, *Capital Markets: Institutions and Instruments*, 4th Edition, Prentice Hall.

K. Thomas Liaw, 2003, *Capital Markets*, South-Western College Publishing.

K. Thomas Liaw, 2005, *The Business of Investment Banking: a Comprehensive Overview*, 2nd Edition, John Wiley & Sons, Inc.

Robert Lawrence Kuhn, 1990, *Investment Banking Library* Ⅰ—Ⅵ, Richard D. Irwin Press.

教辅申请说明

　　北京大学出版社本着"教材优先、学术为本"的出版宗旨,竭诚为广大高等院校师生服务。为更有针对性地提供服务,请您按照以下步骤通过**微信**提交教辅申请,我们会在1~2个工作日内将配套教辅资料发送到您的邮箱。

◎扫描下方二维码,或直接微信搜索公众号"北京大学经管书苑",进行关注;

◎点击菜单栏"在线申请"—"教辅申请",出现如右下界面:

◎将表格上的信息填写准确、完整后,点击提交;

◎信息核对无误后,教辅资源会及时发送给您;如果填写有问题,工作人员会同您联系。

温馨提示: 如果您不使用微信,则可以通过以下联系方式(任选其一),将您的姓名、院校、邮箱及教材使用信息反馈给我们,工作人员会同您进一步联系。

联系方式:

北京大学出版社经济与管理图书事业部

通信地址:北京市海淀区成府路205号,100871

电子邮箱:em@pup.cn

电　　话:010-62767312 /62757146

微　　信:北京大学经管书苑(pupembook)

网　　址:www.pup.cn